21 世纪高等学校规划教材

铁道概论

Introduction to Railway

◎ 龚娟 主编
◎ 李捷 莫坚 傅宗纯 汪科 副主编
◎ 张莹 主审
◎ 李欧阳 罗伟 王宁 参编

人 民 邮 电 出 版 社
北 京

图书在版编目（CIP）数据

铁道概论 / 龚娟主编. -- 北京 : 人民邮电出版社, 2015.2（2017.8 重印）
21世纪高等学校规划教材
ISBN 978-7-115-37753-1

Ⅰ. ①铁… Ⅱ. ①龚… Ⅲ. ①铁路工程－高等学校－教材②铁路运输－高等学校－教材 Ⅳ. ①U2

中国版本图书馆CIP数据核字(2015)第011079号

内 容 提 要

本书简明、扼要、系统地介绍了铁路运输业，阐述了铁路运输的基本知识与原理。全书共分为绪论，铁路线路，铁路车辆，铁路机车，动车组，铁路车站与枢纽，铁路信号与通信设备，铁路运输组织工作，高速铁路、重载铁路、客运专线与磁悬浮铁路等 9 个项目，涵盖铁路发展史、铁路运输相关设备、铁路运输工作组织、高速与重载铁路等几个方面。

本书以“项目引入，任务驱动”的方式组织教学，每个项目都由项目引入－项目分析－学习导航－学习任务－相关知识－巩固练习 6 部分组成。通过学习本书，学习者可以掌握铁路运输的相关基础知识，并能运用相关知识解决实际问题。

本书可作为中、高等职业技术学院铁路相关专业的教学用书，也可供铁路职工及铁路行业内外有关人员参考、学习、培训之用。

◆ 主　　编　龚　娟
副 主 编　李　捷　莫　坚　傅宗纯　汪　科
主　　审　张　莹
参　　编　李欧阳　罗　伟　王　宁
责任编辑　王　威
执行编辑　王丽美
责任印制　杨林杰

◆ 人民邮电出版社出版发行　　北京市丰台区成寿寺路 11 号
邮编　100164　　电子邮件　315@ptpress.com.cn
网址　http://www.ptpress.com.cn
北京隆昌伟业印刷有限公司印刷

◆ 开本：787×1092　1/16
印张：15.75　　2015 年 2 月第 1 版
字数：408 千字　　2017 年 8 月北京第 7 次印刷

定价：36.00 元

读者服务热线：(010) 81055256　印装质量热线：(010) 81055316
反盗版热线：(010) 81055315

前　言

随着我国铁路建设的高歌猛进，我国铁路运输业正步入发展的快车道，相关专业人才需求激增。“铁道概论”是铁路各专业学习的基础课程，也是广大铁路职工培训的主要内容。本书系统、全面、扼要地介绍了铁路运输体系的构成、铁路运输基本设备和铁路运输工作组织等，为学习者学习铁路相关专业课程提供必要的基础知识。

本书采用“项目引入，任务驱动”的方式组织内容，包括绪论，铁路线路，铁路车辆，铁路机车，动车组，铁路车站与枢纽，铁路信号与通信设备，铁路运输组织工作，高速铁路、重载铁路、客运专线与磁悬浮铁路等 9 个项目。每个项目都由项目引入—项目分析—学习导航—学习任务—相关知识—巩固练习 6 部分组成。项目引入环节以一个初学者的视角，提出心中对铁路的疑问，激发学习者的学习兴趣；项目分析环节简单地对项目进行分析，引出本项目的学习导航图。学习导航图可以让学习者快速明白该项目相关知识在铁路运输系统中的地位及作用。每个项目均分为若干子任务，子任务的提出让学生清楚地知道所学知识可以运用在哪里，可以怎样运用，可以怎样去解决实际问题，从根本上实现学以致用的目的。相关知识模块详细介绍完成子任务所需要的相关知识，最后辅以适量的习题，供学习者巩固练习及检测学习效果。

本书在编写过程中，力求通俗易懂，图文并茂，讲解深入浅出，理论结合实际。教材基于 MOOCs 教学模式，从“课程—模块—任务—知识点（技能点）”自顶向下进行系统分析与设计，以学习者为中心，建设开发了整套课程资源，有课程标准、考核标准、课程教学大纲、授课计划、PPT 课件、表格教案、Word 讲稿、微课视频、图片库、视频库、试卷库、习题库等，详见“铁道概论”课程网站（http://www.worlduc.com/SpaceShow/Index.aspx?uid=177732）。

本书的参考学时为 40～64 学时，建议采用理论实践一体化教学模式及信息化教学手段，各项目的参考学时见下面的学时分配表。

学时分配表

项　目	课 程 内 容	学　时
项目一	绪论	4~6
项目二	铁路线路	6~10
项目三	铁路车辆	6~8
项目四	铁路机车	4~6
项目五	动车组	4~6
项目六	铁路车站与枢纽	4~6
项目七	铁路信号与通信设备	4~8
项目八	铁路运输组织工作	4~8
项目九	高速铁路、重载铁路、客运专线与磁悬浮铁路	4~6
课时总计		40~64

本书由龚娟任主编，李捷、莫坚、傅宗纯、汪科任副主编，张莹任主审。龚娟编写了项目一、项目二，莫坚编写了项目三，汪科编写了项目四，罗伟编写了项目五，李欧阳编写了项目六，傅宗纯编写了项目七，李捷编写了项目八，王宁编写了项目九。此外，在编写过程中，得到了湖南铁道职业技术学院段树华、黄浩、李华柏等老师的大力支持与帮助，在此深表感谢。

由于时间仓促，编者水平和经验有限，书中难免有欠妥和错误之处，恳请读者批评指正。

编　者

2014 年 12 月

目 录 CONTENTS

项目三　铁路车辆　54

项目四　铁路机车　85

项目五　动车组　103

项目六　铁路车站与枢纽　137

项目七　铁路信号与通信设备　162

项目八　铁路运输组织工作　196

PART 1

项目一 绪论

【项目引入】

家住长沙的李小梅阿姨这几天很高兴，远在南京工作的儿子小强打来电话告诉她，单位发了一份特殊的国庆节福利“忆秦淮·南京三日游”，邀请小强父母亲来南京游玩。李小梅阿姨和小强他爸憧憬着在南京和儿子相聚，早早地收拾好自己的行李物品，但是在选择哪种交通工具上出现了不一致意见。

小强爸爸想坐高速动车组从长沙到南京，他觉得动车既舒适又准点，并且长沙地铁 2 号线开通了，可以坐地铁直达长沙高铁南站，再从长沙南站坐高铁直抵南京南站，既方便又经济；但是李小梅阿姨认为，这么长的距离，还是飞机好，飞机又快又准点又安全；老两口为了这个事情僵持不下，作为一名轨道交通专业的学生，请同学们在学习完本项目后，从专业的角度全面系统地分析各种交通形式的特点及适应情况，帮助李小梅阿姨和小强爸爸解决这个问题。

【项目分析】

所有交通运输方式在满足人或物的空间位移的要求上具有同一性，即安全、迅速、经济便利、舒适，但各种运输方式所采用的技术手段、运输工具和组织形式各不相同，因此，形成的技术性能（速度、运输能力、连续性、保证货物完整性和旅客的安全、舒适性等）、对地理环境的适应程度以及经济指标（如能源和材料消耗、投资、运输费用、劳动生产率等）都不尽相同。

乘坐哪种交通工具更合适呢？作为一名旅客，可以从速度、舒适性、安全性、经济性等方面进行综合考虑，选择合适的出行方式。在本项目中，我们将对铁路、公路、水路、航空和管道等几种主要的现代交通运输方式的技术经济特征和适用范围进行学习，了解铁路的建设与发展历史。

在项目的学习过程中，安排了两个任务，学习者通过完成项目任务，实现对所学知识的巩固与掌握。

【学习导航】

本项目主要学习铁路发展的基本知识，具体如图 1-1 所示。

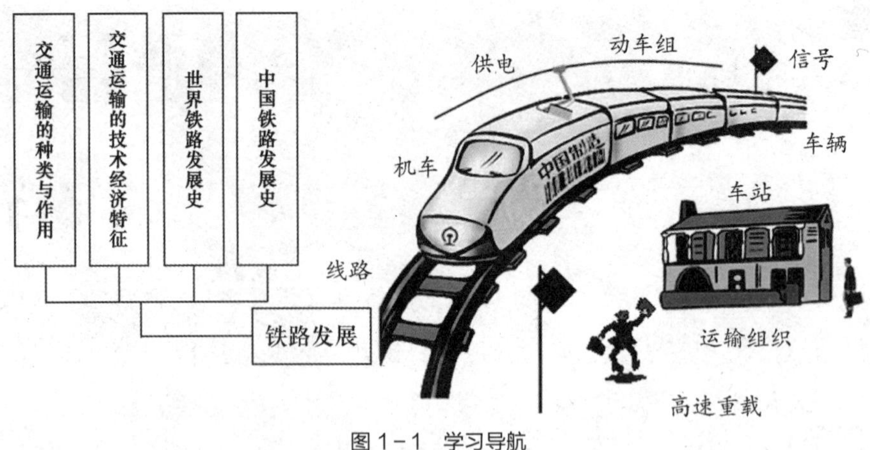

图 1-1 学习导航

学习任务 1-1

6 月的高考季后是旅游的高峰期，经历了十几年寒窗苦读的学子们，常常会选择在这个暑假，来一场轻松惬意的旅行。请以你所在的城市为起点，为你家乡的学子们选择一种相对经济、便捷、快速地到内蒙古呼伦贝乐大草原旅游的交通方式（要给出具体出发时间、车次或者航班号、路途时间、价格、中转方案等具体参数），并简单分析选择理由，形成文字稿。

【相关知识 1】

1.1 现代交通运输的种类与作用

1.1.1 现代交通运输的种类

自从人类有文字记载以来，就有人类从事运输活动的记载。原始社会中，我们的祖先为了取得赖以生存的生活资料，搬运及狩猎是必不可少的活动。在人类进入文明社会之前，是以肩扛、背驮或以头顶的方式进行运输的；其后，随着时间的推移，人们知道了利用动物来驮运货物来减少人类的负担。利用动物来运输，使运输的发展进入文明时期。到轮轴的发明、车辆的出现，揭开了现代陆路运输发展的序幕。

交通运输业是凭借交通线路和交通工具使货物和乘客实现定向位移的生产部门，它的构成要素包括了线路、运具、客流和货流、动力、终端设备等。现代化交通运输主要包括铁路、水路、公路、航空和管道 5 种运输方式。各种运输方式必须协调发展才能满足运输需求这一共同目标，各种运输方式分别提供各种不同而又相互补充的运输产品，共同配合完成运输任务。当前，我国正处于构建综合运输体系发展的关键时期，科学处理好各种运输方式的分工协作关系具有重要现实意义。通过运输方式之间的合理分工、相互协作，使各种运输方式各展所长、优势互补，从而推进综合运输体系的健康发展。

1.1.2 交通运输业在社会发展中的地位与作用

1. 运输生产是社会再生产过程中的重要环节

各地区、各部门、各生产领域、各企业之间有广泛、紧密的经济联系，需要及时地将原材料、燃料、成品、半成品送往加工企业和消费地，以保证社会生产有计划地进行，否则，经济发展就要停止，社会生产将无法进行。

2. 交通运输推动现代工业的发展

交通运输业不仅可以通过不断扩大人和物空间位移的规模去刺激流通，而且通过本身产生的巨大需求，又刺激其他部门生产的扩大，如建筑业、煤炭和石油工业、采矿和冶金工业、机械加工工业等得到迅猛发展，因而交通运输强有力地推动了工业和科技的进步。

3. 交通运输业的发展是经济发展的先决条件

运输业的发展对经济的重大潜在作用表现在促进资源的开发和扩大市场，许多国家，尤其是发达国家都在工业发展初期把对运输业的政策倾斜作为发展经济的一项基本国策。例如，1953—1958 年，日本政府用于运输通信设施的投资占该时期公共投资的 19.2%。1960—1970 年，这一比例高达 44.6%。正是由于在政府支持下的大规模交通运输投资，到 20 世纪 80 年代，日本已基本形成了高度现代化的交通运输体系，成为经济起飞的重要基础保障。

4. 交通运输的超前发展是经济发展的标志

国内外许多事实表明，交通运输是经济发展的先行者。众所周知，德国在第二次世界大战后整个经济体系几乎是在废墟上重新建设的。这个只有几千万人口的国家，在短短的一段时间里，之所以能迅速摆脱战争大规模破坏的困境，原因之一归结到德国近代史上一贯重视交通运输的传统思想。同样，事实证明，美国社会与经济的发展是以交通运输的超前发展为标志的；由于交通的超前，美国社会与经济全面发展的速度大大加快了。

5. 在国防建设与防务方面有着不可低估的作用

交通运输业具有半军事性质，是国家战斗实力的组成部分。

6. 国际交流的重要桥梁和纽带

交通运输可以促进各国之间物资交换、经济发展和人们之间的友好往来，是经济全球化的重要保证。

1.2 交通运输的技术经济特征及适用范围

人们对现代化交通运输的基本要求是安全、迅速、经济、便利。铁路、公路、水运、航空和管道五种现代化运输方式所采用的技术手段、运输工具和组织形式等各不相同，因此，形成的技术性能（速度、运输能力、连续性、保证货物完整性和旅客的安全、舒适性等）、对地理环境的适应程度以及经济指标（如能源和材料消耗、投资、运输费用、劳动生产率等）都不尽相同，形成了各自最适合的应用范围。尤其在全球能源紧张、环境恶化的大背景下，铁路以其独特的技术经济特征，再次进入人们的视野。在高新技术的推动下，作为一种绿色的交通运输方式，和其他交通运输方式相比，铁路运输在土地占用、能源消耗、环境保护、运营成本、运输安全和输送能力等方面具有独特的比较优势。

1.2.1 铁路运输

自从世界上出现第一条铁路以来，铁路已经有近 200 年的历史，它是随着社会生产发展的需要而产生、发展和完善起来的。铁路运输业是一个独立的、特殊的物质生产部门，是发展国民经济、提高人民物质文化生活水平的重要基础设施。

铁路运输具有物质生产的3个要素。

（1）劳动：车、机、工、电、辆等各部门运输职工的劳动。“车”是指车务系统，管理车站和车站工作人员；“机”是指机务系统，管理和维护火车机车和机车司机的集合与派班地点，内勤工作地点；“工”指工务系统，负责铁路路轨、铁路线路改造和维护维修；“电”指电务系统，负责铁路信号设施维护维修；“辆”是指车辆系统，负责铁路列车车辆设备维护维修。

（2）劳动资料：线路机车、车辆、通信、信号等劳动资料。

（3）劳动对象：人或物（旅客或货物）。

铁路运输使旅客与货物的场所发生预定的变化，从而具有使用价值。运送旅客可满足人们旅行的需要。运送货物是生产性质的价值增值过程，也是生产过程在流通领域的继续。所以铁路运输是一个独立的物质生产部门。

在铁路运输生产的三要素中，人的劳动和劳动资料虽然由铁路支配，但劳动对象即运送的旅客和货物，铁路只是为其提供服务而不能自由支配，所以铁路运输虽然是一个物质生产部门，但还具有服务的功能。这就决定了铁路运输在各种运输方式的协作配合、合理分工的条件下，能安全、舒适、快捷地满足运输需求，以适应国民经济的发展。

铁路运输的生产过程不改变物质的形态或性质，只改变旅客和货物的场所，属于空间变化，其产品是人和物的位移。

工农业生产的产品既可以储存，又可以调拨。而以“人·千米”和“吨·千米”表示的铁路运输生产量，则是在运输生产过程中完成的，它不能作为独立的物体存在于运输过程之外，只能在运输过程中被同时消费。所以，铁路运输的产品是不能在运输过程以外进行储存和调拨的。

铁路运输具有运输能力比较大、运输速度比较快、安全程度比较高、运输成本比较低、受天气条件的影响比较小等优点。

1．运输能力

铁路是大能力的陆上交通工具。双线铁路年最大运输能力是4车道一级公路的16倍，是4车道高速公路的2~4倍。

作为我国第一条双线电气化开行的重载煤运线路的大秦线铁路，在2008年运量就达到了3.4亿t，打破了世界铁路年运量不超过2.5亿t的理论极限，成为世界上年运量最大的铁路线，在2013年大秦线的运量更是达到了4.45亿t。这是任何一条公路或航线的运量无法比拟的。

2．送达速度

速度快是铁路运输的另一特点，常规铁路的列车运行速度一般为80~120km/h，而高速列车运行速度在200km/h以上，如京津城际高铁在2008年6月24日就创造了394.3 km/h的世界纪录，标志着中国高铁时代的开启；在2010年9月29日，国产“和谐号”CRH380A动车组在沪杭高铁试运行时创造了416.6 km/h的世界纪录；同年的12月3日，京沪高铁“和谐号”CRH380AL动车组试运行更是创造了最高运行速度486.1 km/h的世界纪录。

我们知道送达速度是指运载工具将所运送的对象（旅客或货物）从始发地运送到目的地的全部时间，若算上旅客从居民点到火车站、汽车站、机场的时间，检票、托运货物、提取行李以及等候所需时间，铁路尤其是高速铁路的送达速度优势相对于汽车、航空运输是非常明显的。据统计，行程在1000km以内时，乘坐高速列车总体上比乘坐飞机花的时间更少。

3．安全、舒适、便捷

安全是旅客最为关心的问题，也是衡量客运服务的质量标准。有资料表明，在各国交通运输中，铁路、公路、航空运输的事故率（每百万人千米的伤亡人数）之比大致为 1∶24∶0.8。高速铁路由于在全封闭环境中运行，又采用一系列完善的安全保障体系，如采用先进的列车速度控制系统和调度指挥系统，其安全程度更加可靠。

舒适、便捷也是旅客最为看重的标准。特别是高速铁路每隔半小时甚至几分钟就发出一列客车，旅客基本上可以做到随到随走，不需要候车，做到列车公交化，站台按车次固定化，进一步方便了旅客的乘坐。此外，高速铁路列车内装饰豪华，工作、生活设施齐全，车厢宽敞、坐席舒适，每一位旅客所占有的活动空间比其他运输工具都大得多，高速列车运行平稳，振动摇摆幅度很小。乘坐高速列车旅行无疑是一种十分方便而又愉快的享受。

4．能源消耗

能源是国民经济发展与社会进步的基石，能源的可持续发展是人类社会可持续发展的重要保障之一。交通运输行业是能源消耗大户，更是世界最大的化石燃料消耗部门之一。据统计，我国交通运输行业能源消耗量占能耗总量的 7.6%，其中石油消耗量约占全国石油消耗总量的 25%，而且比重逐年上升。在全球能源形势逐渐紧张的今天，铁路低能耗的优势显得格外突出。

铁路与其他运输方式能耗对比，见表 1-1。

表 1－1　　铁路与其他运输方式能耗对比

运输方式	单位	能源消耗量			
公路		汽油货车	柴油货车	汽车客车	柴油客车
	升/百吨（人）千米	6.89	6.06	1.56	1.21
	千焦/百吨（人）千米	296.75	212.69	67.19	42.33
铁路		内燃机车		电力机车	
	柴油，千克/百吨千米	0.259			
	电力，千瓦时/百吨千米			1.108	
	千焦/百吨千米	11.05		3.98	
内河水运		小型机动船		大型船舶	
	柴油，千克/百吨千米	1.17		0.226	
	千焦/百吨千米	49.91		9.64	
航空	煤油，千克/百吨千米	36.4			
	千焦/百吨千米	1826.52			

以铁路内燃机车为例，铁路与公路的能耗比，货运为 1∶（19.25～26.86），客运为 1∶（3.83～6.08）；铁路与内河水运相比为 1∶（0.87～4.52）；铁路与民航的能耗比为 1∶165。如果采用电力机车，能耗还可以降低一半。2008 年，我国铁路以约占交通运输业总能耗的 10%，完成了国内运输 33%的客运周转量和 44.2%的货运周转量。

此外，铁路运输的能源优势还体现在能够充分利用电能。电能作为重要的二次能源，不仅使用方便、效率高、无污染，而且可以通过煤炭、水能、风能、太阳能的多种方式提供。通过提高电气化铁路的运输比重，不但可以降低能耗和环境污染，还可以利用多种资源，降低对石油的依赖。

5．环境影响

经济的快速发展带来了环境的日益恶化。随着交通运输的发展，交通运输带来的环境问题日益受到人们的重视。以我国为例，近年来，我国许多城市的大气环境已经由煤烟污染型，转为由于交通运输造成的氮氧化物（NO_x）为主的污染。据专家测算，城市大气污染中近 60%的有害物是汽车排放的，其中包括一氧化碳、氮氧化合物、二氧化碳、二氧化硫、碳氢化合物等。

按每完成单位运输量排放的一氧化碳、碳氢化合物计算，公路、航空是铁路内燃机车的数十倍甚至上百倍，而铁路电力机车基本不排放有害气体。同时，由于铁路能耗低、能源替代性好，单位运量下公路和航空运输的二氧化碳排放量是铁路的 4～12 倍。

铁路与公路污染物排放对比，见表 1-2。

表 1－2　　铁路与公路污染物排放对比

污染物	每人每千米排放污染量（克）		
	小汽车	铁路	相当于铁路倍数
一氧化碳（CO）	9.30	0.06	155 倍
一氧化氮（NO）	1.70	0.43	4 倍
碳氢化合物（C_xH_x）	1.10	0.03	36.7 倍

因此，相比之下铁路运输对环境和生态的影响程度较小，特别是电气化铁路这种影响更小。

6．运输成本

铁路能耗低、运量大、运输成本相对低廉。根据测算，铁路运输的单位运输成本为 0.049 元/千换算吨千米、公路为 0.313 元/千换算吨千米、远洋为 0.021 元/千换算吨千米、内河为 0.035 元/千换算吨千米、航空为 0.457 元/千换算吨千米。

铁路运输、公路运输、远洋运输、内河运输、航空运输的单位运输成本之比为 1∶6.4∶0.43∶0.71∶9.33。

同时，运输行业的总成本不仅仅是企业运营所发生的支出，还包括环境污染、事故损失、交通堵塞等造成的外部成本。根据欧盟所属成员方各种运输方式外部成本指标的评估结果显示：公路占 83.7%、民航占 14%、铁路仅占 1.9%。铁路运输的外部成本远远低于公路和民航，社会成本最低。此外，高速铁路开通后，还可大幅节约乘客旅行时间，创造额外的社会价值。

7．气候影响

众所周知，几种交通运输工具除管道运输外，铁路是真正全天候运输工具，受恶劣气候影响最小。特别是高速铁路，由于采用全封闭线路、先进的通信和控制方式，在浓雾、暴雨和冰雪等恶劣天气情况下，列车只需减速行驶，但依然能够正常运营，而机场和高速公路则必须关闭停运。

8．土地占用

交通运输业是用地大户，越是人口密度高、土地紧缺的地区，运输线路、站场就越密集。与其他陆上交通方式相比，铁路占用土地少，具有明显的优势。单线铁路与 2 车道公路、复线铁路与 4 车道公路、高速铁路与 8 车道高速公路相比，铁路路基宽度和单位长度土地占用率仅为公路的 1/3～1/2。此外，新建铁路，特别是高速铁路通过采用以桥代路的方式，可以进一步降低土地使用量，节约宝贵的土地资源。据测算，与路基相比，采用桥梁每千米可节省土地 44 亩（约为 2.93 公顷）。以京津城际铁路为例，共建成桥梁 101km，占全线总长的 84%。通过采用“以桥代路”，京津城际铁路不仅减少了铁路对沿线的切割，更节约土地 4590 亩（306 公顷），有效保护了沿线宝贵的耕地资源。

由于铁路运输量大，与其他运输方式相比，铁路单位运输量土地占用的优势更加明显，根据测算，2 级公路（2 车道）、1 级公路（4 车道）、高速公路（4 车道）年断面客货运量可分别达到 1170 万换算吨千米、2930 万换算吨千米和 6900 万换算吨千米。而国家 1 级单线铁路和复线铁路每年断面客货运量则可达到 4300 万换算吨千米和 15000 万换算吨千米。可以推算，若需要完成相同的客货运量，公路的占地面积是铁路的 8 ~ 10 倍。据统计，我国铁路每千米完成的换算运输密度约为公路的 34 倍。可见，铁路节约土地的效果十分明显。

1.2.2 公路运输

公路运输是现代化运输的主要方式之一，它的主要优点是机动、灵活性强，而且对客运量、货运量大小具有很强的适应性。相比之下，公路运输投资少、投资回收期短，且技术改造比较容易。由于汽车运输灵活方便，可实现“门到门”的直达运输，因而不需要中途倒装，既加速了中、短途运输的送达速度，又加速了货物资金周转，还有利于保持货物的质量和提高客货的时间价值。此外，公路运输还可担负铁路、水路运输达不到的区域内的运输以及其终点的接力运输，它是其他运输方式的补充和衔接。虽然在短距离运输时，汽车客运速度明显高于铁路，但它的不足是在长途运输业务方面，有着难以弥补的缺陷：第一是耗用燃料多，造成途中费用过高；第二是机器磨损大，因此折旧费和维修费用高；第三是公路运输所耗用的人力多，如一列火车车组人员只需十几人，若公路运送同样重量的货物，则需配备几百名司机。因此，汽车运输费率远高于铁路和水运。

1.2.3 水路运输

除运河以外，内河航道均是利用天然江河加以整治，修建必需的导航设备和港口码头等即可通航；海运航道更是大自然的产物，一般不需要人工整治，且海运航线往往可以取两港口间的最短距离。相对而言，水上运输线路投资远低于铁路，主要集中在船舶、码头；另外，河运的平均运输成本比铁路略低，而海运成本远比铁路低，这是水路运输的一个突出优点。由于水路运输具有占地少、运量大、投资省、运输成本低等特点，在运输长、大、重件货物时，与铁路、公路相比，水上运输更具有突出的优势。对某些过重、过长的大重件货物，铁路、公路则无法承担，而水上运输一般能完成。对大宗货物的长距离运输，尤其是远洋运输，水路运输是最经济的也是国际贸易的主要运输方式。但是水路运输速度比铁路运输等要慢，而且受自然条件的限制较大，冬季河道或港口冰冻时即须停航，海上风暴也会影响正常航行。

1.2.4 航空运输

航空运输在 20 世纪迅速崛起，是运输行业中发展最快的。与其他运输方式相比，航空运输最大的特点是速度快，并具有一定的机动性。在当今的时代，高速性具有无可比拟的特殊价值。航空运输不受地形地貌、山川河流障碍影响，只要有机场并有航路设施保证，即可开辟航线。如果用直升机运输，则机动性更大。航空运输适用于长途旅客运输、货物运输及邮件运输，包括国际和国内运输，在通用航空运输方面（摄影、人工降雨、林业播种、抗灾救护等）更显优势。缺点是运载能力小、能源消耗大、运输成本较高。

1.2.5 管道运输

管道运输在最近几十年内得到了迅速发展，主要以石油、天然气、成品油等流体能源为运送对象，之后发展到输送煤和矿石等固体物质（将其制成浆体，通过管道输往目的地，再经过脱水处理转入使用）。管道运输具有输送能力大（管径为 1200mm 的原油管道年输送量可达 1×10^9t）、效率高、成本低及能耗小等优点，由于管道埋于地下，除泵站、首末站应用一些土地外，管道运输占用土地少，且不受地形与坡度的限制，易取捷径，可缩短运输里程；管道埋于地下基本不受气候影响，可以长期稳定运行；沿线不产生噪声且漏失污染少。管道输送流体能源，尤其是输送危险品的油类管道埋于地下，受地面干扰少，运此类物品较为安全。另外，主要依靠每隔一段距离设置的增压站提供压力能，因此，设备运行比较简单，易于就地自动化和进行集中遥控，由于节能和高度自动化，用人较少，运输费用较低，是一种很有发展前景的现代化运输方式。当然，管道运输也存在一些缺点，它适于长期定向、定点、定品种输送，合理输量范围较窄，若输量变化幅度过大，则管道的优越性就难以发挥，更不能输送不同品种的货物。

总之，各种交通运输方式既有相对独立性又互相依存，既有协作又有竞争。在国民经济和社会发展以及运输技术不断进步的条件下，如何综合利用和发展各种运输方式的问题日益受到各国的重视。然而，在不同的国家，由于国土面积、资源分布以及经济发展状况的差异，各种交通运输方式之间的关系也有所不同。但是，应该在保证运输安全、合理利用自然资源、保护环境等前提下，充分发挥各种运输方式的技术经济优势和功能，做到合理分工和协调发展，力求经济合理地满足运输需求。

根据我国的国情和交通运输发展规划，我国的交通运输业是以铁路为骨干，公路为基础，努力发展航空制造业和航空运输技术，加大水路运输能力，加快沿海港口的建设，适当发展管道运输，建设一个全国统一的、协调的综合交通运输体系。

学习任务 1-2

上网搜索铁路发展的相关视频或图片资源，以 PPT 或者是视频的形式，介绍铁路发展史，内容可以包括世界铁路的建设与发展、中国铁路的建设，中国铁路的发展、中国高铁技术等主题。

【相关知识 2】

1.3 世界铁路的发展概况

铁路的发展已有近 200 年的历史，世界上第一条行驶蒸汽机车的永久性公用运输铁路，是 1825 年通车的英国斯托克顿－达灵顿铁路。此后，铁路主要是依靠牵引动力的发展而发展。牵引机车从最初的蒸汽机车发展成内燃机车、电力机车。运行速度也随着牵引动力的发展而加快。20 世纪 60 年代开始出现了高速铁路，速度从 120km/h 提高到 450km/h 左右，以后又打破了传统的轮轨相互接触的粘着铁路，发展了轮轨相互脱离的磁悬浮铁路。而后者的试验运行速度，已经达到 500km/h 以上。

人们普遍认为，世界上的铁路来源于石路。其根据是考古学家发掘意大利庞贝古城时，发现了和现代铁路一样宽的石路。考古学家在发掘时注意到，庞贝古城的街道上砌有两排平行的石道，其距离是当时战车的轮距：4 英尺 8 英寸半（1435mm)，看来是专为方便战车行驶而铺设的。庞贝古城的石道使人们联想起十六世纪德国哈兹矿山也铺有两行专运矿石的“石路”，距离恰好也是 1435mm。这可能是世界上最原始的轨道，它使得矿车摆脱了泥泞的土路，推拉起来轻快了许多。但是，“石路”虽然结实，却难以随矿井的转移而重复使用，而且也不够轻便。

1550 年，在法国和德国边界附近的勒伯德尔地区，矿山的马拉矿车开始用木制轨道。1605 年，英格兰的煤矿也采用木轨，轨距仍保持 1435mm。“木路”的制作和铺设都要容易和方便得多，于是许多煤矿纷纷效仿，一时风行起来。十七世纪的英国，因为生铁价格下跌，有人就把铁熔化，铸成 5 英尺（1.524m）长、4 英尺（1.2192m）宽、1 英寸（0.0254m）多厚的长方形铁板，铁板上有孔，可以钉在木轨上存放。原希望等到铁价上涨后再把铁板起下来熔化出售，谁知道这种铁板竟然成了大受欢迎的新型轨道，很快就得到了推广，“铁路”这一名称也由此而来。从“石路”到“木路”再到“铁路”，它们的轨距几乎完全一样。

英国是铁路的故乡，1825 年 9 月 27 日，世界上第一条行驶蒸汽机车的永久性公用运输设施，英国斯托克顿－达灵顿的铁路正式通车了，如图 1-2 所示。斯托克顿-达灵顿铁路的正式开业运营，标志着近代铁路运输业的开端。

图 1－2　英国斯托克顿－达灵顿的铁路

美国于 1830 年 5 月 24 日第一条铁路建成通车，全长 21km，从巴尔的摩至埃利科特。19 世纪 50 年代，筑路规模扩大，80 年代形成高潮。从 1850—1910 年的 60 年间，共修筑铁路 37 万余千米，平均年筑路 6000 余千米。1887 年筑路达 20619km，创铁路建设史上的最高纪录。1916 年，美国铁路营业里程达到历史上的最高峰，共 408745km。但此后，由于其他运输方式迅速发展等原因，不断拆除和封闭线路，铁路线路长度不断缩减。铁路一度被称为“夕阳产业”。

部分国家修建第一条铁路的时间表见表 1-3。

表 1－3　部分国家修建第一条铁路的时间表

序号	国家	修建时间	序号	国家	修建时间
1	英国	1825	10	意大利	1839
2	美国	1830	11	瑞士	1844
3	法国	1832	12	西班牙	1848
4	比利时	1835	13	秘鲁	1851
5	德国	1835	14	印度	1852
6	加拿大	1836	15	澳大利亚	1854
7	俄罗斯	1837	16	南非	1860
8	奥地利	1838	17	日本	1872
9	荷兰	1839	18	中国	1876

目前，全世界 117 个国家和地区拥有铁路 120 余万千米，其中美国铁路 20 万多千米，前俄国铁路 10 万多千米，中国铁路突破 1×10^5km，印度、加拿大的铁路 6 万多千米。其他如法国、德国 4 万多千米，阿根廷 3 万多千米，日本、意大利、墨西哥、巴西、波兰、南非等 2 万多千米，英国、西班牙、瑞典、罗马尼亚等 1 万多千米，4000km 以上的有澳大利亚、匈牙利、新西兰、奥地利、芬兰、智利、古巴、挪威、保加利亚、比利时、巴基斯坦、土耳其、朝鲜、印度尼西亚、伊朗、埃及等。

同时，世界高速铁路也得到了极大的发展，目前开行时速 200km 以上高速列车的国家已有中国、日本、法国、德国、意大利、西班牙、比利时、荷兰、瑞典、英国、美国、俄罗斯，正在积极建设或规划建设的还有瑞士、奥地利、丹麦、加拿大、澳大利亚、韩国、印度等国。

1.4　中国铁路的建设与发展

1.4.1　新中国之前的铁路建设

铁路的知识传入中国，是在 1840 年鸦片战争前后。当时的有识之士如林则徐、魏源、徐继畬等人先后著书立说，向国人介绍铁路知识。

中国第一条铁路是 1876 年在上海修建的吴淞铁路，它是英国侵略者采用欺骗的手段修建的。该铁路从上海至吴淞镇，全长 14.5km，轨距 762mm。这条铁路后被清政府以 28.5 万两白银收回并拆除。

中国自己创办的第一条铁路，是 1881 年修建的唐胥（唐山到胥各庄）铁路，铁路全长 10 km，是当时清政府为了解决煤炭运输而修建。

由中国人自己集资，自己设计并自己修建的准轨铁路，是 1891 年和 1893 年先后通车的基隆至台北、台北至新竹的两条铁路，全长 100km。

最值得中国人为之骄傲的铁路是在杰出的铁路工程师詹天佑领导下，由中国工程技术人员主持、设计、施工的京张铁路（北京至张家口），于 1905 年 10 月开工，1909 年建成，比原计划提前两年。采用 1435mm 轨距，全长 201km 的京张铁路工程相当艰巨。因为自南口进入燕山山脉军都山后，岭高坡陡，四座需开凿的隧道全靠人工修筑。由于这一带地势很陡，坡度很大，为使列车安全通过山岭，詹天佑在青龙桥车站设计了“人”字形爬坡线路，解决了这一难题。京张铁路设计和建设的成就，充分显示了中国人民的智慧和力量，在中国铁路史上写下了光辉的篇章。

1949 年以前，中国的铁路分布极不均衡，铁路数量少，布局不合理，约占国土面积 15% 的东北、华北地区铁路长度占全国铁路总长的 65%，而占国土面积 60% 的西南和西北地区，却仅占全国铁路总长的 5.5%，有些省份甚至没有铁路。从 1876 年到 1949 年的 73 年间，总共只修建了 2.1 万 km。由于战乱，实际能通车的只有 1.1 万 km，能用的机车仅 1700 台，车辆 3 万余辆；此外铁路的技术设备也陈旧落后、质量差、标准低、种类规格繁杂，机车有 120 多个机型，钢轨多达 13 种，线路病害严重，约 1/3 的车站没有信号机，自动闭塞线路不到 2%。

1.4.2　新中国铁路的飞跃发展

新中国成立初期，百业待兴、百废待举，铁路成为新中国发展最重要的一个行业部门。为了尽快恢复生产，发挥铁路在国民经济建设中的作用，铁路工人和铁道兵一起迅速恢复了受战争破坏的 1 万多千米铁路。

1950 年成渝铁路破土开建，邓小平同志在开工典礼上致词，1952 年正式通车，新中国第一条铁路建成通车，如图 1-3 所示。之后，铁路建设的新线，也重点伸向了交通闭塞的西南、西北腹地。从 1964 年开始，为了配合“大三线”建设，成昆铁路、川黔铁路、贵昆铁路的建设揭开了序幕。川黔铁路即从成渝线上的小南海站至贵阳站，在 1965 年 10 月通车；贵（阳）昆（明）铁路 1966 年 1 月通车运营；随后的 1970 年，成昆铁路通车。

图 1－3　成渝铁路

到 1980 年年底，铁路营业里程已达 5×10^4km，全国铁路网骨架基本形成。1985 年年底，全国铁路营业里程达到 5.2×10^4km，客货换算周转量突破 1×10^{13}t · km。

此后，中国铁路建设大大加快，1993 年京九铁路的建设全面开工，1995 年 11 月 16 日全线铺通，1996 年 9 月 1 日开通运营，如图 1-4 所示。这条沟通我国南北干线的铁路，是我国铁路建设史上第一条规模最大、投资最多，一次建成的距离最长的交通大动脉，在京沪和京广之间又多了一条南北大通道。

图 1－4　京九铁路

“十五”期间国民经济持续快速增长，煤电油运全面紧张，铁路建设迫在眉睫，为了实现我国铁路自孙中山以来几代人梦寐以求的一个发达的中国铁路网，大规模的铁路建设序幕拉开了。

我国第一条重载铁路大秦铁路是煤炭运输的主要通道，2006 年 3 月 28 日，大秦线正式开行了 2×10^4t 重载组合列车，标志着中国铁路重载运输技术达到世界先进水平。2007 年，大秦线年运量实现 3×10^9t，已成为世界上年运量最大的重载铁路。2010 年 12 月 26 日，有着我国“能源战略大动脉”之称的大秦铁路（见图 1-5）年运输煤炭突破 4×10^9t，我国铁路重载运输继续创造遥领世界的惊人业绩。

图 1-5　大秦铁路

举世瞩目的青藏铁路，是世界一流的高原铁路，是中国新世纪四大工程之一。它东起青海省西宁市，南至西藏自治区拉萨市，全长 1956km。其中西宁至格尔木段 814km 已于 1979 年铺通，1984 年投入运营。格尔木至拉萨段全长 1142km，其中新建线路 1110km，于 2001 年 6 月 29 日正式开工。途经纳赤台、五道梁、沱沱河、雁石坪，翻越唐古拉山，再经西藏自治区安多、那曲、当雄、羊八井到拉萨。其中海拔 4000m 以上的路段 960km，多年冻土地段 550km，翻越唐古拉山的铁路最高点海拔 5072m，是世界上海拔最高、在冻土上路程最长、克服了世界级困难的高原铁路。

2006 年 7 月 1 日，青藏铁路正式通车运营，如图 1-6 所示。2014 年 8 月 15 日，青藏铁路延伸线拉日铁路开通运营。

图 1-6　青藏铁路

至 2013 年，全国铁路营业里程已突破 1×10^5km，居世界第二位；高速铁路里程也已突破 1×10^4km，同电气化铁路运营里程一起，高居世界第一。

1.4.3　高铁 10 年

中国高速客运铁路，常被简称为“中国高铁”，是指改造原有线路（直线化、轨距标准化）后最高营运速度不低于 200km/h 的铁路线路，或专门修建“高速新线”，最高营运速度不低于 250km/h 的铁路系统。高速铁路技术指标很高，除了速度要达标外，车辆、路轨、操作都需要同步配合升级。

2003 年 10 月 12 日，第一条高铁“秦沈客运专线”通车，设计时速 200km。

2008 年 8 月 1 日，“京津城际”通车，从北京到天津不到半小时，实现了两地的“同城化”。

2009 年 12 月 26 日，“武广客运专线”通车，从武汉坐火车到广州由过去最快的 10h 缩短至 3 个多小时，当日往返成为现实。

2010年7月1日，“沪宁城际”通车，从上海到南京只需1h。

2010年10月26日，“沪杭城际”通车，从上海到杭州只需0.5h。

2010年12月30日，“海南东环铁路”通车，从海口经文昌、琼海、万宁、陵水到三亚，只需1h。

2011年12月26日，“广深港高铁”（广州南至深圳北段）通车，从广州到深圳只需不到半个小时。

2012年，我国铁路新增通车里程6366km，是历史上新线投产最多的一年，其中有3500km高铁路线通车。

2012年9月28日，“石武高铁”（郑州至武汉段）通车，从郑州到武汉只需约2h。

2012年12月1日，“哈大高铁”通车，从哈尔滨到大连只需3个多小时。

2012年12月26日，“石武铁路”（石家庄至郑州段）京石高铁通车，从石家庄到郑州只需1个多小时。

进入2013年，新建的高铁线路仍在迅速延伸。同时，随着国务院机构改革和职能转变方案，在十二届全国人大一次会议上获表决通过，3月14日，国务院批复同意组建中国铁路总公司。

2013年7月1日，“宁杭高铁”通车，从南京到杭州只需1个多小时。

2013年7月1日，“杭甬高铁”通车，从杭州到宁波不到1h。

2013年9月12日，“盘营客运专线”通车，从盘锦到营口东只需28min。

2013年12月1日，“津秦铁路客运专线”通车，从天津到秦皇岛只需1个多小时。

高铁出现后，传统的铁路旅行时间被大大压缩，由此产生了巨大的社会效益。它带动了沿线地区的经济发展，节约了能源的同时，也减少了环境污染。而经过近十年的不懈努力，中国已成为世界上高速铁路系统技术最全、集成能力最强、营业里程最长、运行速度最高、在建规模最大的国家。

1.4.4 中国铁路的发展

1．中长期铁路网规划

2004年1月国务院常务会议审议通过了《中长期铁路网规划》，提出了未来10年中国铁路网的发展蓝图；2008年10月又批准了《中长期铁路网调整规划》，进一步加大了铁路建设力度。

（1）发展目标。铁路网上扩大规模、完善结构、提高质量、快速扩充运输能力、迅速提高装备水平。到2020年，全国铁路营业里程达到10万km，主要繁忙干线实现客货分线，复线率和电化率均达到50%，运输能力满足国民经济和社会发展需要，主要技术装备达到或接近国际先进水平。

（2）规划原则。

① 统筹考虑与其他运输方式及能源等相关行业的发展，通道布局、运力分配与公路、民航、水运、管道等规划有机衔接。

② 能力紧张的繁忙干线实现客货分线，经济发达的人口稠密地区发展城际快速客运系统。

③ 加强各大经济区之间的连接，协调点线能力，使客货流主要通道畅通无阻。

④ 增加路网密度，扩大路网覆盖面，为经济持续发展、国土开发和国防建设创造有利条件。

⑤ 提高铁路装备国产化水平，大力推进装备国产化工作。

（3）规划方案。规划方案要在路网总规模扩大的同时，突出客运专线、区际干线和煤运系统的建设，提高路网质量、扩大运输能力，形成功能完善、点线协调的客货运输网络。

① 建设客运专线。为满足快速增长的旅客运输需求，建立省会城市及大中城市间的快速客

运通道，具体内容包括建设客运专线 1.2 万 km 以上，规划“四纵四横”铁路快速客运通道以及 3 个城际快速客运系统。客车速度目标值达到 200km/h 及以上。

“四纵”高速铁路客运网骨架指：京沪高速铁路、京广深港高速铁路、京哈高速铁路、杭福深客运专线（东南沿海客运专线）。

“四横”高速铁路客运网骨架指徐兰客运专线、沪昆高速铁路、清太客运专线、沪汉蓉高速铁路。

3 个城际快速客运系统指环渤海地区、长江三角洲地区、珠江三角洲地区城际客运系统，覆盖区域内主要城镇。

② 完善路网布局和西部开发性新线。以扩大西部路网规模为主，形成西部铁路网骨架，完善中东部铁路网结构，提高对地区经济发展的适应能力。规划建设新线约 4.1×10^4km，形成西部铁路网骨架，完善中东部铁路网结构，提高对地区经济发展的适应能力。

③ 加强既有路网技术改造和枢纽建设。加强既有路网技术改造和枢纽建设，提高路网既有通道能力。《规划》中既有线增建线路 1.9×10^4km，既有线电气化 2.5×10^4km。

2．突出自主创新，推进铁路现代化

铁路作为国家的重要基础设施、国民经济的大动脉和大众化的交通工具，是国家综合交通运输体系的骨干。为贯彻国家可持续发展战略，适应和促进国民经济发展和社会进步，应充分发挥铁路技术经济优势，依靠科技进步，采用最新技术，突出技术创新，积极发展铁路，以满足运输市场的需求。

铁路技术发展的总目标是实现铁路现代化。逐步建立客运快速、货运快捷和重载、行车高密技术协调发展，高新技术与适用技术并重，不同层次技术装备并存的具有中国铁路特点的技术体系。建成能力大、质量高、效益好、安全可靠、全面信息化的现代化铁路。技术发展方向是：旅客运输高速化、快速化，货物运输重载化、快捷化，运营管理信息化，安全装备系统化，建设技术现代化，经营管理科学化。形成运输数量与质量兼顾、客货运输并重，重视发展旅客运输，开车速度、密度、重量合理组合，建立具有中国特点的铁路技术体系。

【巩固练习】

一、填空题

1．现代交通运输主要包括______、______、_______、_______和_______5 种运输方式。

2．现代化交通运输主要包括：________、_________、_______、________和________5 种运输方式。

3．铁路运输的基本特征是：__________、___________、____________。

4．水路运输具有__________、__________、__________、__________等特点。

5．公路运输是现代运输的主要方式之一，它的主要优点是_______、________，而且对___________、__________大小具有很强的适应性。

6.按照运输对象划分，运输可分为____________和______________两大类。

7．运输业的产品是_____________，运输工作量的统计指标是_________，计量单位是_____________ 和______________。

8．我国第一条双线电气化开行的重载煤运线路是_____________。

9．京津城际高铁在 2008 年 6 月 24 日就创造了____________km/h 的世界纪录，标志着中国高铁时代的开启。

10. 英国____________的正式开业运营，标志着近代铁路运输业的开端。

11. 1876 年，中国大地上出现的第一条铁路是___________。

12. 1952 年建成通车的__________是新中国第一条铁路。

二、判断题

1. 海上运输是历史悠久的国际贸易运输方式，目前，国际贸易总运量的 1/3 以上利用海上运输。（ ）

2. 公路的主要优点是机动、灵活性强，而且对客运量、货运量大小具有很强的适应性。（ ）

3. 航空运输最大的特点是载运能力大，速度高。（ ）

4. 管道运输主要以石油、天然气等流体能源为运送对象。（ ）

5. 铁路运输具有运输能力大，能够负担大量客货运输的优点。（ ）

6. 河运的平均运输成本比铁路略低。（ ）

7. 对过重，过长的大重件货物，铁路、公路可以承担。（ ）

8. 公路运输与其他运输方式相比，投资少、资金周转快、投资回收期短，且技术改造较容易。（ ）

9. 管道运输不适于长期定向、定点、定品种运输。（ ）

10. 常规铁路的列车运行速度目前可以达 80~120km/h。（ ）

11. 铁路运输网乃至整个综合运输网的主骨架。其基本特征是：运输强度大，里程较长，汇集和辐射范围广。（ ）

12. 铁路是交通运输行业的基础。（ ）

13. 天然气管道建设将是未来中国管道建设的热点。（ ）

14. 铁路运输的成本比公路，航空运输高，运距越长，运量越大，单位成倍就越低。（ ）

15. 水路运输的输送能力相当大。（ ）

三、根据下列具体情况，选择合适的运输方式

1. 贵重或急需的货物数量不大。（ ）

2. 容易死亡或变质的活物、鲜货。（ ）

3. 大宗笨重货物远程运输。（ ）

4. 从乌鲁木齐到北京开会，第二天必须赶到。（ ）

5. 暑假从上海到大连旅游，选择最经济的方法。（ ）

6. 从重庆到武汉，沿途观赏三峡风光。（ ）

7. 从拉萨到西宁，沿途参观访问。（ ）

8. 从武汉到郑州探亲。（ ）

9. 两箱急救药品从北京运到拉萨。（ ）

10. 1t 活鱼从密云水库运到北京市区。（ ）

11. 50 吨钢材从上海运到济南。（ ）

12. 1 万吨海盐从天津运到上海。（ ）

13. 10 万吨大米从武汉运到上海。（ ）

四、简答题

1. 简述现代化交通运输的形式及其技术经济特征。

2. 简述铁路技术发展的总目标。

PART 2 项目二 铁路线路

【项目引入】

粟小米家住贵州省贵阳市。今年高考，她考上了湖南铁道职业技术学院，成为该校铁道牵引与动力学院的一名大一新生。9 月 1 日是她去学校报到的日子，她早早地买好了贵州到株洲的火车票，带着对大学生活的憧憬与期望，踏上了求学路程。车窗外，天高云淡，艳阳高照。粟小米欣赏着眼前旖旎秀美的山川，看着火车像钢铁巨龙样奔驰在崇山峻岭之间，心中却涌出许多疑问：

- 都说两点之间直线最短，如果将两地间火车线路修建成直线，应该既缩短了线路距离，又减少了工程造价，可为什么实际的线路情况却是蜿蜒起伏（见图 2-1）而非平顺笔直呢？设计铁路线路的走线方案时需要考虑哪些因素呢？
- 在铁路线路的两旁，立着许多固定标桩（见图 2-2），这些标桩有什么含义？起什么样的作用呢？
- 铁道线路是否和公路一样，也会因为外力与天气等原因而出现变形和损坏？铁路建设者用什么方法努力保障线路的稳定与完好呢？
- 公路交通中，我们通过十字路口或丁字路口等来实现道路的选择与改变，火车在行驶的过程中，是如何改变道路的呢？

作为一名轨道交通相关专业的学生，通过本项目的学习，希望你能帮助粟小米解决心中的疑问。

图 2-1　蜿蜒的铁路线路

图 2-2　铁路线路标志

【项目分析】

粟小米的疑惑大多与铁路线路相关。铁路线路是完成旅客运输和货物运输的主要设备，是机车车辆和列车运行的基础，是铁路运输最主要、最基本的技术设施，铁路线路为铁路运输提供了最基本的条件。铁路状态的完整与否，车站各项设备的布局和运用是否合理，对铁路运输组织具有决定性的影响。

甲乙两地要修建一条铁路线路，是不能简单地将甲乙两地之间的铁路设计成一条直线的。铁路线路的走线方案，既要考虑设计线在国家政治、经济、国防上的意义，在交通运输系统中及在铁路网中的地位和作用，还要考虑沿线的人口、资源、工农业生产水平及地形、地质、水文等因素。由于这些原因，铁路线路在修建时不可能全线设计为直线，必要时必须转弯，因此产生了曲线。曲线的存在将影响行车的平稳与安全。同样，铁路线路在修建时不可能全线设计为平道，因此线路存在上下坡，列车在有坡道线路上运营显然要比在平道上难度大。铁路的相关人员必须掌握线路的组成、作用和相关要素的计算及线路状况与行车速度的关系等。

沿铁路线路两侧设置有许多固定标桩，它的作用是向铁路行车人员和线路养护维修人员显示铁路建筑物、线路设备等的位置或状态。

为了确保运输工作的顺利进行，运输设备不仅要有一定的数量和完好的质量，还应经常保持良好的状态。为了进行设备的养护和检修工作，铁路沿线还设有各种专业性质不同的修理工厂、业务段和检修所等。

在项目的学习程中，安排了四个任务，学习者通过完成项目任务，实现对所学知识的巩固与掌握。

【学习导航】

本项目主要学习铁路线路的基本知识，具体如图 2-3 所示。

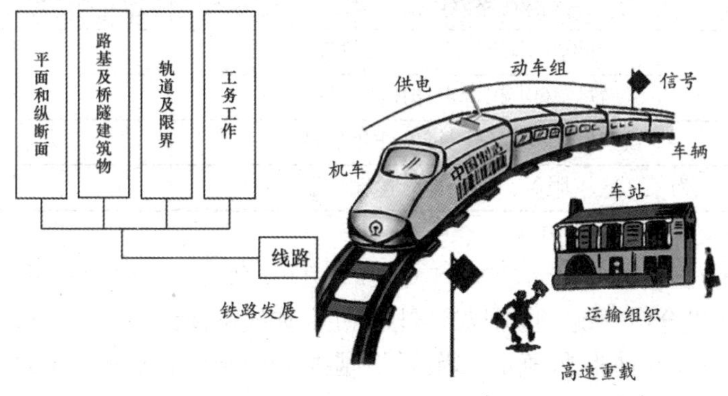

图 2-3 学习导航

学习任务 2-1

查阅资料并制作 PPT 或 Word 文档，对贵阳—广州（贵广线）铁路线路的主要技术指标进行简要介绍，介绍内容包括修建时间、起始地点、铁路等级、线路长度、正线数目、设计行车速度、最小曲线半径、正线线间距、限制坡度、到发线有效长度、牵引种类、牵引质量、闭塞方式、车站数目等。

【相关知识 1】

2.1 概述

2.1.1 铁路基本建设程序

由于新建或改扩建铁路的工程量、投资量都很大，且技术复杂，牵涉面广，因此在建设一条铁路之前，必须进行深入细致的调查研究和勘测工作，并从若干个可供比较的方案中选出一个最优方案来进行设计。根据基建程序要求，铁路建设划分为 3 个阶段。

①前期工作阶段。主要进行方案研究、初测和初步设计工作。

②基本建设阶段。主要进行定测、技术设计和施工图设计，最后进行工程施工、验交投产。

③投资效果反馈。铁路运营若干年后，由建设单位会同有关部门，对工程质量、技术指标和经济效益等考查验证，以评价设计和施工质量。

2.1.2 铁路线路等级

铁路等级是区分铁路在国家铁路网中的作用、意义和远期年客货运量大小的标志。它是铁路的基本标准，也是确定铁路技术标准和设备类型的依据。设计铁路时需先确定铁路等级，然后选定其他主要技术标准和各种运输装备的类型。

《铁路线路设计规划》规定：新建和改建铁路（或区段）的等级，应根据其在铁路网中的作用、性质和远期年客货运量确定。我国铁路的等级通常分为 3 级，用罗马数字Ⅰ、Ⅱ、Ⅲ表示，其具体规定见表 2-1。等级的划分是根据具体线路在路网中的作用和远期年客货运量来确定的；但是，现在所称的客运专线不在这个标准范围内。所谓客运专线，是指以客运为主的快速铁路，一般时速为 200～350km。

表 2-1 铁路等级

等级	线路在路网中的意义	远期[①]年客货运量[②]（百万吨）
Ⅰ级	在路网中起骨干作用的铁路	大于等于 20
Ⅱ级	铁路网中起骨干作用的铁路	小于 20
	铁路网中起联络、辅助作用的铁路	大于或等于 10
Ⅲ级	为某一区域服务，具有地区运输性质的铁路	小于 10

注：① 远期指交付运营后第 10 年。

② 年客货运量为重车方向的货运量与客车对数折算之和，每天 1 对旅客列车按 1×10^6t 货运量折算。

铁路的等级可以全线一致，也可以按区段确定。如线路较长，经行地区的自然、经济条件及运量差别很大时，便可按区段确定等级。但应避免同一条线上等级过多或同一等级的区段长度过短，使线路技术标准频繁变更。

2.1.3 铁路主要技术标准

铁路主要技术标准是指对铁路输送能力、工程造价、运营质量以及选定的其他有关技术条件有显著影响的基本标准和设备类型。《线规》中明确规定下列内容为各级铁路的主要技术标准：正线数目、限制坡度、最小曲线半径、车站分布、到发线有效长度、牵引种类、机车类型、机车交路、闭塞类型。这些标准是确定铁路能力大小的决定因素。一条铁路的能力设计实质上是选定主要技术标准，同时这些标准对设计线的工程造价和运营质量有重大影响，并且是确定设计线一系列工程标准和设备类型的依据。

其中前五项属于工程标准（固定设备标准），建成后很难改变；后四项则属技术装备类型可随着运量的增长逐步进行更新改造。

由于铁路主要技术标准是铁路建筑物和设备的类型、能力和规模的基本标准，对铁路能力、运营安全、运输效率、投资规模、经济效益和社会效益有重要影响，而且主要技术标准之间联系密切，相互影响。因此，主要技术标准应根据国家要求的年输送能力和确定的铁路等级在设计中综合考虑，经技术经济比选确定，以保证技术上先进、经济上合理、标准间协调。

1．牵引种类

牵引种类是指机车牵引动力的类别。我国铁路目前的牵引种类有电力、内燃、蒸汽 3 种。

2．机车类型

机车类型系指同一牵引种类中机车的不同型号。机车类型应根据牵引种类、运输需求以及与线路平、纵断面技术标准相协调的原则，结合车站分布和邻线的牵引质量，经技术经济比选确定。

3．限制坡度

限制坡度是设计线单机牵引时限制列车牵引质量的最大坡度。不仅影响线路走向、线路长度和车站分布，而且直接影响行车安全、行车速度、运输能力、工程投资、运营支出和经济效益，是铁路全局性技术标准。

4．到发线有效长度

到发线有效长度是车站到发线能停放货物列车而不影响相邻股道作业的最大长度。它对货物列车长度（即牵引吨数）起限制作用，从而影响列车对数、运能和运行指标，对工程投资、运输成本等经济指标也有一定影响。

5．正线数目

正线数目是指连接并贯穿车站的线路的数目。按正线数目可把铁路分为单线铁路、双线铁路和多线铁路。单线和双线铁路的通过能力悬殊。单线半自动闭塞铁路的通过能力为 42～48 对／天；双线自动闭塞则为 144～180 对／天。双线的通过能力远远超过两条单线的通过能力，而双线的投资比两条平行单线少约 30%，双线旅行速度比单线高约 30%，运输费用少约 20%。可见，运量大的线路修建双线是经济的。

6．车站分布

车站分布距离大小决定列车在区间的往返走行时间，从而影响通过能力。车站分布距离因影响车站数量，故对工程投资有较大影响；因影响起停次数和旅行速度，故对运营支出有直接影响。

车站分布必须满足国家要求的年输送能力和客车对数，并应考虑区间通过能力的均衡性。

7．闭塞方式

铁路为了保证行车安全、提高运输效率，利用信号设备等来管理列车在区间运行的方法，称为闭塞方式。闭塞方式决定车站作业间隔时间，从而影响通过能力。我国的基本闭塞方式有半自动闭塞和自动闭塞，在次要支线上和地方铁路有的还采用电气路签。

8．最小曲线半径

最小曲线半径是设计线采用的曲线半径最小值。最小曲线半径不仅影响行车安全、旅客舒适等行车质量指标，而且影响行车速度、运行时间等运营技术指标和工程投资、运营支出和经济效益等经济指标。最小曲线半径应根据铁路等级、路段旅客列车设计行车速度和工程条件比选确定，且不得小于《线规》规定值。

9．机车交路

铁路上运转的机车都在一定区段内往返行驶。机车往返行驶的区段称为机车交路，其长度称为机车交路距离。机车交路两端的车站称为区段站。区段站都设置一定的机务设备。机车交路距离会影响列车的旅途时间和直达速度。

2.2 铁路线路的平面和纵断面

2.2.1 线路平面

铁路线路在空间的位置是用它的线路中心线表示的。线路中心线是用路基横断面上 *O* 点纵向的连线表示的如图 2-4 所示。*O* 点为距外轨半个轨距的铅垂线 *AB* 与路肩水平线 *CD* 的交点。线路的空间位置是由它的平面和纵断面决定的。线路中心线在水平面上的投影，叫作线路的平面，反映了线路的曲直变化和走向。线路中心线（平面曲线展直后）在垂直面上的投影，叫作线路的纵断面，反映了线路的起伏变化和高程。

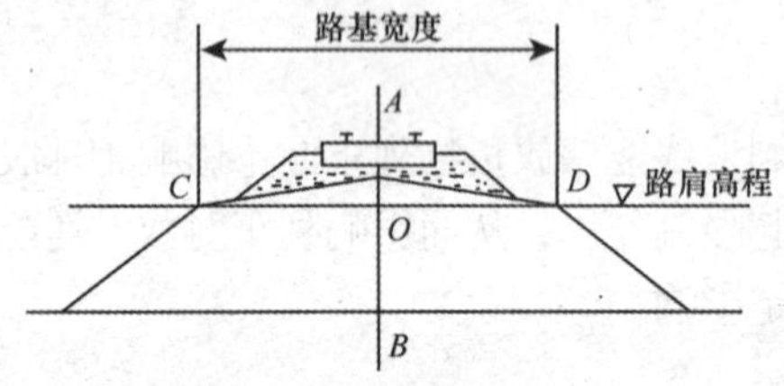

图 2-4　铁路路基断面图

从运营的观点来看，最理想的线路是既直又平的线路。但是由于地面存在山脉、河流、湖泊、沼泽、森林、矿区、城镇以及其他各种建筑物，铁路沿线的地形、地质、水文等自然条件千变万化，如果把铁路修得过于平直，就会造成工程数量多、工程造价过高，且工期漫长。

从工程观点来看，铁路线路最好能够随地形条件而有适当的起伏和弯曲。这样，既可以减少工程数量、降低造价，又便于避开地形、地质和地物上的障碍，可这又会给运营造成很大的困难，甚至还会影响铁路行车的平稳与安全。

因此，在进行线路的平面和纵断面设计时，需要综合考虑工程造价和运营效果，要在满足运营的基本要求前提下，尽可能地减少工程量，降低造价，从而使铁路线路能够随地形条件有适当的起伏和曲直变化。

1．线路平面及组成

线路平面是由直线、圆曲线、缓和曲线所组成。

如图 2-5 所示，某条铁路经过 *A* 点至 *B* 点。最理想的路线是 *A*、*B* 两点间连成一直线，但需修建两座桥梁跨越河流，还需穿越城镇，显然是不经济的，也是不合理的。为了绕过河流与城镇，路线改为 *ACDB*，并需在转角处设置曲线 *EF* 与 *GH*。因此，铁路线路在平面上除了直线外，还要设置曲线。线路平面的组成要素为直线和曲线（圆曲线和缓和曲线）。

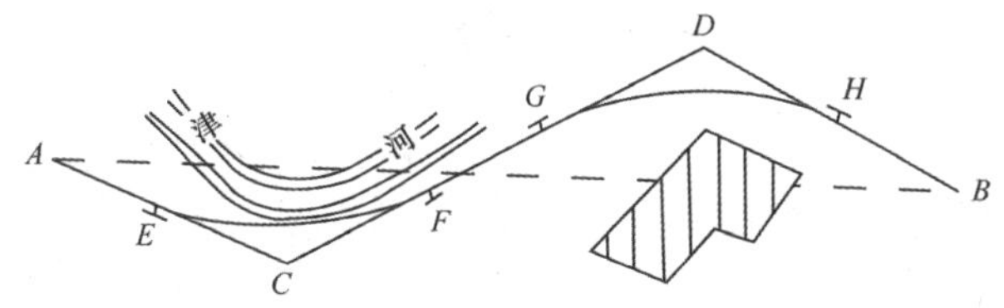

图 2-5 铁路线路绕避地形障碍示意图

曲线的设置可用来绕避地面障碍或地质不良地段，从而减少工程量，缩短工期，降低造价，获得较好的经济效果。

然而，曲线的存在也会给列车运行造成阻力增大和限制行车速度等不良影响。曲线半径越小，曲线阻力越大，运营条件越差，大半径曲线对列车运行的影响较小，且半径越大，越有利于行车，而小半径曲线则容易适应地形变化，改善工程条件，半径越小，越容易绕避障碍。因此，线路平面设计应因地制宜、由大到小地选用适合曲线半径。为测设、施工和养护地方便，曲线半径一般应采取 50 m、100 m 的整倍数。我国铁路采用的曲线半径有 10000 m、8000 m、6000 m、4000 m、3000 m、2500 m、2000 m、1800 m、1600 m、1400 m、1200 m、1000 m、800 m、700 m、600 m、550 m、500 m、450 m、350 m。

列车在曲线上行驶时所产生的离心力与通过曲线速度的平方成正比，与曲线的半径成反比。

$$F = m\frac{v^2}{R}$$

式中：F 为离心力（N）；m 为车体的质量（kg）；v 为行车速度（m/s）；R 为曲线半径（m）。

为了减小离心力，保证列车运行的安全、平稳和旅客的舒适，就必须限制列车通过曲线时的行车速度。

允许通过曲线的最大速度与曲线半径的关系可由以下公式计算。

$$v_{\max} = 4.3\sqrt{R}$$

式中：$v_{\max}$ 为通过曲线时的最大速度（km/h）；R 为曲线半径（m）。

为了保证线路的通过能力，并有一个良好的运营条件，必须限制列车通过曲线时的速度。客货共线Ⅰ、Ⅱ级铁路区间线路最小曲线半径见表 2-2，客运专线铁路区间线路最小曲线半径见表 2-3。

表 2-2　客货共线Ⅰ、Ⅱ级铁路区间线路最小曲线半径

铁路等级	路段设计行车速度（km/h）	最小曲线半径（m）	
		一般	困难
Ⅰ级	200	3500	2800
	160	2000	1600
	120	1200	800
Ⅱ级	120	1200	800
	80	600	500

表 2-3　　客运专线铁路区间线路最小曲线半径

路段设计行车速度（km/h）	最小曲线半径（m）	
	一般地段	特殊困难地段
200	2200	2000
250	4000	3500
300	4500	
350	7000	

2．圆曲线和缓和曲线

在平面图上，铁路曲线包括圆曲线和缓和曲线。在铁路线路（正线）上，直线和圆曲线往往不宜直接相连，它们之间应加设一段缓和曲线，如图 2-6 所示。

缓和曲线的作用有以下两点。

（1）在缓和曲线范围内，曲线半径由无限大渐变到等于它所衔接的圆曲线半径（或相反），从而使车辆产生的离心力逐渐增加（或减小），保证列车平顺地从直线进入圆曲线（或由圆曲线进入直线），避免轮轨间的突然冲击，以改善行车条件，提高旅客的舒适度。

（2）在缓和曲线范围内，曲线轨距加宽和外轨超高得以过渡。外轨超高由零递增到需要的超度量（或相反），使向心力与离心力相配合；当曲线半径小于 350m，轨距需要加宽时，在缓和曲线范围内，可以将标准轨距逐步加宽到圆曲线需要的加宽量（或相反）。

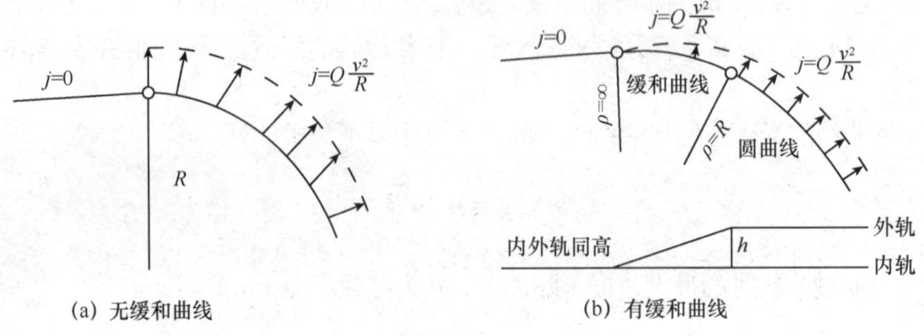

图 2-6　铁路曲线

线路平面图是铁路勘测设计的重要设计文件，表明了线路中心线的曲直变化和里程，沿线车站、桥隧建筑物等数量和位置，以及用等高线（地面上高程相等的各点连线）表示的沿线地形、地物等情况。

2.2.2　线路纵断面

1．线路纵断面及组成

为了适应地面的起伏，线路上除了平道以外，还修成不同的坡道。因此，平道与坡道就成了线路纵断面的组成要素。

（1）坡度值和坡段长度。坡道用坡度值和坡段长度来表示。坡度值是指坡道线路中心线与水平线夹角的正切值，即坡道段的始点和终点的高差与两点间的水平距离之比值，如图 2-7 所示。

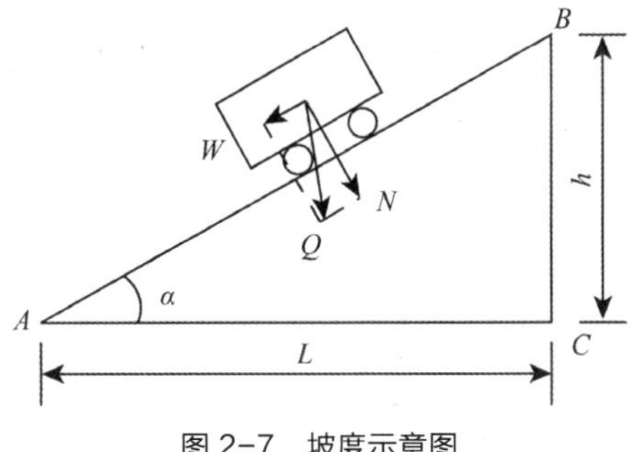

图 2-7 坡度示意图

铁路线路坡度的大小通常用千分率来表示：

$$i=\tan\alpha=\frac{h}{L}\times1000‰$$

式中：i 为坡度值千分率（‰）；α 为坡道段线路中心线与水平线的夹角（°）；h 为坡道段始点与终点的高差（m）；L 为坡段长度，即坡道段始点与终点的水平距离（m）。

设 L 为 1000m，h 为 6m，则 AB 坡道的坡度就为 6‰。坡道的坡度有正、负之分，上坡为正（+），下坡为负（－），平道为零（0）。

（2）线路限制坡度。坡道给列车的运行造成了一定的不利影响，列车上坡运行时，除其他的运行阻力外，在坡道上又附加了一个沿坡道向下的重力的分力（$W=Q\sin d$），即增加了一个坡道附加阻力。显然，坡道越陡，即坡度越大，附加的坡道阻力也越大。列车上坡时，如果坡道过陡，机车的牵引力不足，列车速度越来越低甚至停车而影响正常的运行。列车下坡时，这个重力的分力又有使列车不断加速的趋势，为保证列车速度不要太快，不超过规定速度以避免列车发生事故，在必要时必须进行制动，使列车降低速度运行。如果坡度过陡，列车刹车的制动力不足，就会造成刹不住车的现象。

因此从上坡、下坡列车运行角度出发，要求坡道的坡度不能过大。在一个区段上，决定一台某一类型机车所能牵引的货物列车重量（最大值）的坡度，叫作限制坡度。在普通铁路上，由于货物列车装载的货物非常重（如我国主要干线上一列货物列车的重量一般都在 3000～5000t，甚至有的重载列车一列的总重超过了 1×10^4t），而机车的牵引力是不可能无限大的，因此为保证在限制坡度上如此重的货物列车正常行驶，不致使列车速度越来越低甚至停车，因而限制坡度都比较小。

限制坡度的大小，影响着一个区段甚至整条铁路线路的运输能力和铁路造价。限制坡度越小，列车重量越大，运输能力就越大，运营费用也越省，运营效果就越好；但是，若将限制坡度定得过小，就不易适应自然地面的起伏变化，也会使工程量加大，造价提高。因此，对一条新建铁路或改建铁路来说，选择多大的限制坡度合适，就是一个十分重要的问题，往往需要经过周密考虑、综合研究才能确定。一般说来，一条线路（或一个区段）的限制坡度应根据铁路等级、地形类别、牵引种类和运输要求比选确定，并应考虑与邻接铁路的牵引定数相协调。我国《铁路技术管理规程》（以下简称《技规》）规定的最大限制坡度的数值见表 2-4。在个别线路的越岭地段，由于地形障碍显著而集中，若仍采用表 2-4 中所规定的限制坡度，实际上有困难或工程造价太高时，在经过技术经济比较后，允许线路采用大于限制坡度的加力牵引坡度。加力牵引坡度是指在大于限制坡度的坡道地段，为了统一区段的列车牵引重量标准，保证必要的线路通过能力，而进行多机牵引的坡度。各级铁路的加力牵引坡度，内燃牵引的可增至 25‰，电力牵引的可增至 30‰。

表2-4　　区间线路限制坡度（‰）

铁路等级		Ⅰ		Ⅱ	
		一般地段（‰）	困难地段（‰）	一般地段（‰）	困难地段（‰）
牵引种类	电力	6.0	15.0	6.0	20.0
	内燃	6.0	12.0	6.0	15.0

2．相邻坡段的连接

平道与坡道、坡道与坡道的交点，叫作变坡点。列车经过变坡点时，由于坡度的突然变化，车钩内产生附加应力，坡度变化越大，附加应力越大，容易造成断钩事故。为了保证列车的运行平顺和安全，我国《中华人民共和国铁路法》规定，在Ⅰ、Ⅱ级线路上相邻坡段坡度代数差大于 3‰。Ⅲ级线路上相邻坡段坡度代数差大于 4‰时，应以竖曲线连接两个相邻坡道段。如图2-8（a）所示，相邻坡段坡度代数差为 6‰，图 2-8（b）所示的相邻坡段坡度差为 5‰，故需设置竖曲线。

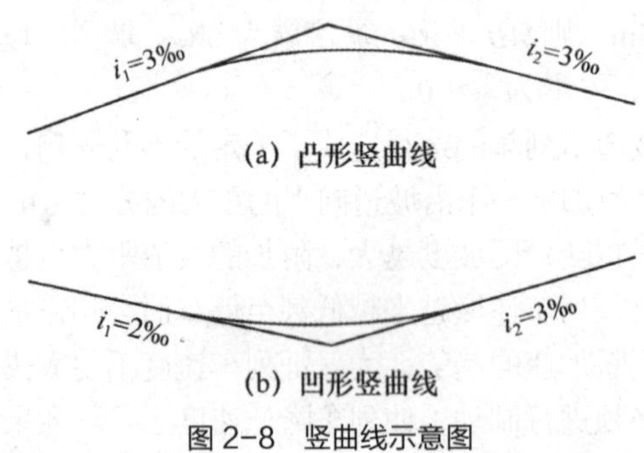

图 2-8　竖曲线示意图

竖曲线是纵断面上设置的圆曲线，其半径 R 为：Ⅰ、Ⅱ级线路采用 10000m，Ⅲ级线路采用 5000m。

2.2.3　线路平面图及纵断面图

用一定的比例尺，把线路中心线及其两侧的地形地貌投影到水平面上，就是线路的平面图。

如图 2-9（a）所示，可以看到线路中心线（包括直线和曲线）以及沿线的车站、桥涵、隧道等情况；同时，还可以看到用等高线（地面上高程相等诸点的连线）表示的沿线地形和地物（河流、道路、房屋）等情况。

用一定的比例尺，把线路中心线展直后投影到铅垂面上，并标明平面、纵断面各项有关资料的图纸，叫作铁路线路纵断面图。

图 2-9（b）所示为某段线路的纵断面图，横向表示线路长度、纵向表示高度。该图包括图、表两部分。图的上部细折线为地面线，整齐平缓的粗实线为路线的设计坡度线，即设计的路肩标高的连线。此外还有填方和挖方高度的数字以及用符号表明的桥隧建筑物资料（包括桥梁、涵洞的孔径、类型、中心里程和隧道长度等）、车站资料（包括站名、车站中心里程和相邻车站间的距离）及其他有关情况。

在纵断面图的下部是表格部分，其中主要的是路肩设计标高（在变坡点处和百米标、加标处都标出路肩设计标高）和设计坡度（每个坡段分别标出）。同时，用公里标、百米标和加标（在桥涵中心位置等必要地点都设置加标，并标明加标处和后一个百米标的距离）标明线路上各个坡段和设备的位置。此外，还有地面标高等。

铁路线路平面图和纵断面图是全面、正确反映线路主要技术条件的重要文件，也是指导线路施工工作和在线路交付运营后仍需使用的技术资料。

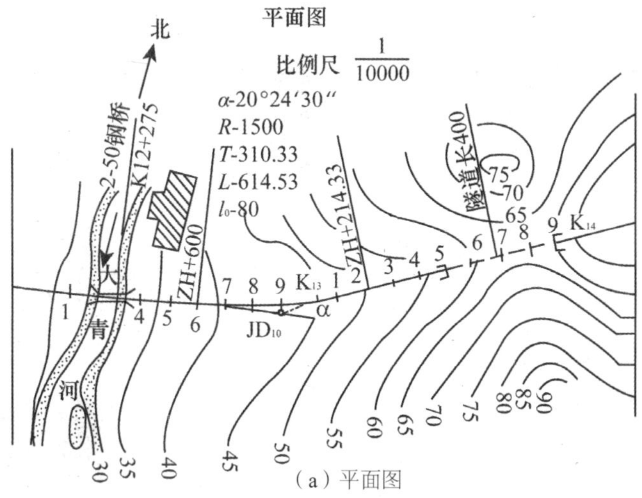

（a）平面图

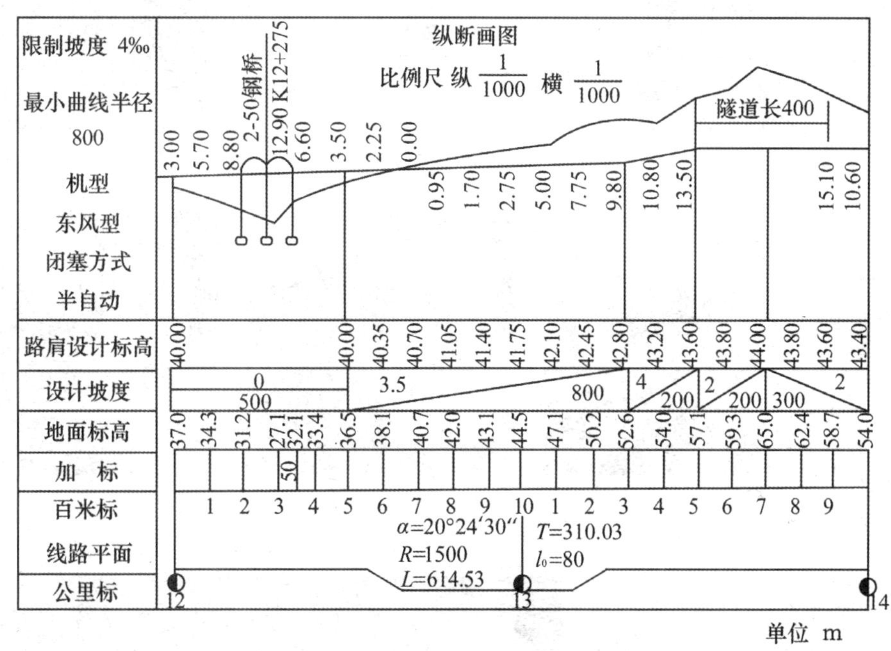

（b）纵横面图

图 2-9 线路平面图和纵断面图

2.2.4 线路标志

为了列车行驶和线路的养护维修等工作的需要，以及司机和车长工作的需要，在铁路沿线设有各种线路标志。其中常见的线路标志有：公里标、半公里标、百米标、曲线标、圆曲线与缓和曲线始终点标、桥梁标、坡度标及管界标等，如图 2-10 所示。

（a） 公里标

（b） 半公里标

（c） 曲线标

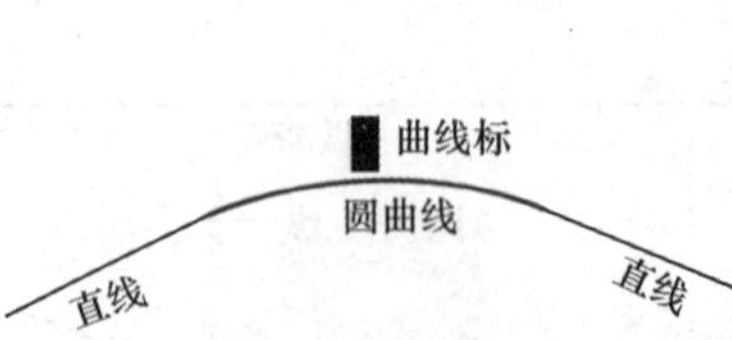

（d） 圆曲线

（e） 圆曲线和缓和曲线始终点标

（f） 坡度标

（g）桥梁标

（h）涵渠标

（i）隧道标

图 2-10 铁路线路标志

公里标、半公里标和百米标均为里程标。公里标设于线路的整千米处，半公里标设于线路的每半千米处，百米标则设于线路的每百米处。曲线标为曲线的技术参数标。在曲线标上标明了曲线全长、缓和曲线长度、曲线半径、外轨超高、轨距加宽等曲线技术参数，该标设于曲线中部。

圆曲线和缓和曲线始终点标设于直线与缓和曲线、圆曲线与缓和曲线的连接处，表明缓和曲线的起点与终点。

桥梁标一般设于桥头，标明桥梁编号和桥梁中心里程。

坡度标设于变坡点处，标有两相邻坡道的坡度大小、坡段长度和变坡点位置。

在各单位管辖地段的分界处，两侧分别标明所面向的单位名称。

线路标志一般应埋设在里程增加方向的线路左侧的适当地点。

学习任务 2-2

上网搜索铁路史上有代表性的桥隧建筑物的图片，制作成 PPT，从结构、类型等方面为每一张图片配上简单介绍，尝试用若干张 A4 纸还原出其中某一座桥梁的大致结构。

【相关知识 2】

2.3 路基和桥隧建筑物

铁路路基是为满足轨道铺设和运营条件而修建的土工构筑物。路基必须保证轨顶设计标高，并与桥梁隧道连接组成完整贯通的铁路线路。路基和桥隧建筑物都是轨道的基础，它们直接承受轨道的重量，以及机车车辆及其荷载的压力。因此，路基和桥隧建筑物的状态与线路质量的关系极为密切。在铁路线路的施工过程中，是先修筑路基和桥隧建筑物，然后才铺设轨道。

2.3.1 铁路路基

1．路基的基本形式

在铁路线路工程中，依其所处的地形条件不同，路基常见的两种基本形式是路堤和路堑。此外，还有半路堤、半路堑、半路堤半路堑或不填不挖路基，如图 2-11 所示。

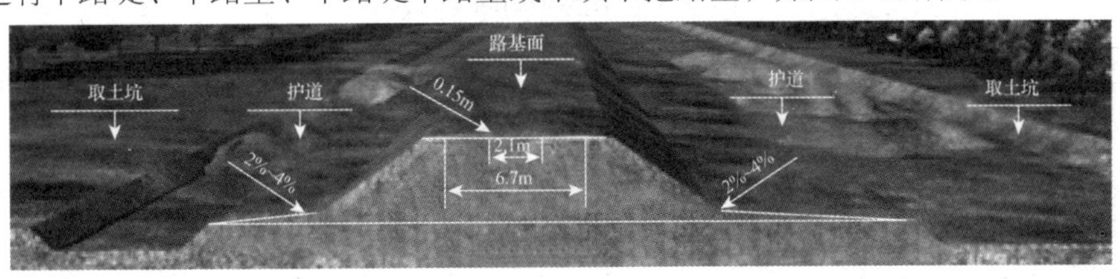

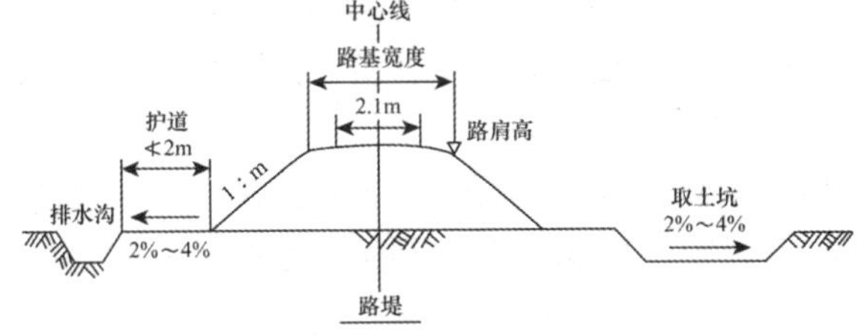

（a）路堤

图 2-11 路基横断面

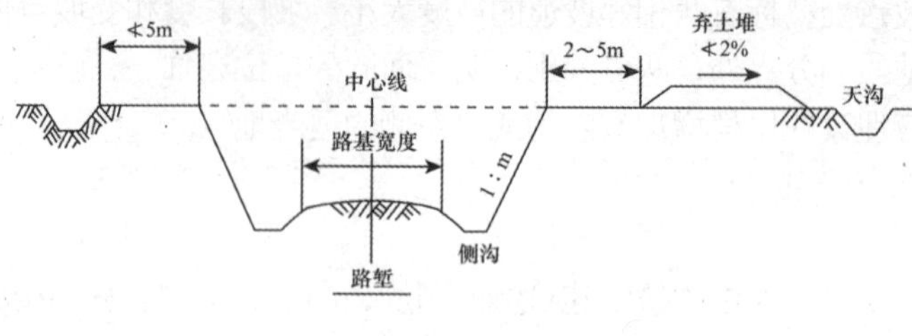

（b）路堑

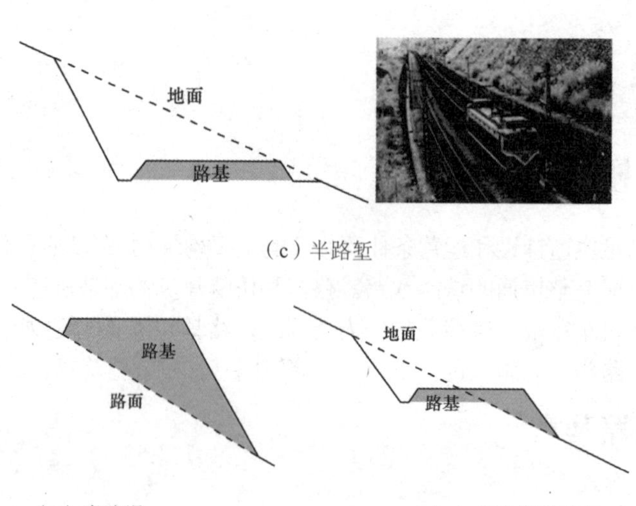

（c）半路堑

（d）半路堤

（e）半路堤半路堑

图 2-11　路基横断面（续）

路堤：当铺设轨道的路基面高于自然地面，经填筑而形成的路基。路堤路基的组成包括路基面、边坡、护道、取土坑或纵向排水沟等，如图 2-12（a）所示。

路堑：当铺设轨道的路基面低于自然地面，经开挖而形成的路基。路堑路基的组成包括路基面、侧沟、边坡、弃土堆和截水沟等，如图 2-12（b）所示。

2．路基的组成说明

（1）路基面：路基顶部表面，包括道床覆盖部分和两侧的路肩。路基面的作用在于铺设轨道和在路肩上设置有关标志。

（2）边坡：路基两侧的斜坡。边坡的作用在于保持路基的稳定。边坡的坡度取决于边坡的土质情况，一般来说，边坡过陡易发生塌滑，过缓又会增加填挖工程量。

（3）纵向排水沟：位于路堤两侧，用于纵向排水，以避免水浸路基。

（4）取土坑：就地取土填筑路堤而形成的坑洼。取土后应按排水要求修整，作为纵向排水沟使用。

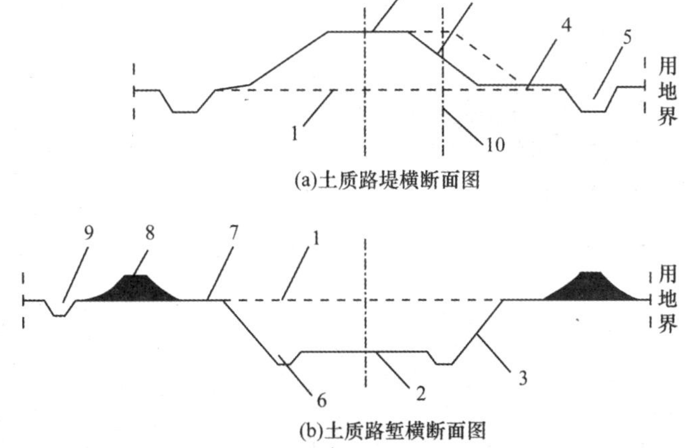

(a)土质路堤横断面图

(b)土质路堑横断面图

1—地面线 2—路基面 3—边坡 4—护道 5—纵向排水沟（取土坑） 6—侧沟

7—隔带 8—弃土堆 9—截水沟 10—预留第二线线路路基断面中心线

图 2-12 路基断面示意图

（5）护道：路堤坡脚与排水沟（取土坑）之间的斜坡。护道的作用在于防止排水沟中的水流直接冲刷路堤坡脚，稳固路基并为行人提供方便。

（6）侧沟：路堑中路基面两侧的排水沟。侧沟的作用在于排除路基面和边坡上的地面水，以保持路基面的干燥。

（7）弃土堆：开挖路堑的土壤堆积而成。一般情况弃土堆应置于迎水的一侧，以阻挡山水下流。

（8）截水沟：位于路堑的最外方，用以截引山坡上的地面水，以防止山水流入路堑而冲刷边坡造成水土流失。

2.3.2 路基的排水和防护措施

1．路基的排水

为了保证路基的坚实和稳固，使路基经常处于干燥状态，路基上设有一套完整的排水设施。如纵向排水沟、侧沟、截水沟等都是为排泄地面水而设置的。

除了地面水外，地下水也是破坏路基良好状态的一个重要原因（尤其是在路堑地段）。为了拦截、排泄地下水，降低地下水位来保持路基的干燥，通常采用渗沟、渗管等地下排水设备，如图 2-13 所示。地下水渗入渗沟以后，可通过渗管纵向排出路堑。

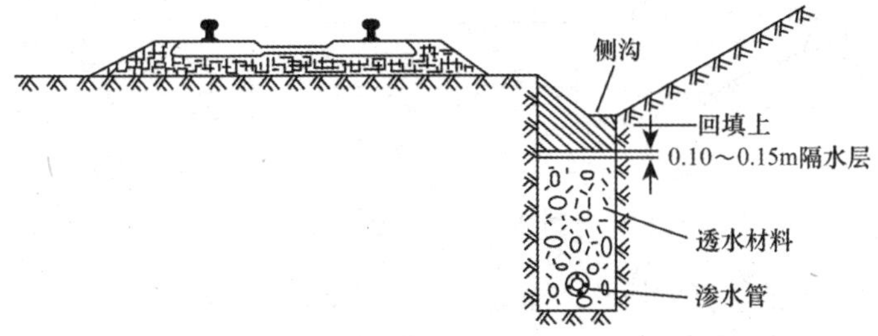

图 2-13 渗沟和渗管

2．路基的防护和加固

路基边坡是路基稳定的主要因素之一。边坡最易受到自然因素的作用而遭到破坏，从而直接影响路基的稳固。因此，要对边坡加以防护。边坡的防护或加固措施通常有：种草、铺草皮、植树、抹面、喷浆、设置砌石护坡和挡土墙等，如图 2-14 所示。

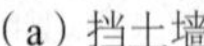

（a）挡土墙

（b）路基边坡

图 2-14　路基的防护

2.3.3　桥隧建筑

当铁路线路要通过江河、溪沟、谷地、山岭等天然障碍，或要跨越公路、铁路时，就需要修建桥隧建筑物，以使铁路线路得以继续向前延伸。桥隧建筑物包括桥梁、涵洞和隧道等。在铁路线路的修建过程中，桥隧建筑物的工程量所占比重往往都相当大，而且大桥和长大隧道的施工期限时常还是新建线路能否按时竣工的关键。

1．桥梁

（1）桥梁的组成。桥梁包括桥面、桥跨结构、墩台及基础四大部分，如图 2-15 所示。桥面就是桥梁上铺设的轨道及人行道和护栏部分；桥跨结构就是桥梁承受荷载、跨越障碍的部分；墩台则是桥跨结构的支撑体，即桥梁的支座部分。其中设于桥梁中部的支座称为桥墩，设于桥梁两端的支座叫作桥台，桥墩与桥台的底部称为基础。

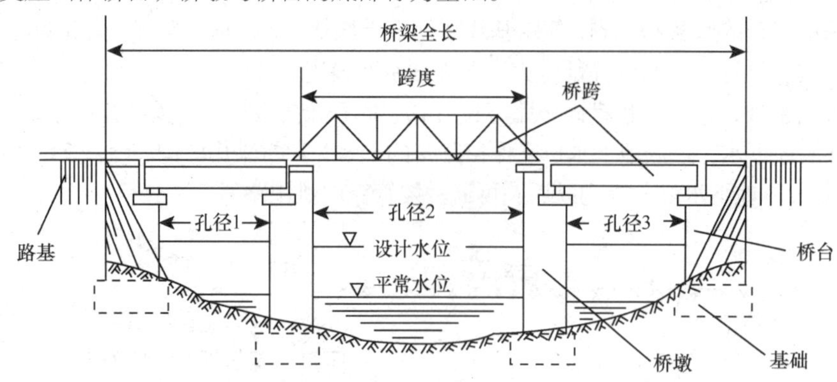

图 2-15　桥梁的组成

两个相邻墩台之间的空间叫桥孔；而墩台之间在设计水位处的距离叫孔径；从桥跨结构底部到设计水位的高度，以及两相邻墩台之间的限界空间叫作桥下净空。孔径和桥下净空的大小应满足泄洪、排水及通航等要求。每一桥跨两端支点间的距离叫作跨度；桥台挡砟墙之间的长度为桥长。

（2）桥梁的分类。铁路桥梁的形式多样、种类很多，通常可按建造材料、桥梁长度、构造形式和跨越障碍等进行分类。

① 按建造材料分：有钢桥、钢筋混凝土桥和石桥等。

钢桥强度大、质量轻、跨越能力大，多用于跨度较大的桥梁；钢筋混凝土桥则经济实用、易养护，噪声小；石桥是以石料修筑的桥梁，多为拱形，且坚固耐久、养护工作量小，可就地取材，节省大量的钢材和水泥。

② 按桥梁的长度（L）分：有小桥（L<20m）、中桥（20m≤L<100m）、大桥（100m<L<500m）和特大桥（L≥500m）。

③ 按跨越障碍分：有跨河桥、谷架桥和立交桥等。跨河桥是桥梁的主要类型，作用在于跨越江河、湖泊等；谷架桥则是跨越山谷深洼或其他建筑物的桥梁，用以代替高路堤；立交桥就是跨越公路、铁路的桥梁，以避免相互干扰。

④ 按受力情况分：有梁桥、拱桥和斜拉桥等，如图 2-16 所示。梁桥、拱桥结构简单、稳定性好，在桥梁建筑中占有相当重要的地位；斜拉桥是由梁、斜拉索和高出桥面的塔柱组成，其最大的特点就是自重轻、跨度大、造型美。

桥梁的建造，在我国具有悠久的历史。早在公元 7 世纪初，隋代的李春就建造了当时世界上跨度最大（37.37m）的空腹式石拱桥——河北省的赵州桥，至今已经过将近 1400 年的风风雨雨，它依然屹立在济河之上。

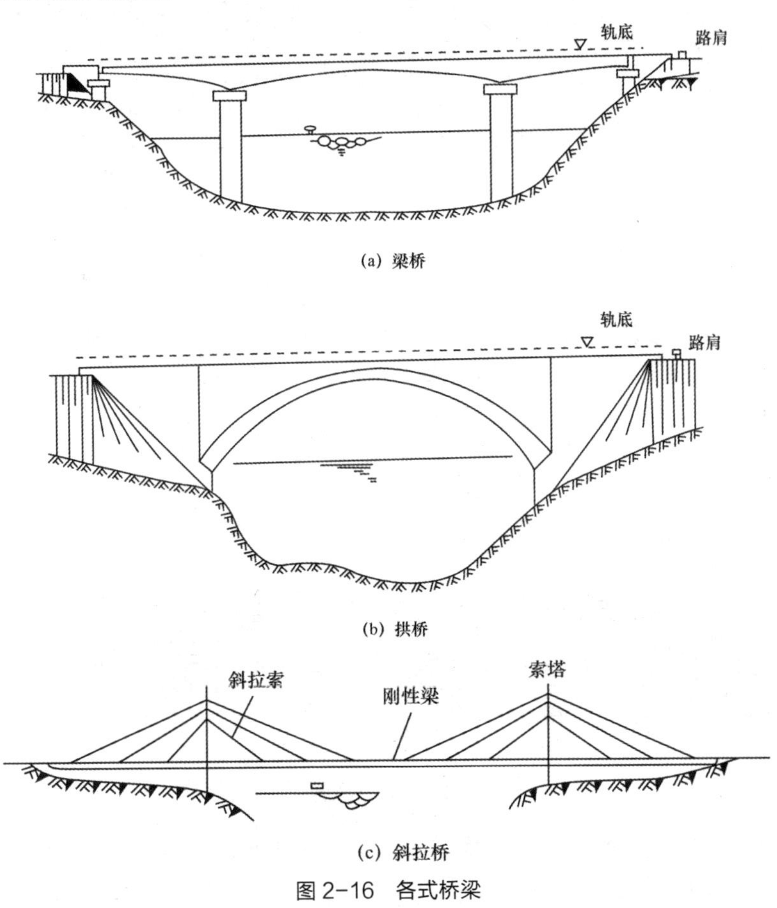

图 2-16 各式桥梁

随着国民经济的发展，我国铁路桥梁事业迅猛发展，在桥梁设计和建造技术正在赶上或接近世界先进水平。1957 年武汉长江公铁两用大桥建成，首次在长江上实现了“一桥飞架南北，天堑变通途”；1969 年建成的南京长江大桥，引起了世界各国的瞩目，该桥完全是由我国自行设计、自行施工建造的公铁两用双层特大桥，其铁路桥全长为 6772m，公路桥全长 4589 m；1993 建成的京九线九江长江公铁两用桥（连续梁，最大跨度 216 m，其中公路桥全长 4460.1 m，铁路桥全长 7675.4 m）和 2000 年建成的芜湖长江公铁两用大桥（斜拉桥，最大跨度 312 m，其中公路桥全长 6078 m，铁路桥全长 10624 m）代表了我国钢桥建造的最新水平。

1985 年通车的新菏线长（垣）东（明）黄河大桥，全长 10282.5 m，是我国目前最长的一座单线铁路桥梁，该桥的建设仅用了 20 个月的时间，创造了建桥史的一大奇迹，如图 2-17 所示。

2011 年建成通车的南京大胜关长江大桥全长约 9270 m，为六跨连续钢桁拱桥，主跨 2×336 m，连拱为世界同类桥梁最大跨度，桥上按六线布置，分别为京沪高速铁路双线、沪汉蓉铁路双线和南京地铁双线；其中京沪高速铁路设计时速达 300km，沪汉蓉铁路为 I 级干线，客货共线，客车设计行车时速是 200 km，南京地铁行车时速是 80 km。

图 2-17　南京大胜关长江大桥

2．涵洞

涵洞一般置于路堤下部，横穿路堤，绝大多数涵洞洞顶有填土，所以在涵洞处路堤通常是连续的；而桥梁则通常使路堤断开，即路堤不连续。涵洞的单孔孔径一般在 0.75～6.0m。涵洞按其作用可分为泄洪涵、交通涵，也有泄洪和交通兼顾的涵洞。

涵洞的组成主要包括洞身、基础、端墙及翼墙等，如图 2-18 所示。

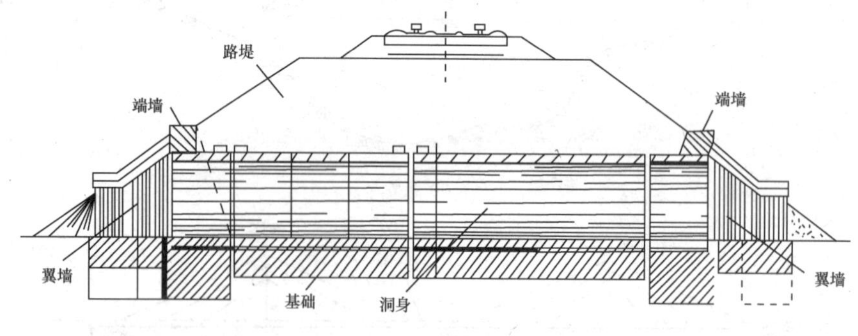

图 2-18　涵洞

洞身埋于路基之中，应具有一定的纵向坡度以利于排水；端墙及翼墙的作用则是保护路堤边坡，使其不受水流冲刷，并引导水流通过涵洞。

涵洞按其修建材料的不同有石涵、混凝土涵、钢筋混凝土涵等；按其截面的形状不同有箱涵、管涵和拱涵等。

3．隧道

隧道是铁路线路越过山岭时，为避免开挖深路堑或修建很长的迂回线，而修建的穿越山岭的建筑物，如图 2-19 所示。此外，还有各种水底隧道以及大中城市的地下铁道。

图 2-19 隧道

（1）隧道的类型。

① 按隧道的长短分。隧道长度是指沿隧道中心线进出口洞门端墙墙面之间的距离。按隧道的长短可分为特长隧道：L > 10000m，长隧道：3000<L≤010000m，中长隧道：500≤L≤3000m，短隧道 L≤500m 四种。

② 按位置和埋深分，有傍山隧道、越岭隧道、地下铁道、明洞、深埋隧道、浅埋隧道、特深埋隧道等。埋置深度指隧道内钢轨顶面至地表面的垂直距离，简称埋深。

③ 按洞内线路数目分，有单线隧道、双线隧道、多线隧道。

④ 按隧道所在位置的平面和纵断面分，有直线隧道、曲线隧道、平面隧道和斜坡隧道。

⑤ 按隧道的施工方法，一般可以分为明挖法和暗挖法两大类。

（2）隧道的基本构造。铁路隧道的结构由主体建筑和附属建筑物两大部分构成，如图 2-20 所示。主体建筑物是为了保持隧道的稳定，保证隧道正常使用而修建的，主要由洞身内部衬砌、洞门和明洞组成。附属建筑物是指为了保证隧道正常使用、方便养护、维修作业，及满足供电、通信等方面需要的各种辅助设施、避车洞、电缆槽、运营通风设施及洞口缓冲结构等。

铁路隧道
- 主体
  - 洞身衬砌、洞门：保持隧道稳定，保证列车运行安全
  - 明洞：洞口容易塌方或有落石危险时加筑
- 附属建筑物
  - 防排水设施
  - 大小避车洞
  - 电缆槽
  - 通风道和通风机房：用于长大隧道
  - 无人增音站洞：根据电讯衰耗和通信设计要求设置
  - 下锚装置：电气化铁路较长隧道或隧道群地段
  - 绝缘梯车洞：存放维修接触网用的绝缘梯车

图 2-20 隧道的组成

为保证维修人员的人身安全，在隧道内洞身两侧还要修建避车洞。

我国铁路隧道的建筑取得了很大成就，是世界上铁路隧道最多的国家。其中秦岭隧道（全长 18.46km）、石太客运专线太行山隧道（全长 27.8km），分别是目前我国最长的双线铁路隧

道和单线铁路隧道。1977 年建成的全长为 4010m 的青藏铁路关角隧道是目前我国海拔高度最高的隧道，其海拔高度为 3690m。

2.4 轨道

学习任务 2-3

尝试用牙签摆放出一个普通单开道岔模型，道岔模型包含基本轨、尖轨、连接部分、有害空间、辙叉及护轨、辙叉心、翼轨、导曲线轨等组成部分，转辙器部分可采用其他材质物品制作。

2.4.1 轨道的组成

在路基、桥隧建筑物修成之后，就可以在上面铺设轨道。轨道是指处于路基面以上、车轮以下部分的铁路线路建筑物，由钢轨、轨枕、联结零件、道床、防爬设备和道岔等主要部件组成。它起着机车车辆运行的导向作用，直接承受由车轮传来的巨大压力，并把它传布给路基或桥隧建筑物。轨道的基本组成如图 2-21 所示。

1．钢轨

钢轨的作用是引导车轮的运行方向，直接承受车轮的巨大作用力并将其传递给轨枕。另外，在电气化铁路或自动闭塞区段，钢轨还兼作轨道电路之用。因此钢轨应具有足够的强度、韧性和耐磨性。

钢轨的断面形状采用具有最佳抗弯性能的工字形断面，由轨头、轨腰、轨底 3 部分组成，如图 2-22 所示。

图 2-21 轨道的基本组成

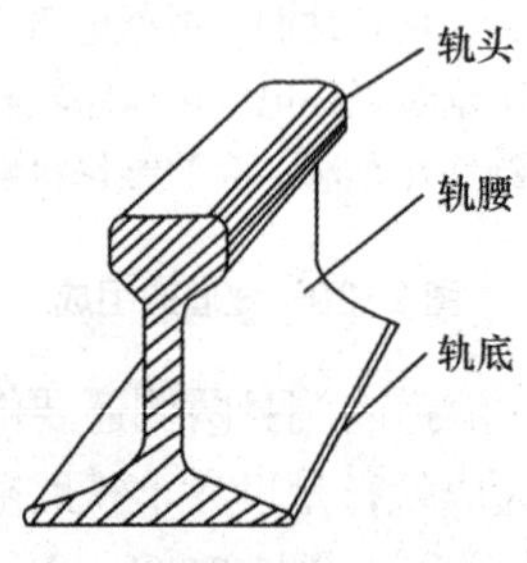

图 2-22 钢轨的结构

在我国，钢轨的类型是用单位长度的质量（kg/m）来表示的。我国现行的标准钢轨类型有：75kg/m、60kg/m、50kg/m 及 43kg/m。单位长度质量越大其强度就越高，对列车的高速运行和重载就越有利。

钢轨的长度长一些好，可以减少接头的数量，列车运行平稳并可节省接头零件和线路的维修费用，但是由于加工条件和运输条件的限制，一根钢轨的轧制长度是有限的。目前我国钢轨的标准长度有 12.5 m 和 25 m 两种。43kg/m 的钢轨，长度为 12.5m 或 25m。50kg/m 以上的钢轨，长度有 25m、50m、100m 3 种。无缝线路就是把不钻孔、不淬火的 25m 长的钢轨，在基地工厂用气压焊或接触焊的办法，焊成 200~500m 的长轨，然后运到铺轨地点，再焊接成 1000~2000m 的长度，铺到线路上就成为一段无缝线路。此外，还有专供曲线地段铺设内轨用的标准缩短轨若干种。

2．轨枕

轨枕的作用是支撑钢轨，并将钢轨传来的压力均匀地传递给道床，保持钢轨应有的位置和轨距。轨枕应具有必要的坚固性、弹性和耐久性，并且造价低廉、制作简单、铺设及养护方便。

轨枕按其制作材料的不同，主要有木枕和钢筋混凝土枕两种。木枕具有弹性好、易加工、重量轻、易铺设、易更换等优点。其缺点就是木材消耗量大、使用寿命较短（经防腐处理后的木枕一般可用 15 年左右），特别是它的强度、弹性和耐久性不一致，在机车车辆作用下易造成轨道不平顺。木枕的使用将越来越受到限制。

钢筋混凝土轨枕使用寿命长、稳定性能好，可提高轨道的强度和稳定性，减少线路的养护工作量，其材料来源较广，还可大量节省木材等，是我国铁路主要使用的轨枕。

我国普通轨枕的长度为 2.5m，道岔用的岔枕长度为 2.6～4.8m，钢桥用的桥枕长度为 3.0～4.8m 等多种规格。

单位长度线路铺设轨枕的数量，应根据轨道类型确定，一般铺设数量为 1520～1840 根/km。铺设轨枕数越多，轨道强度就越大。

混凝土宽枕也称轨枕板，它外观整齐美观，一般长 2.5km，宽 55～60cm，密排铺设在压实、清洁的碎石道床上。采用混凝土宽枕的轨道沉陷较小，也不容易发生坑洼不平和道床的脏污现象。同时，由于它的底部和道床、上部和轨底的接触面积大了，因而提高了线路的稳定性，改善了线路的受力条件，有利于高速行车。我国已在隧道内、大桥桥头、大客运站上采用，并且在主要干线上也逐步扩大使用。

3．道床

道床是铺设在路基面上的石砟（道砟）层。其主要作用是支撑轨枕，把从轨枕传来的压力均匀地传递给路基；固定轨枕的位置，阻止轨枕纵向和横向移动；缓和机车车辆轮对钢轨的冲击；调整线路的平面和纵断面。道床的材料应当具有坚硬、不易风化、富有弹性、并有利于排水的特点。常用的材料有碎石、粗砂等，其中以碎石为最优，我国铁路一般都采用碎石道床。粗砂在非渗水土路基道床中作垫层。

整体道床就是用碎石加水泥浆或者混凝土，钢筋加混凝土直接在路基面上筑成坚固的轨道基础，用以代替通常的碎石道床。这是一种钢性轨下基础，线路的强度高、维修工作量少，适合于高速运行，目前我国大多是在隧道内、大桥上和高速铁路线上应用。

4．联结零件

在铁路线上，钢轨要与轨枕连成一体铺在道床上。钢轨与轨枕的联结主要依靠联结零件。联结零件包括接头联结零件和中间联结零件（亦称钢轨扣件）两类。

接头联结零件是用来联结钢轨与钢轨间接头的零件，它包括夹板、螺栓、螺帽和弹性垫圈等，如图 2-23 所示，把一节节钢轨联结成一个整体。

图 2-23　钢轨接头联结零件

在钢轨的接头处要适当保留一定的缝隙，叫作轨缝。当气温发生变化时，轨缝可满足钢轨的伸缩。车轮通过接头时会产生撞击，从而增加行车阻力，使旅客感到不舒适，还会增加线路的维修工作。因而，钢轨的接头是轨道的薄弱环节。

中间联结零件的作用就是将钢轨紧扣在轨枕上，使钢轨与轨枕联为一体，以固定钢轨的正确位置，阻止钢轨的纵向爬行和横向位移，防止钢轨倾翻，同时还能提供必要的弹性、绝缘性能等。中间联结零件因轨枕的不同，有木枕扣件和钢筋混凝土枕扣件两类。木枕用的扣件包括普通道钉和垫板。普通道钉用其钩头将钢轨固定于轨枕；垫板置于轨底与木枕之间，其目的在于增加木枕与轨底的接触面积，使木枕经久耐用，如图 2-24 所示。

钢筋混凝土轨枕用的扣件有刚性扣件和弹性扣件。目前在我国主干线上都采用弹性扣件，如图 2-25 所示。因为弹性扣件具有弹性好、扣压力大、联结牢固的特点，能保持钢轨处于正确位置和稳定状态，延长轨道部件寿命，减少线路的养护维修工作量等优点。我国弹条扣件分为Ⅰ、Ⅱ、Ⅲ型，弹条Ⅲ型扣件是为高速重载而研制的无螺栓式扣件，其优点是零件少、装卸方便、养护工作量小。由于无螺栓故无需进行涂油作业，适合高速行车和大型养路机械作业。线路施工时，常采取工厂化生产方式，预先将钢轨与轨枕用扣件联结在一起，形成轨排，现场铺轨时就直接将轨排铺设在轨道上。

（a）普通道钉

（b）木枕 K 型扣件

图 2-24　木枕扣件

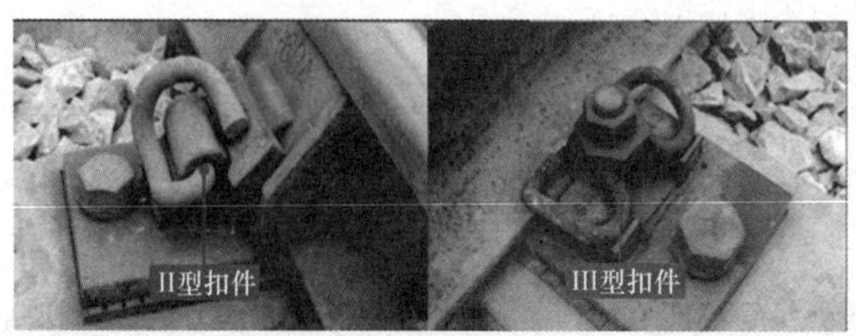

图 2-25　水泥枕用的弹条形扣件

5．防爬设备

在列车运行所产生的纵向力的作用下，钢轨会产生纵向移动，有时还会带动轨枕一起移动，这种现象叫作轨道爬行。轨道爬行常出现在单线铁路的重车方向、双线铁路的行车方向、长大下坡道及进站前的制动距离内。

轨道爬行往往引起轨缝不匀、轨枕歪斜等线路病害，对轨道的破坏性极大，严重时还会危及行车安全。因此，必须采用有效措施加以防止。通常的做法是，一方面加强钢轨与轨枕间的扣压力和道床阻力；另一方面就是设置防爬器与防爬撑。

常用的防爬器为穿销式防爬器，如图 2-26 所示。

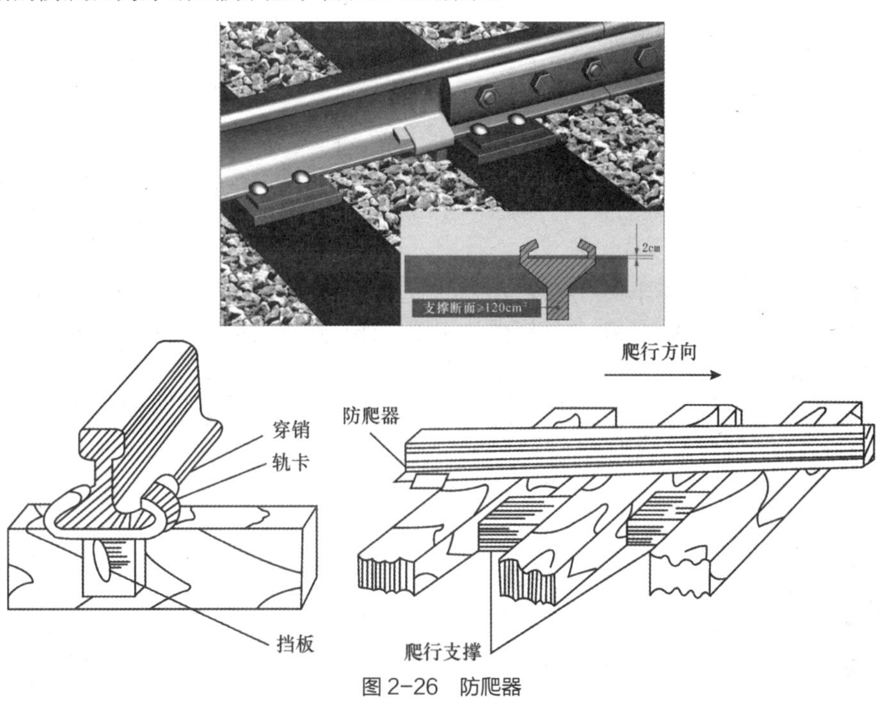

图 2-26　防爬器

在钢轨底部加设防爬器，加紧钢轨，防爬撑安装在轨枕之间，用来顶住轨枕，共同防止钢轨的爬行，如图 2-27 所示。

图 2-27　防爬撑

6．道岔

把两条或两条以上的轨道，在平面上进行相互连接或交叉的设备称为道岔。其作用是使机车车辆由一条轨道转入或越过另一条轨道，以满足铁路运输中的各种作业需要。道岔因其构造不同而形式多样，有单开道岔、双开道岔，三开道岔和交分道岔、渡线等。最常见的是普通单开道岔。

（1）普通单开道岔。普通单开道岔有左开和右开之分，是最常见、最简单的线路连接设备。普通单开道岔的组成包括转辙器、辙叉及护轨、连接部分，如图 2-28 所示。

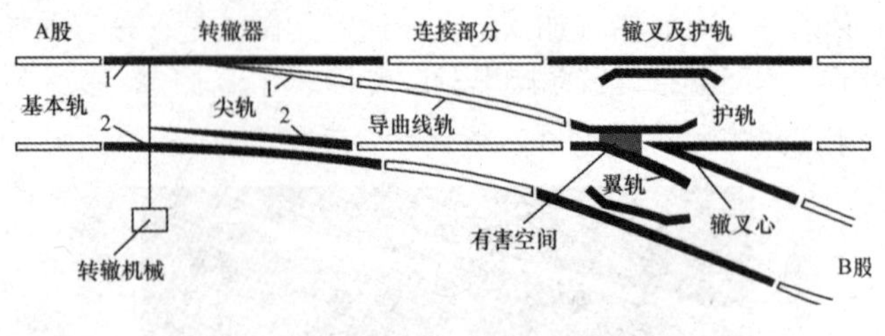

图 2-28　普通单开道岔

普通单开道岔是一种主线为直线，侧线向主线的左侧或右侧分支的道岔。它由转辙器、辙叉及护轨和连接部分所组成。

① 转辙器：是引导机车车辆沿直线方向或侧线方向行驶的线路设备。转辙器由两根尖轨，两根基本轨和转辙机械组成。尖轨是转辙器的主要部件，通过连接杆与转辙机械相连，通过操纵转辙机械可以改变尖轨的位置，确定道岔的开通方向。

② 辙叉及护轨：包括辙叉心，翼轨及护轨。它的作用是保证车轮安全通过两股轨线的相互交叉处。

从两翼轨最窄处到辙叉心实际尖端之间，存在着一段轨线中断的空隙，叫作辙叉的有害空间。当机车车辆通过辙叉有害空间时，轮缘有走错辙叉槽而引起脱轨的可能，因此，必须设置护轨，对车轮的运行方向实行强制性的引导，保证行车安全。

道岔上的有害空间是限制列车过岔速度的一个重要因素。为了消灭有害空间，适应列车高速运行的要求，国内外都发展了各种活动心轨道岔。活动心轨道岔的辙叉心轨和尖轨是同时被扳动的，当尖轨开通某一方向时动心轨的辙叉心轨就与开通方向一致的翼轨密贴，与另一翼轨分开，从而消灭了有害空间。

运营实践证明，由于消灭了有害空间，活动心轨道岔具有行车平稳、直向过岔速度限制较少等优点，因此适合运量大、高速行车的线路使用。

③ 连接部分：是连接转辙器和辙叉及护轨的部分，使之成为一组完整的道岔。连接部分包括两根直轨和两根导曲线轨。在导曲线上一般不设缓和曲线和超高，所以列车在侧向过岔时. 速度要受到限制。

④ 转辙器：由两根尖轨、两根基本轨及转辙机械组成。尖轨是转辙器的主要部件，通过连接杆与转辙机械相连，操纵转辙机械就可变换尖轨的位置，以确定道岔的开通方向。

⑤ 辙叉及护轨：包括辙叉心、翼轨及护轨。其作用是保证车轮安全通过两条钢轨的相互交叉处。从两翼轨最窄处到辙叉心实际尖端之间，有一段钢轨中断的空隙，叫作辙叉的有害空间。当机车车辆轮通过辙叉有害空间时，车轮轮缘就有走错辙叉轮缘槽而导致脱轨的能。因此，必须设置护轨，以强制引导车轮的运行方向，保证车轮安全过岔。

道岔上的有害空间是限制列车过岔速度的一个重要因素。为了消除有害空间，减轻车轮对翼轨和心轨的冲击，适应列车高速运行，现已设计铺设了可动心轨辙叉道岔，如图 2-29 所示，当尖轨开通某一方向时，可动心轨的辙叉心就与开通方向一致的翼轨密贴，与另一翼轨分开，从而消除有害空间。

图 2-29　可动心轨道岔

（2）道岔号数。道岔因其辙叉角的大小不同，有不同的道岔号（N），道岔号数表明了道岔各部分的主要尺寸。道岔号数用辙叉角（α）的余切值来表示，如图 2-30 所示。

辙叉角 α 越小，N 值就越大，导曲线半径也相应越大，机车车辆侧线通过道岔时允许速度也就越高。所以，采用大号码道岔对于列车运行是有利的；然而，道岔号越大，道岔全长就越长，铺设时占地就越多。因此，采用多大号的道岔来连接线路，应根据线路的用途来决定。

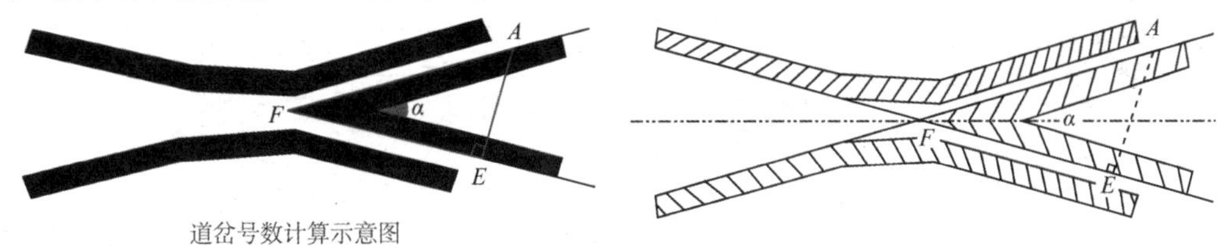

图 2-30　道岔号码计算图

目前，我国定型生产的普通单开道岔主要有 9、12、18、30 号等型号，它们所允许的侧向过岔最高速度分别为 30km/h、45km/h、80km/h、140km/h。

《技规》要求道岔辙叉号数应符合下列规定。

① 用于侧向通过列车，速度超过 80 km/h 的单开道岔，不得小于 30 号。

② 用于侧向通过列车，速度超过 50 km/h 的单开道岔，不得小于 18 号。

③ 用于侧向通过列车，速度不超过 50 km/h 的单开道岔，不得小于 12 号（非 AT 弹性可弯尖轨为 45 km/h）。

④ 用于侧向接发停车旅客列车的单开道岔，不得小于 12 号。

⑤ 用于侧向接发停车货物列车并位于正线的单开道岔，在中间站不得小于 12 号，在其他车站不得小于 9 号。

⑥ 其他线路的单开道岔，不得小于 9 号。

⑦ 狭窄的站场采用交分道岔，不得小于 9 号，但尽量不用于正线，必须采用时，不得小于 12 号。

⑧ 峰下线路采用对称道岔，不得小于 6 号；采用三开道岔，不得小于 7 号。

⑨ 段管线采用对称道岔，不得小于 6 号。

道岔是限制列车速度的关键设备，是铁路提速及客运专线建设的重要技术设备，客运专线和高速铁路的建设都需要研制能适应高速列车通过的高速系列道岔。目前在我国采用侧向过岔速度达到 140km/h 的 30 号及以上的大号码道岔，使旅客列车在快速侧向通过道岔时也像通过直线一样平稳、安全可靠。

7．其他类型的道岔与交叉设备

除了单开道岔外，按照用途和构造形式的不同，还有对称双开道岔、三开道岔、菱形交叉、交叉渡线和交分道岔等。

对称双开道岔的特点是相衔接的两条线路各自向两侧对称分岔，如图 2-31（a）所示。

三开道岔的特点是可以同时衔接三条线路，所以具有两套尖轨分别用两组转辙机械操纵，如图 2-31（b）所示。

菱形交叉是一种线路交叉设备，即两条线路平面相交时引渡列车由一条线路跨越另一条线路的设备。它由两组锐角辙叉和两组钝角辙叉组成，没有转辙器部分，机车车辆通过交叉设备时，只能沿原线路继续运行而不能转线，如图 2-31（c）所示。

为了使机车车辆能从一条线路进入另一条线路，应设置渡线。交叉渡线是将四组单开道岔和一组菱形交叉组合在一起的设备，如图 2-31（d）所示。

交分道岔是在菱形交叉的基础上，增设两组转辙器和两条侧线，使机车车辆既可以顺交叉轨道直向运行，也可以沿曲线转入侧线运行的道岔，如图 2-31（f）所示。为了简明起见，在作图时，要用道岔所衔接的中心线来表示道岔。

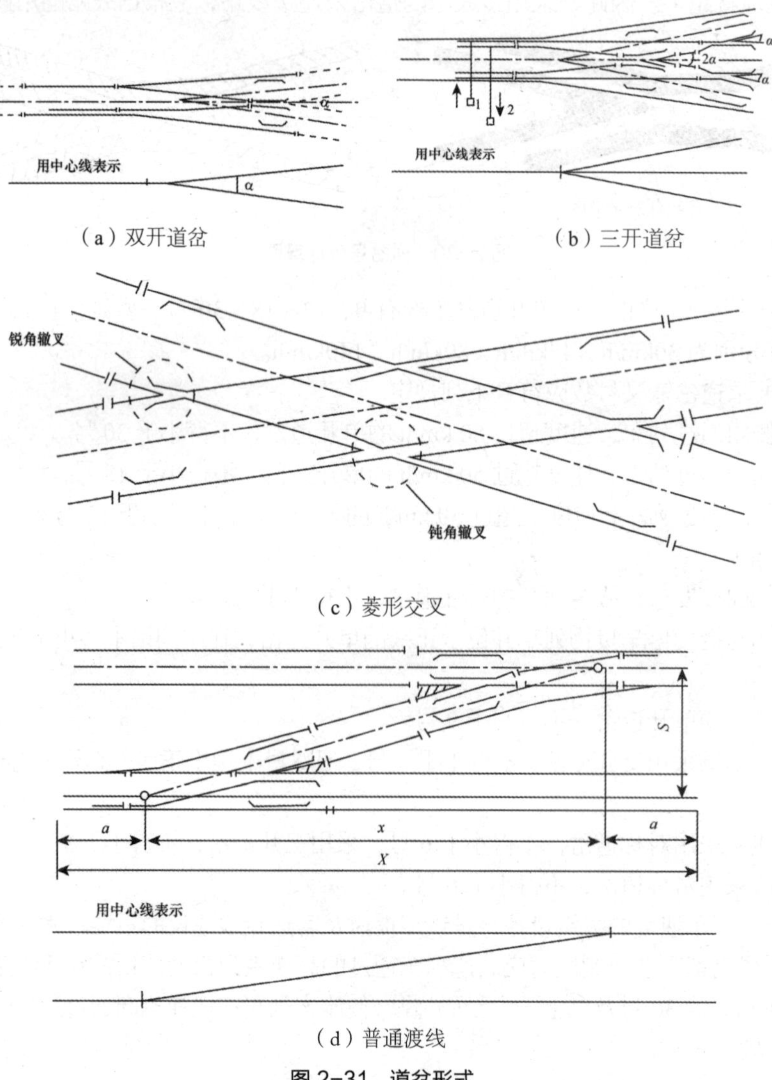

（a）双开道岔　（b）三开道岔

（c）菱形交叉

（d）普通渡线

图 2-31　道岔形式

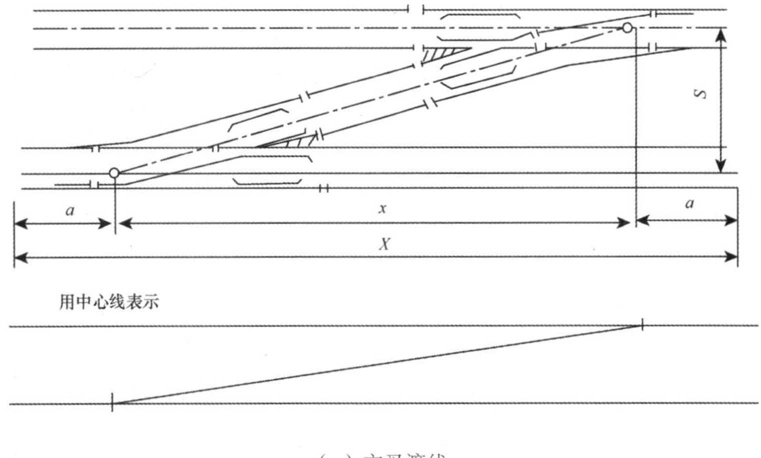

（e）交叉渡线

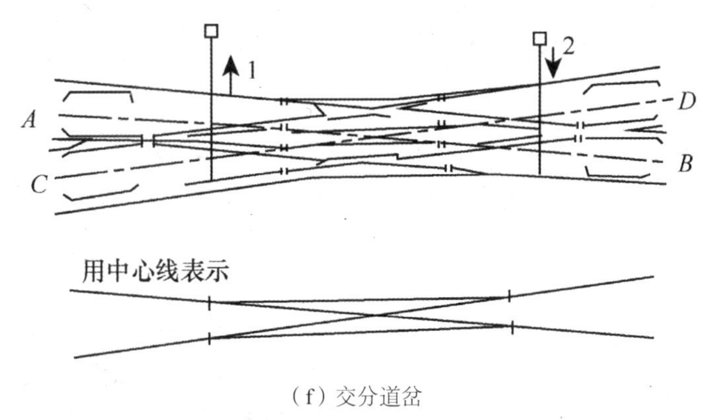

（f）交分道岔

图 2-31 道岔形式（续）

2.4.2 轨道的类型

轨道作为列车运行的基础，它的强度应当满足该线路每年通过的最大运量和最高行车速度的要求。在列车重量大、列车密度和运行速度高的线路上，轨道强度应该大些，反之，则可以小些。轨道既然是综合性工程结构体，它的强度必然与各部分的材质、强度和数量等有关，如钢轨的重量与耐磨性，轨枕的种类和数量，联结零件的强度和道床的材料、厚度等。

高速铁路轨道结构主要有两种类型：有砟轨道和无砟轨道。从实践经验看，两种轨道都可以运行时速 300km 的高速列车。当行车速度大于 300km/h 时，采用无砟轨道可以较好地保持轨道的平顺性，有利于高速行车；虽然目前无砟轨道结构在改善轨道弹性方面做了大量的工作，但在 300km/h 以下的行车速度时，旅客行车感到仍然是有砟轨道略好于无砟轨道。

1．有砟轨道

有砟轨道是铁路传统的轨道结构，它具有弹性好、造价低、更换与维修养护方便、噪声较小等优点。缺点是随着速度的提高，有砟轨道不均匀下沉越来越严重，轨道平顺性差，轨道破损加剧，从而使维修工作量显著增加，维修周期明显缩短。

目前，我国铁路有砟轨道按运营条件和轨道结构划分，共分为特重型、重型、次重型、中型和轻型 5 种类型，见表 2-5。

表 2-5　　有砟轨道的分类

<table>
<tr><th colspan="5">项目</th><th>特重型</th><th colspan="2">重型</th><th>次重型</th><th>中型</th><th>轻型</th></tr>
<tr><td rowspan="2">运营条件</td><td colspan="4">年通过总重量</td><td>＞50</td><td colspan="2">25～50</td><td>15～25</td><td>8～15</td><td>＜8</td></tr>
<tr><td colspan="4">旅客列车最高设计行车速度（km/h）</td><td>≤140</td><td>140</td><td>≤120</td><td>≤120</td><td>≤100</td><td>≤80</td></tr>
<tr><td rowspan="8">轨道结构</td><td colspan="4">钢轨（kg/m）</td><td>75 或 60</td><td>60</td><td>60</td><td>50</td><td>50</td><td>50 或 45</td></tr>
<tr><td rowspan="4">轨枕</td><td rowspan="2">混凝土枕（根/km）</td><td colspan="2">型号</td><td>Ⅲ</td><td>Ⅲ</td><td>Ⅲ或Ⅱ</td><td>Ⅱ</td><td>Ⅱ</td><td>Ⅱ</td></tr>
<tr><td colspan="2">铺枕根数</td><td>1680～1720</td><td>1680</td><td>1840 或 1680</td><td>1680～1720</td><td>1600～1680</td><td>1520～1640</td></tr>
<tr><td rowspan="2">防腐木枕（根/km）</td><td colspan="2">型号</td><td>—</td><td>—</td><td>Ⅰ</td><td>Ⅰ</td><td>Ⅰ</td><td>Ⅰ</td></tr>
<tr><td colspan="2">铺枕</td><td>—</td><td>—</td><td>1840</td><td>1760～1840</td><td>1680～1760</td><td>1600～1680</td></tr>
<tr><td rowspan="3">碎石道床厚度</td><td rowspan="2">非渗水土路基</td><td rowspan="2">双层</td><td>道砟（cm）</td><td>30</td><td>30</td><td>30</td><td>25</td><td>20</td><td>20</td></tr>
<tr><td>底砟（cm）</td><td>20</td><td>20</td><td>20</td><td>20</td><td>20</td><td>15</td></tr>
<tr><td>岩石渗水土路基</td><td>单层</td><td>道砟（cm）</td><td>35</td><td>35</td><td>35</td><td>30</td><td>30</td><td>25</td></tr>
</table>

注：年通过总质量包括净载、机车和车辆的质量，单线按往复总质量计算，复线按每一条线的通过总质量计算。

2．无砟轨道

无砟轨道具有轨道稳定、平顺、使用寿命长等优点，不仅减少了线路的养护维修工作量，而且在很大程度上减轻了工人的劳动强度。但无砟轨道造价太高，对施工要求较高，在运营过程中一旦出现病害，整治比较困难，且噪声较大、轨道弹性较小。

高速铁路无砟轨道有日本的板式轨道、德国的 Rheda 型无砟轨道、瑞士的弹性支撑块无砟轨道等。参照国外经验，我国研制了板式、长枕埋入式和弹性支撑块式 3 种类型的无砟轨道，如图 2-32、图 2-33、图 2-34 和图 2-35 所示。

图 2-32　板式无砟轨道

图 2-33 桥上框架板式无砟轨道

图 2-34 长枕埋入式无砟轨道

图 2-35 弹性支撑块式无砟轨道

2.4.3 无缝线路

1．概述

在线路上，钢轨接头的数量是由钢轨长度决定的。我国钢轨标准长度为 12.5m 和 25m，这样，每千米线路上就要有 160 个或 80 个接头。为消灭或减少线路上的接头轨缝，把许多根标准长度的钢轨一根接一根连续地焊接起来，成为一定长度的长钢轨线路，这就是无缝线路，也叫长钢轨线路。现在，我国的无缝线路有两种，一种是普通的无缝线路，一种是跨区间的无缝线

路。普通无缝线路是在焊轨厂用气焊的方法，将标准轨焊接成 250 ~ 500m 的长轨条，运到现场再用铝热焊的方法焊接后就地铺设，长度一般 1000 ~ 2000m。跨区间的无缝线路是指轨节长度跨越车站道岔的轨道结构，采用移动焊轨列车用接触焊的方法，在线路上把标准长度的钢轨焊接成设计长度的钢轨条。一般长钢轨可以长达几百千米，跨区间无缝线路不跨越车站只跨越闭塞分区的无缝线路为全区间无缝线路。

与普通线路相比，无缝线路在其长钢轨段内消灭了轨缝，从而消除了车轮对钢轨接头的冲击，使得列车运行平稳、旅客舒适，延长了线路设备和机车车辆的使用寿命，减少了线路养护维修工作量，并能适应高速行车的要求，是轨道现代化的发展方向。

2．基本原理

（1）钢轨温度力。普通线路将多根钢轨联结成轨道，每隔 12.5m 或 25m 就会有一个接头，接头之间留有轨缝，约为 6mm。留轨缝的目的是为了防止钢轨在热胀冷缩时产生的温度力破坏钢轨。无缝线路上钢轨已没有了接口，当温度变化时，钢轨不能自由伸缩，只能在钢轨内部产生应力，这个力是由轨温变化引起的，叫作温度力，它均匀地作用在钢轨的全长上。夏天轨温升高，钢轨内部产生压应力；冬天轨温降低，钢轨内部产生拉应力。一般来说，钢轨温度每改变 1℃，每根钢轨就会承受 1.645t 的压力或拉力。轨温变化幅度为 50℃时，一根钢轨则要承受高达 82.25t 的压力或拉力，温度力只和轨温变化有关。

铺设无缝线路的关键是设法克服长钢轨因轨温变化而产生的温度力问题。过去解决钢轨应力的办法是待温度力聚集到一定量时，采取应用释放措施，即在无缝线路长轨条之间铺设一段短轨，一般在春秋时间松开短轨上的扣件，各释放一次钢轨应力，以解决钢轨胀缩问题。这种方法不仅操作麻烦而且影响运输生产，已不再采用。现在采取加强轨道结构措施，如采用高强度Ⅲ型轨枕、高强度螺栓、加强扣件弹条扣压力等，把钢轨紧扣于轨枕上，称为锁定线路。当温度变化时，钢轨再不能自由伸缩，也不会出现胀轨变形及钢轨断裂等问题。

（2）锁定轨温。锁定时无缝线路的锁定轨温又称“零应力轨温”，一根钢轨从自由状态转化为被完全固定状态（即铺设或维修时）时的轨温称为锁定轨温，此时，钢轨内部的温度应力等于 0。比如一根长 500m 的钢轨被拨入线路，其两端连接夹板、拧紧接头螺栓时的温度为 20℃，那么就可以将 20℃算作该钢轨的锁定轨温。只要接头螺栓被拧紧，该根钢轨的自由伸缩就受到完全限制，无论是升温还是降温，钢轨内部均产生温度应力，锁定轨温是钢轨内部温度应力的起算点。锁定轨温是无缝线路设计、铺设及养护维修线路的重要技术指标，选择锁定轨温时，以冬季钢轨不折断，夏季不发生胀轨跑道为原则。选择锁定轨温一般采用稍高于本地区的中间轨温作为锁定轨温。例如，北京地区最高轨温 62.6℃，最低轨温为 −22.8℃，中间轨温为 19.9℃，而设计时的锁定轨温一般采用 24℃。

2.4.4　轨道上两股钢轨的相互位置

为了确保行车安全，轨道除了应具有合理的组成外，还应保持两股钢轨的规定距离和钢轨顶面的相对水平位置。在小半径曲线地段，曲线轨距应考虑适当加宽，两股钢轨顶面应保持一定的相对水平和平顺度，为行车平稳创造条件。

1．直线部分的轨距和水平

（1）直线轨距。轨距是钢轨头部踏面下 16mm 范围内两股钢轨工作边之间的最小距离。我国和大多数国家主要采用 1435mm 的标准轨距。与标准轨距相对应的还有宽轨距和窄轨距。宽轨距为 1520mm，主要在前苏联和东欧各国采用；窄轨距有如 1067mm、1000mm、762mm、600mm

等，我国台湾省采用 1067mm 的窄轨距，昆明铁路局部分线路采用的是 1000mm 的窄轨距。

在机车车辆运行的长期作用下，轨距会有一定的偏差。这种偏差按线路速度等级划分，线路维修验收时，轨距相对于标准轨距的允许偏差宽不得超过 6mm，窄不得超过 2mm，具体见表 2-6。

表 2-6　轨距允许偏差

线路速度（km/h）	$v<120$	$120<v\leqslant160$	$160<v\leqslant200$
线路容许偏差（mm）	+6，－2	+4，－2	±2
道岔允许偏差（mm）	+3，－2	+3，－2	—

在直线地段的机车车辆，从它们的轮对和钢轨之间的相互位置（见图 2-36）可以看出：

$$S_0\text{（轨距）}=q\text{（轮对宽度）}+\delta\text{（活动量）}$$

由于轮缘和钢轨之间有一个活动量（δ），使轮缘能在两股钢轨之间自由滚动，而不会被卡住。

（2）水平。直线地段两股钢轨的顶面应保持在同一水平。如有误差，在正线和列车到发线上，在规定的距离范围内两股钢轨的轨顶面高差不允许超过 4mm。

2．曲线部分的轨距和水平

（1）曲线轨距加宽。在机车车辆同一转向架上，始终保持平行的最前位和最后位车轴中心间的距离叫作固定轴距。具有一定固定轴距的机车车辆走行部（转向架）在曲线上运行时，转向架的纵向中心线与曲线轨道中心线不一致，因而引起转向架前一轮对外侧车轮轮缘和后一轮对内侧车轮轮缘挤压钢轨，增加走行阻力，如图 2-37 所示。曲线半径越小，挤压钢轨越严重，为保证机车车辆的走行部能顺利通过曲线，因此要对小半径曲线的轨距适当加宽。我国《技规》规定曲线轨距加宽见表 2-7。

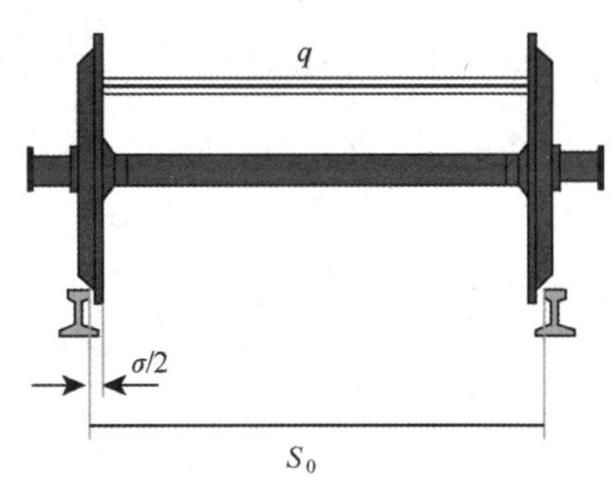

图 2-36　轮对与钢轨的相对位置

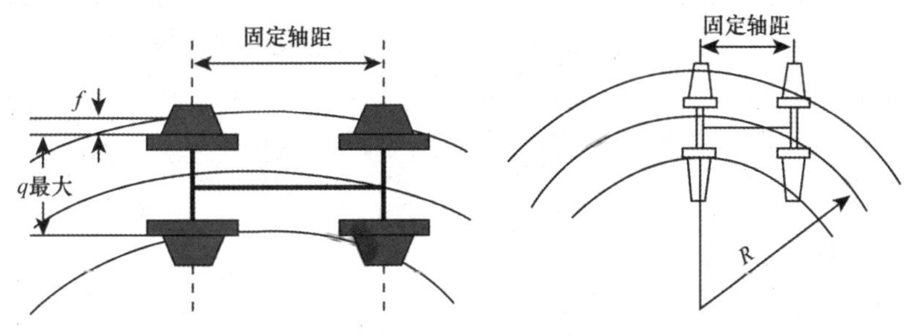

图 2-37　曲线轨距加宽示意图

表 2-7　　曲线轨距加宽标准

曲线半径 R（m）	轨距加宽值（mm）	轨距（mm）
$R \geqslant 350$	0	1435
$300 \leqslant R < 350$	5	1440
$R < 300$	15	1450

（2）外轨超高。机车车辆在曲线上运行时，由于离心力的作用使曲线外轨承受了较大的挤压力，不仅加速外轨的磨耗，而且使旅客感到不舒适，严重时还会导致翻车。因此通常要将曲线上的外轨适当抬高，使机车车辆向内倾斜，从而平衡离心力。外轨比内轨高出的部分叫作超高，如图 2-38 所示。

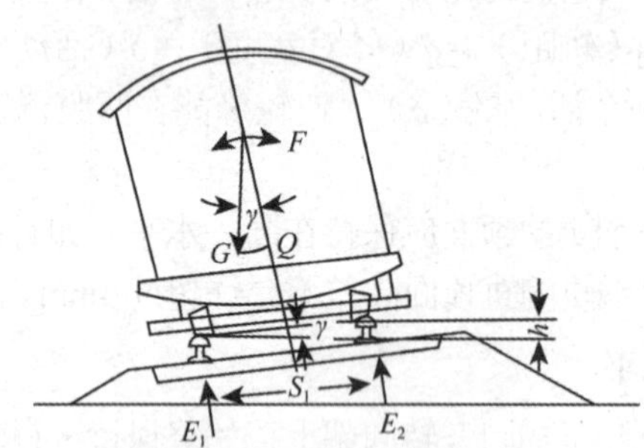

图 2-38　外轨超高原理图

曲线的外轨超高量（h）通常可用下式计算。

$$h = 7.6\frac{v_{\max}^2}{R}(\text{mm})$$

式中：$v_{\max}$ 为列车最高运行速度（km/h）；R 为曲线半径（m）。

我国规定外轨超高的最大值：在单线铁路上为 125mm；在双线铁路上为 150mm。

外轨超高和曲线加宽都是从缓和曲线的起点开始逐渐增加，到圆曲线起点时超高和加宽都应达到规定的值。在曲线地段由于设置超高而加厚了外轨下的道床，因而道床坡脚向外延长，为了保持路肩的应有宽度，所以路基也必须在外侧相应地加宽。

2.5　限界

为了确保机车车辆在铁路线路上运行的安全，防止机车车辆撞击邻近线路的建筑物和设备，而对机车车辆和接近线路的建筑物、设备所规定的不允许超越的轮廓尺寸线，称为限界。铁路限界是一个与线路中心线垂直的横断面，其横向尺寸系指水平宽度，由线路中心线起算；其高度尺寸为垂直高度，自钢轨面起算，单位均为毫米。铁路基本限界可分为机车车辆限界和建筑接近限界两种。

2.5.1　机车车辆限界

机车车辆限界是机车车辆横断面的最大极限，它规定了机车车辆不同部位宽度、高度的最大尺寸和底部零件至轨面的最小距离。机车车辆限界是和桥梁、隧道等限界起相互制约作用的，当机车车辆在满载状态下运行时，也不会因产生摇晃、偏移等现象而与桥梁、隧道及线路上其他设备相接触，以保证行车安全。机车车辆限界如图 2-39 所示。

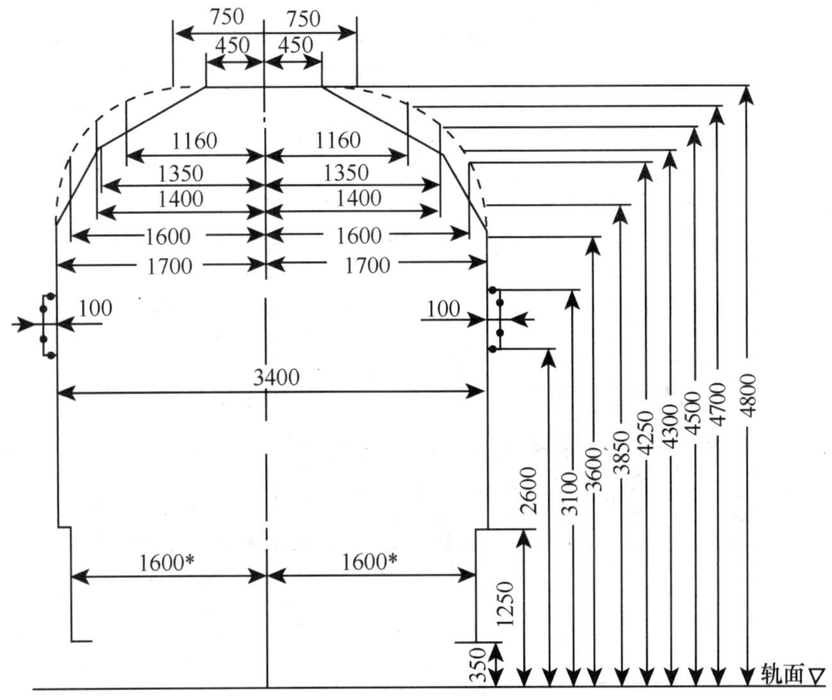

—— 机车车辆限界基本轮廓。

- - - - 电气化铁路干线上运用的电力机车。

-•-•-• 列车信号装置限界轮廓。

• 电力机车在距轨面高350~1 250毫米范围内为1 675毫米。

图 2-39　机车车辆上部限界图

2.5.2　建筑接近限界

建筑接近限界是一个和线路中心线垂直的横断面，它规定了保证机车车辆安全通行所必需的横断面的最小尺寸。凡靠近铁路线路的建筑物及设备，其任何部分（和机车车辆有相互作用的设备除外）都不得侵入限界之内，如图 2-40 所示。

2.5.3　客运专线铁路建筑限界

曲线地段的建筑限界，应考虑因超高产生车体倾斜对曲线内侧的限界加宽，如图 2-41 所示。其加宽量为：

$$W = \frac{H}{1500}h$$

式中：W 为曲线内侧加宽量（mm）；H 为轨顶面至计算点的高度（mm）；h 为外轨超高值（mm）。

曲线上建筑限界的加宽范围，包括全部圆曲线、缓和曲线和部分直线，采用如图 2-42 所示的阶梯加宽方法。

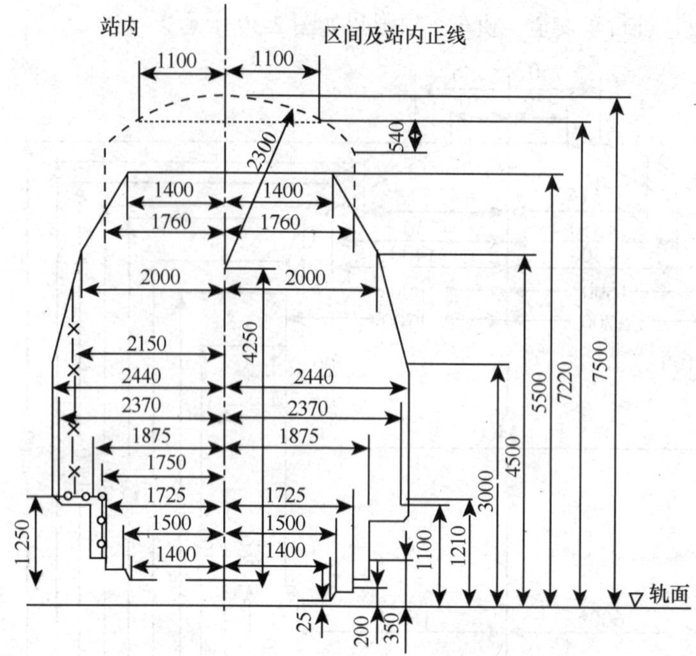

—×—×—×— 信号机建筑限界（正线不适用）。

—o—o—o— 站台建筑限界（正线不适用）。

——— 各种建筑物的基本限界。

- - - - 适用于电力牵引区段的跨线桥、天桥及雨棚等建筑物。

········ 电力牵引区段的跨线桥在困难条件下的最小高度。

图 2-40　客货共线铁路基本建筑限界图（160 < V≤200km/h）

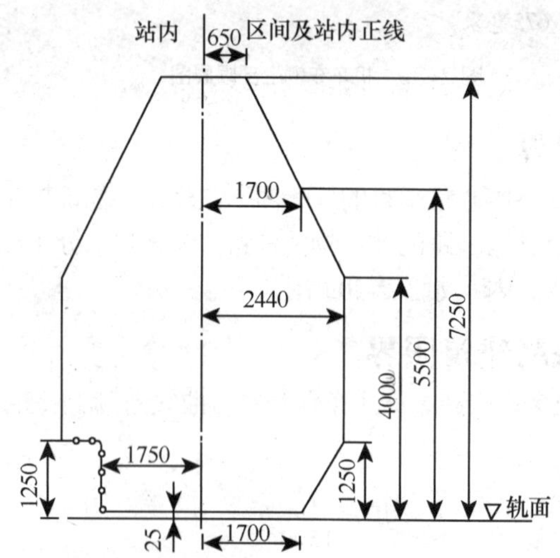

单位：mm

—o—o—o— 站台建筑限界（正线不适用）。

——— 各种建筑物的基本限界，也适用于桥梁和隧道。

图 2-41　客运专线铁路建筑限界（200≤ V≤350km/h）

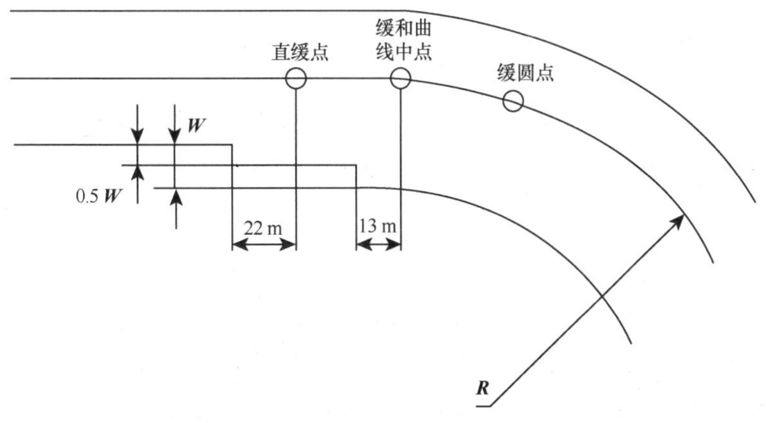

图 2-42 曲线上建筑限界阶梯加宽方法

在机车车辆限界和直线建筑限界之间，留有一定的空隙，称为安全空间。留有安全空间的目的：一是为“组织超限货物列车”运行；二是为适应运行中的列车横向晃动偏移和竖向上下振动，防止与邻近的建筑物或设备发生碰撞。

2.5.4 超限限界

货物装车后在平直线路上停留时，货物的高度和宽度有任何部位超过机车车辆限界或特定区段装载限界，称为超限货物。按货物超限的程度，分为一级超限、二级超限和超级超限 3 个级别。一级超限和二级超限限界如图 2-43 所示。对于超限货物，则需要采取特殊的组织方法来进行。

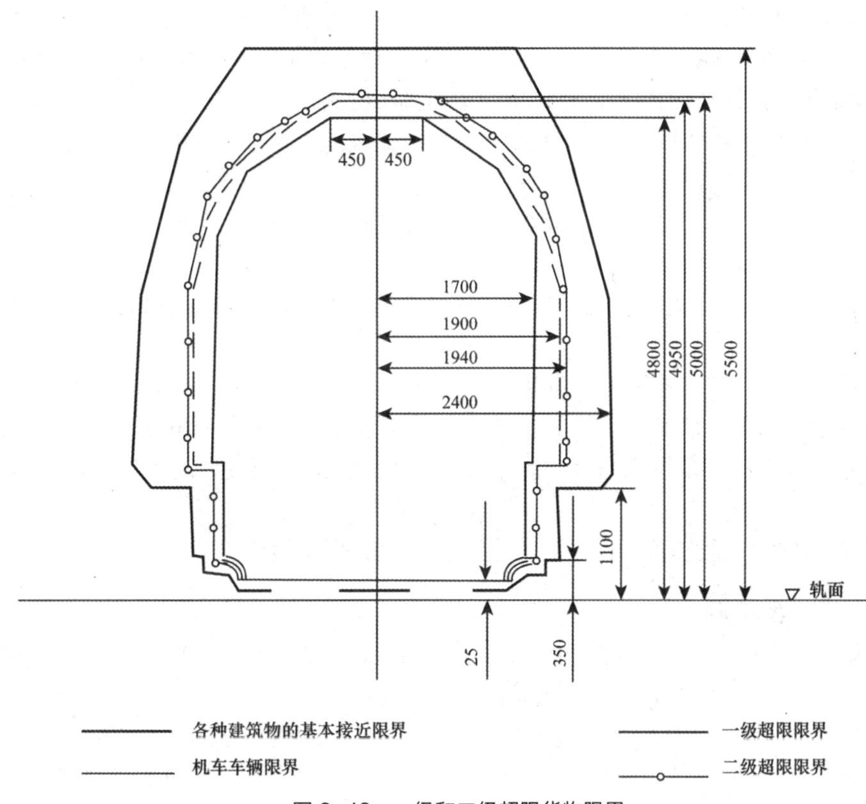

图 2-43 一级和二级超限货物限界

2.6 工务工作

在列车不间断地运行和自然条件作用下，铁路线路会发生变形或损坏。为了确保列车能按规定的速度安全、平稳和不间断地运行，以及延长线路各组成部分的使用寿命，必须加强线路的养护和维修工作，使线路设备经常保持完好状态，这就是铁路工务部门的基本任务。

工务段是工务部门的基层生产单位，负责领导线路维修工作。每一工务段管辖的线路（营业长度）一般单线为 150～250km，复线为 100～150km。工务段下设若干个领工区，每一领工区再设 4～5 个工区或机械化维护工队，分别负责管辖范围内的线路维修工作。

在铁路局或分局下面，一般还设有线路大修队、桥隧大修队，负责管内线路、桥隧的大中修以及无缝线路的铺设工作。

线路的维修养护工作主要包括线路的经常维修和线路的大中修。

2.6.1 线路维修

线路经常维修的基本任务是经常保持线路状态的良好，使列车能按规定速度安全、平稳和不间断地运行，并尽量延长设备使用寿命。线路维修工作包括综合维修（计划维修）、紧急补修、重点病害整治和巡道工作等。

综合维修是在线路大中修之间，根据线路变化规律和特点按周期对线路进行综合性修理，以改善轨道弹性，调整轨道几何尺寸，整修和更换设备零部件，以恢复线路良好的技术状态。我国铁路规定正线、到发线、道岔和主要站线、专用线每年必须做一遍计划维修。

综合维修基本作业包括起道、拨道、改道、调整轨缝、捣固、清筛道砟等。线路基本作业包括起道、拨道、改道、调整轨缝、捣固、清筛道砟等。起道是校正线路的纵断面，就是将钢轨和轨枕向上抬至必要高度；拨道是拨正线路的平面，就是将钢轨和轨枕一起横移至规定位置；改道是改正轨距；捣固是将钢轨底部轨枕下的道砟捣压密实。

紧急补修是指在计划维修之处的个别地点，由于出现超过容许误差的线路质量问题而必须立即进行的紧急修理工作。

重点病害整治是指彻底消除线路上较长时期存在的、工作量大的某些病害，例如全面整治接头、整治线路爬行，彻底整治路基翻浆冒泥等。

临时补修是指及时整修超过临时补修容许误差及其他不良处所的临时性修理，以保证行车平稳和安全。

巡道工作是保证线路状态良好，维护行车安全的必要措施。巡道工人的任务是在工区管内负责巡视钢轨、道岔及联结零件等的状态；察看路基是否有沉陷、塌方、水害、雪害等情况，以及信号及线路标志是否完好等。此外，巡道工人还应对所发现的不良现象尽力做好处理工作。

道口看守是在列车通过前后适时关、开栏杆或栏门，保证道口安全。

2.6.2 线路大修

线路维修的特点在于预防线路病害的发生，保持线路的良好状态。但是经过较长时间后，线路的各个部分还会发生磨损或变形。当磨损或变形达到相当程度时，单靠维修就难以整治了，因此有必要进行线路大修。线路大修施工的内容有：校正并改善线路的平面和纵断面，全面更换或抽换、修理钢轨；更换或补充轨枕；清筛和更换道床，补充道砟，全面起道并捣固、改善道床断面；整治路基和安装防爬设备等。线路经过大修后，其质量标准应符合设计要求或得到加强。

2.6.3　线路作业的机械化

线路作业是一项既费时费工，又极为繁重的体力劳动，它需要占用大量的人力、物力和财力。线路结构大范围地实现了重型化、快速化，这对铁道线路的维修手段提出了更高的要求。为了改变人工作业的落后面貌，提高维修质量和作业效率，节约劳动力和维修费用，世界各国都在努力研制各种养路机具。

为了加快发展步伐，在工务段普遍设立了机械化工队和养路工区，配备了以单项、小型为主的养路机械，如小型液压捣固机、锯轨机、钢轨钻孔机等，在一定程度上减轻了劳动强度，提高了作业效率。

20 世纪 80 年代中期以后，我国开始引进少量国外先进的大型养路机械试用，在取得一定使用经验和效果后，引进国外先进的大型养路机械技术，在消化吸收的基础上实现了自行生产，如 08-32 型、09-32 型自动抄平起道拨道捣固车，RM80 清筛机，动力稳定车，配砟整形车，钢轨探伤车，钢轨打磨车，道岔捣固车等产品，并装备了 19 个大型养路机械化线路段，基本形成了综合生产能力，如图 2-45、图 2-46 和图 2-47 所示。

图 2-44　道砟清筛车

图 2-45　配砟整形车

图 2-46　连续式捣固稳定车

目前养路机械已由小型到大型、由低级到高级、由单机到联合机械，逐步发展到采用先进技术设备的大型、高效、多功能的机械。例如，08-32 型自动抄平起道拨道捣固车，每小时可以捣固线路 1000～1300m；RM80 清筛机每小时可清筛道砟 650m；线路大修列车能够完成拆卸旧轨排直到铺设新轨排的全部作业，每小时作业进度为 200m 以上等。实践证明，通过大型养路机械的技术引进和取得的突破性进展，为提速扩能，保证繁忙干线和快速线路的运输安全，实现养路机械的现代化，做出了巨大的成绩。

目前，我国铁路正处于跨越式发展的新时期，优化铁路线路基础结构，提高轨道整体结构承载力，在主要干线全面实行大型机械养护维修施工，大力推进专业化集中维修，扩大线路大型养路机械维修，是适应铁路高速、重载发展的需要。

机械化维修机具比较笨重，综合作业时占用线路的时间较长，往往需要封锁线路。《铁路主要技术政策》明确规定繁忙干线应在列车运行图上安排工务、电务、供电等设备综合维修“天窗”。“天窗”时间：采用中、小型养路机械的区段 90～120min；采用大型养路机械的区段 150～180min。双线区段的设备维修“天窗”应按上、下行设置，施工时可组织反向行车。

目前，各国都在着重研究如何进一步强化线路结构的形式，以减少线路的维修作业量。

【巩固练习】

一、填空题

1. 我国铁路一共分为________个等级。

2. 基建程序要求铁路建设划分为 3 个阶段，即________ 、________和________。

3. 铁路线路是由________、________和________组成的一个整体工程结构。

4. ________、________是列车线路运行两大种类的阻力。

5. 列车上坡时，单位坡道阻力规定为________，下坡坡道阻力规定为________。

6. 平道与坡道、坡道与坡道的交点，叫作________。

7. 路基和桥隧建筑都是________的基础。

8. 路基最常见的两种基本形式是________和________。

9. 路基工程主要由________、________和________3 部分建筑物组成。

10. 线路标志应埋设在计算里程方向的线路________侧。

11. 铁路线路在空间的位置是用它的________表示的。

12. 坡道的陡与缓常用 ________来表示。坡道的大小通常是用________表示。

13. 桥梁主要由________ 、________和________ 3 部分组成。

14. ________是铁路的基本标准。

15. 列车在线路上运行时，受到的额外阻力叫作 ________。

16. 桥梁按建筑材料分有________、________和________等。

17. 坡度标一般设于________处。

18. 在我国，钢轨的类型和强度以每米长度的大致质量________表示，现形的标准钢轨类型有________kg/m、________kg/m、________kg/m。

19. 我国普通轨枕的长度为________m，岔道用的岔枕和钢桥上用的桥枕，其长度有______m 多种。

20. 道床的材料应当具有________、________、________并________的特点。

21. 转辙器包括________、________和________。

22. 辙叉及护轨包括________、________及________。

23. 钢轨由________、________、________构成。

24. 目前我国钢轨的标准长度有________m 和________m 两种。

25. 轨枕按照制作材料分主要有________和________两种。

26. 车轮与钢轨头部的接触面称为________。

27. 铁路轨道由________，________，________，________，________及______等主要部件组成。

28. 铁路轨道的作用是引导______，直接承受______，并把他传布给________或________。

二、判断题

1. 坡道坡度的大小通常用百分率来表示。（ ）
2. 线路标志应埋设在计算里程方向的线路的右侧。（ ）
3. 线路中心线在水平面上的投影叫作铁路线路的平面。（ ）
4. 我国采用 1520mm 宽轨距。（ ）
5. 桥梁标一般设于桥头，标明桥梁编号和桥梁中心里程。（ ）
6. 直线和圆曲线是直接相连的。（ ）
7. 轮缘的作用是防止轮对脱轨，保证车辆在线路上安全运行。（ ）
8. 我国铁路共划分为三个等级，即Ⅰ级、Ⅱ级、Ⅲ级。（ ）
9. 列车在运行的时候速度越快，所产生的离心力越大。（ ）
10. 为了线路的维修和养护，为了司机和车长等工作上的需要，在线路沿线设有各种线路标志。（ ）
11. 限制坡度的大小一般不影响该区段铁路线的运输能力。（ ）
12. 基本阻力在列车运行时不是时时都存在的。（ ）
13. 路基和桥隧建筑物的状态与线路质量的关系密切相关。（ ）
14. 为了使钢轨具有最佳的抗弯性能，钢轨的断面形状采用“工”形。（ ）
15. 联结零件包括接头联结零件和中间联结零件两类。（ ）
16. 道岔上的有害空间不是限制列车过道岔速度的一个重要因素。（ ）
17. 在规定的距离范围内两股钢轨的轨顶面高差允许超过 4mm。（ ）
18. 在列车重量大，列车密度和运行速度高的线路上，轨道强度应该大些，反之，则可以小些。（ ）
19. 轨距是两股钢轨轨头顶面下 16mm 范围内两钢轨作用边之最小距离。（ ）
20. 因列车运行时纵向力的作用使钢轨产生纵向移动有时甚至带动轨枕一起移动这种现象叫轨道爬行。（ ）
21. 按货物超限的程度分为一级超限、二级超限和三级超限。（ ）
22. 铁路基本限界可分为机车车辆限界和建筑接近限界两种。（ ）

三、简答题

1. 什么叫轨道？其基本组成有哪几部分？
2. 铁路建设程序有哪些基本步骤？
3. 铁路线路如何分类？
4. 什么叫线路的平面和纵断面？它们的组成要素分别是什么？
5. 什么叫缓和曲线？缓和曲线的作用是什么？
6. 什么叫限制坡度？限制坡度的大小对铁路运输有什么影响？
7. 常见的线路标志有哪些？
8. 什么叫限界？铁路基本限界有哪两种？
9. 道岔是一种什么设备？其组成包括哪 3 大部分？
10. 什么叫无缝线路？
11. 在曲线地段为何要进行轨距加宽与外轨超高？
12. 工务部门的职责是什么？其基层生产单位叫什么？
13. 线路经常维修的基本任务是什么？其基本作业内容有哪些？

PART 3 项目三 铁路车辆

【项目引入】

周洲是湖南铁道职业技术学院铁道车辆专业方向下的一名大一新生，自从入读这个专业后，周洲对铁路的一切都充满了强烈的好奇心。学校后面有一座横跨株洲北铁路编组场和京广铁路的响田公路大桥，没课的时候，周洲最爱去桥上看火车，细心的他有了许多新疑问：

- 编组场里有许多货车，它们无论是从外形还是结构上均有很大区别，这些不一样的货车的车体上均标有字母与数字（见图 3-1），这些字母与数字代表什么含义呢？外形不一样的货车装载的货物是否也有区别？
- 一列火车通常由许多辆车组成，每一辆车之间是依靠什么设备进行连接的？如果需要把一辆一辆的火车分开，又需要怎样操作呢？
- 一辆车有的有 8 个轮子，有的有 12 个轮子，还有的轮子数更多，这是为什么呢？一辆车到底可以拉多重的货物呢？是由轮子的多少决定的吗？
- 单车、摩托车、汽车都有刹车，火车有刹车吗？笨重的列车是如何准确、快速地停下来的呢？车轮上会不会也有刹车？

通过本项目的学习，希望你能帮助周洲同学解决心中的疑问。

图 3-1 铁路车辆标志

【项目分析】

为了完成运输任务，铁路必须拥有相应数量的、性能良好的车辆，这些车辆根据装载的对象不同分为铁路货车车辆和铁路客车车辆。为了表示车辆的类型和特征，满足运用、检修和统计上的需要，每一铁路车辆上均有规定的各种标记，包括运用标记、产权标记、制造标记和检修标记。

铁路车辆种类繁多，不同类型的车辆虽然具有不同的结构特征，适合装载的货物也不尽相同，但其基本结构大致相似，由车体、走行部、车钩缓冲装置、制动装置和车辆内部设备 5 个基本部分组成。

车辆部门应做好车辆在日常运用中的维修保养工作，使已有车辆经常处于质量良好的状态，能确保安全、高速、平稳地运送旅客和货物，延长车辆的使用寿命。

在项目的学习程中，安排了 4 个任务，学习者通过完成项目任务，实现对所学知识的巩固与掌握。

【学习导航】

本项目主要学习铁路车辆的基本知识，如图 3-2 所示。

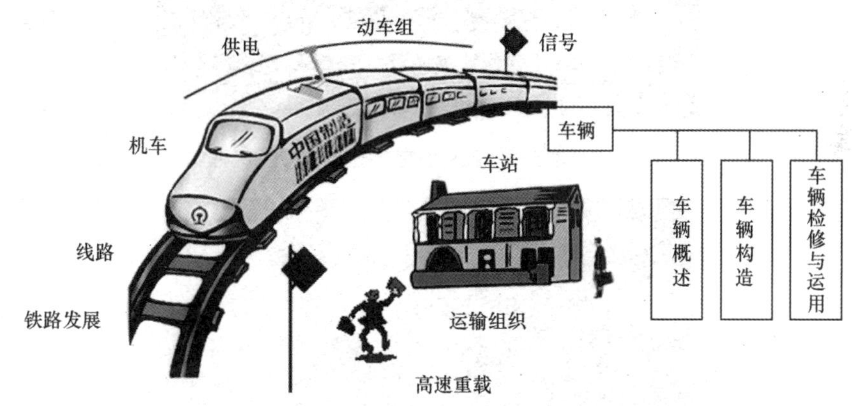

图 3-2 学习导航

学习任务 3-1

到网上搜索不同类型的铁路车辆的图片，指出图片中铁路车辆的类型及车辆上的车辆代码和标记的含义，并制作成 PPT。

【相关知识 1】

3.1 铁路车辆概述

铁路车辆是铁路运送旅客和货物的设备。除动车组的动车外，它一般没有动力装置，必须由机车牵引才能沿线路运行。

3.1.1 铁路车辆分类

铁路车辆按用途可分为客车、货车及特种用途车。

铁路车辆按轴数分为四轴车、六轴车、多轴车等。轴数越多，车轮也越多，载重量就越大。

铁路车辆按车辆的载重分，货车有 50t、60t、75t、90t 等不同的载重量。轴重并不是指车轴本身的重量，而是车辆总重与轴数之比，也就是车辆每一对车轮加于轨道的重力(自重+荷载)。车辆的轴重受制于轨道和桥梁允许的最大荷载。目前，我国铁路线路允许的最大轴重为 25t。也就是说，在同一条线路上，要想拉更多的货物（比如重载货物列车）就必须增加车辆的轴数，采用多轴车来分担每根轴的重量。

1．客车

客车分为供旅客乘坐、为旅客服务用的及特种用途的车辆 3 种。

（1）供旅客乘坐的车辆主要有硬座车、软座车、硬卧车、软卧车、双层车等，如图 3-3 和图 3-4 所示。

图 3–3　25K 型空调硬座客车

图 3–4　25B 型双层硬座车

（2）为旅客服务用的车辆主要有餐车、行李车等。餐车设有厨房、餐室等设备，是供旅客旅途中进餐的车辆。行李车设有行李间、行李员办公室等设备，是供旅客运送行李、包裹的车辆。

（3）特种用途车辆主要有邮政车、空调发电车、公务车、医疗车、卫生车、文教车等。邮政车设有邮政间及邮政员办公室等设备，是供运送邮件使用的车辆。 公务车是供有关铁路人员到铁路沿线执行公务用的专用车辆。卫生车是专供运送伤、病员用的车辆，车内设有简单的医疗设备。试验车有轨道检查车、电力试验车、牵引试验车等，供各种铁路试验用，如图 3-5 所示。

2．货车

货车是供运送货物的车辆。货车类型很多，按用途分为通用货车、专用货车和特种用途货车 3 种。

（1）通用货车。通用货车是装运普通货物的车辆，其货物类型多不固定，也无特殊要求，所占比例较大，一般有平车、敞车、棚车、罐车和保温车等。

图 3-5 轨道检测车

棚车由侧壁、端壁、地板和车顶、门和窗组成，用于运送怕日晒、雨淋、雪侵的货物，包括各种粮谷、日用工业品及贵重仪器设备等，如图 3-6 所示。

图 3-6 P64 型棚车

敞车车体无车顶，主要供运送煤炭、矿石、矿建物资、木材、钢材等大宗货物用，也可用来运送重量不大的机械设备。若在所装运的货物上蒙盖防水帆布或其他遮篷物后，可代替棚车承运怕雨淋的货物。因此敞车具有很大通用性，在货车组成中数量最多，约占货车总数的 50% 以上，如图 3-7 所示。敞车按卸货方式不同可分为两类：一类是适用于人工或机械装卸作业的通用敞车；另一类是适用于大型工矿企业、站场、码头之间成列固定编组运输，用翻车机卸货的敞车。

图 3-7 C70 型敞车

大部分平车只有地板，两侧设有柱插。用于装运原木、钢材、建筑材料等长型货物和集装箱、机械设备等的货车，有些平车装有高 0.5～0.8m 可以活动的侧墙和端墙，需要时可以将其竖起，以便装运一些通常由敞车运输的货物，如图 3-8 所示。

图 3-8　NX70 型平车

罐车车体外形大多为一个卧放的圆筒，也有立置筒形、槽形、漏斗形等。罐车用于装运各种液体、液化气体和粉末状货物等，按货物品种分为轻油用罐车、粘油用罐车、酸类罐车、水泥罐车、液化气体罐车、粉末状货物罐车多种。按卸货方式可分为上卸式罐车和下卸式罐车。如图 3-9 所示。罐车罐体为全封闭型结构，本身有足够的强度和刚度，因此有些新型罐车取消了枕梁间的部分底架，成为无底架罐车。这种罐车自重较轻，但由于所装货物多属易燃品或危险品，为了保证运输安全，罐体连接处必须有极高的可靠性。根据罐车的用途不同，结构也有差异。

图 3-9　GY80K 型液化气体铁路罐车

粘油罐车用于装载原油、矿物油等，通常在罐体下部外侧设有夹层加温套，卸车时通入蒸汽对货物进行加温，使其易于从下卸阀排出。

轻油罐车用于装运汽油等轻质液态货物，这种罐车没有加温套，货物通常由上部进入孔通过抽油管卸出而不用下卸阀，以免渗漏发生危险。

酸碱类罐车用于装运各种酸类或碱类液态货物。罐体内部通常有耐腐蚀涂层，或用不锈钢制造。罐体下部有加温套，上部设抽液管。

液化气罐车用于装运液化气体。罐体能承受 2MPa 的工作压力，设有气相和液相阀，上部有遮阳罩。

粉状货物罐车用于装运散装水泥、面粉等粉状货物。罐体为卧式或立式。卸货时把压缩空气通入气室，使罐内货物流态化，随气流经管道输送到指定地点。

保温车外形似棚车，周身都装有隔热材料，侧墙上有可密闭的外开式车门，又称冷藏车，用于运送易腐货物。车内有降温装置，可使车内保持需要的低温；有的车还有加温装置，在寒冷季节可使车内保持高于车外的温度。按冷藏设备的不同，有加冰冷藏车和机械冷藏车等，如

图 3-10 所示。

图 3-10　B20 型五节式机械冷藏车组

（2）专用货车。专用货车指专供装运某一种或某几种类货物的车辆，同一种车辆要求装载的货物重量或外形尺寸比较统一，有时在铁路上的运营方式也比较特别，如固定编组，专车运行等。专用货车有家畜车、罐车、保温车、水泥车、集装箱车、矿石车、粮食车、长大货车等。

矿石车是专门用来运送矿石、矿粉用的车辆，车体有固定的侧墙、端墙和卸货用的车门，为卸货方便,有的车体下部做成漏斗形,设底开门（又称漏斗车）。有的车体能向一侧倾斜，由侧门卸货（又称自翻车），如图 3-11 所示。

图 3-11　Kf-60 自翻车

水泥车用来装运散装水泥，为密封式的罐型车体，车顶有装水泥的舱孔，设气卸式卸货装置，用压力空气卸货。供运送散装水泥之用，如图 3-12 所示。

图 3-12　水泥车

集装箱车供运送各系列集装箱之用，无车底板和车墙板，车底架式设固定式、翻转式锁闭装置和门止挡，以便锁闭伪装箱，如图 3-13 所示。

图 3-13　X1K 集装箱平车

长大货物车：特长和特重货物无法用一般的铁路货车来装运，必须使用专门的长大货物车。长大货物车其车辆长度一般在 19m 以上，无墙壁、载重 70t 以上。长大货车专供运送特大、特重、特长货物，如大型机床、发电机、化工合成塔等。长大货物车按其结构形式可分为长大平板车、凹底平车（俗称元宝车）、落下孔车、钳夹车等。由于这些车的载重及自重都较大，为适应线路允许的轴重要求，车轴数较多，如图 3-14、图 3-15、图 3-16 所示。

长大平车：纵向梁中部做成下凹而呈元宝型的凹底平车，如图 3-15 所示；底架中央部分做成空心，货物通过支撑架坐落在孔内的落下孔车如图 3-16 所示；将车辆制成两节，货物钳夹在两节车之间或通过专门的货物承载架装载在两节车之间的钳夹车等。

图 3-14　D38 型钳夹式长大货车

图 3-15　载重 320t 的 D32A 型凹底平车

图 3-16 DK36A 型落下孔车

（3）特种用途货车。特种用途货车指一般不直接用于运送旅客和货物、有特殊用途的车辆，如卫生车、文教车、检衡车、发电车、救援车、扫雪车等。

铁路货车按轴数分四轴车、六轴车和多轴车。我国主型货车一般采用四轴车。对于载重量较大的车辆，为使每一车轴加在线路上的重量不超过线路强度所规定的吨数（称为“轴重”），可以做成六轴车或多轴车。按载重量分，货车有 50t、60 t、75 t、90 t 等多种。

3.1.2 铁路车辆尺寸

车辆的主要尺寸包含以下几项。

（1）车辆全长：车辆全长指车辆两端的车钩在闭锁位置时，两钩舌内侧面之间的距离，以米为单位，如图 3-17 所示的 *A*。

（2）车辆全轴距：车辆全轴距是指任何车辆的最前位车轴与最后位车轴中心线间的水平距离，如图 3-17 所示的 *B*。

（3）车辆定距：车辆定距又称车辆销距，是二轴车或同一转向架的最前位和最后位车轴中心线间的水平距离，如图 3-17 中所示的 *C*。

（4）车辆固定轴距：车辆固定轴距是指同一转向架最前位和最后位车轴中心间的水平距离，如图 3-17 所示的 *D*。

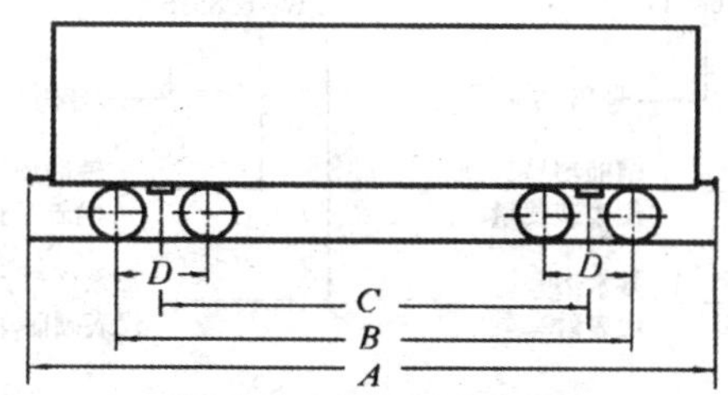

图 3-17 车辆纵向尺寸参数

A—车辆全长，B—车辆全轴距，C—车辆定距，D—车辆固定轴距

3.1.3 铁路车辆标记

为了表示车辆的类型和特征，并使人们能易于区别同一类型的各个车辆，满足使用、检修和统计上的需要，每一铁路车辆均应具备规定的标记。车辆标记分为运用标记、产权标记、制造标记和检修标记。

1. 运用标记

运用标记是铁路运输管理部门如何运用车辆的依据，主要有以下几种。

（1）车辆编码。为了对车辆识别与管理，特别是为了满足全国铁路用微机联网管理的需要，必须对运用中的每一辆车都进行编码。

编码（即车号）一般由基本型号、辅助型号及号码 3 部分组成。基本型号用汉语拼音字母表示，代表车辆种类。客车用两个字母表示；货车一般用一个字母表示，见表 3-1。辅助型号代表同一车型中车辆结构，用阿拉伯数字表示。号码表示某种车型的顺序编号，如图 3-18 所示。

表 3-1　　部分车辆基本型号编码表

客车			货车		
序号	车种	代码	序号	车种	代码
1	软座车	RZ	1	棚车	P
2	硬座车	YZ	2	平车	N
3	硬卧车	YW	3	敞车	C
4	软卧车	RW	4	集装箱车	X
5	餐车	CA	5	矿石车	K
6	行李车	XL	6	罐车	G
7	邮政车	UZ	7	保温车	B
8	公务车	GW	8	毒品车	W
9	医务车	YI	9	家畜车	J
10	卫生车	WS	10	水泥车	U
11	试验车	SY	11	粮食车	L
12	文教车	WJ	12	特种车	T
13	特种车	TZ	13	长大货物车	D
14	双层硬坐车	SYZ	14	守车	S

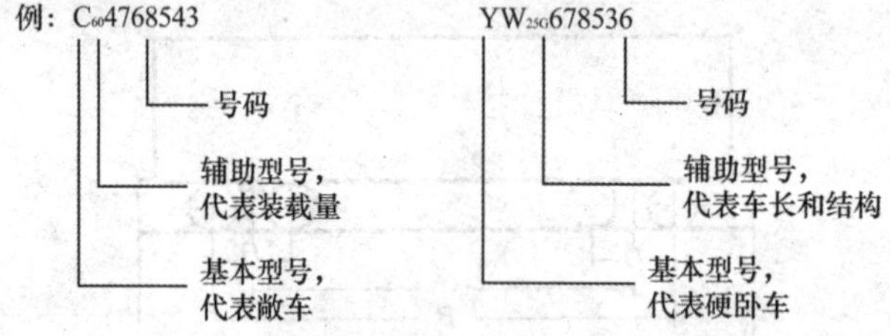

图 3-18　车辆型号编码

车号编码均为数字，因车种、车型不同，区分了使用数字的范围，如客车中的硬座车起讫号码为 300000~499999，硬卧车起讫号码为 600000~799999；货车中的棚车起讫号码为 3000000～3499999，敞车起讫号码为 4000000～4899999，平车起讫号码为 5000000～5099999。

（2）自重、载重及容积。自重为空车时车辆本身的重量，以吨为单位，保留一位小数；载重即车辆允许的最大装载重量，以吨为单位；容积是货车内部可容纳货物的体积，以车体内部长、宽、高的乘积表示。

（3）车辆全长及换长。车辆全长指车辆两端的车钩在闭锁位置时，两钩舌内侧面之间的距离。换长是为了编组列车时统计工作的方便，将车辆全长换算成辆数来表示的长度，换算时以长度 11m 为计算标准，也就是以车辆的全长（米）除以 11 所得的商，就是该车的换长，计算中保留一位小数，尾数四舍五入。

（4）车辆定位。设置车辆定位就像数学上给定坐标系一样，便于在设计、制造、检修、运用中确定同类型零部件在车辆中的位置。车辆的定位一般以制动缸活塞杆推出的方向为第一位，相反的方向为第二位，如图 3-19 所示，并在车上规定的部位涂刷上方位标志。

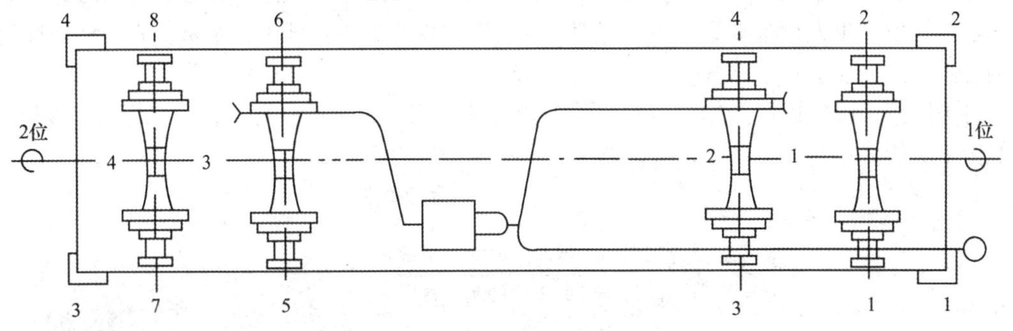

图 3－19　车辆方位图

车辆零部件方位称呼规则：当人面对车辆的一位端站立时，对排列在纵向对称轴上的构件可由一位端顺序向二位端编号；如转向架、轮对，底架上的同形横梁等均可按此编号；对分布在对称轴左右的构件，则左侧为奇数，右侧为偶数。

（5）表示车辆设备、用途标记

(MC)表示可以参加国际联运的客货车。

表示禁止通过机械化驼峰的货车。

(人)表示 具有车窗、床托等的棚车，可以运送人员。

(古)表示具有拴马环或其他拴马装置的货车。

2．产权标记

（1）国徽。凡参加国际联运的客车须在侧墙外中部悬挂国徽。

（2）路徽。凡产权归中国铁路总公司（原铁道部）的车辆均应在侧墙或端墙适当的部位涂刷路徽，表示人民铁道，如图 3-20 所示。对于货车还应在侧梁适当部位安装产权牌，如图 3-21 所示。

（3）路外厂矿企业自备车辆的产权标志。路外厂矿企业的自备车因运送货物或委托路内厂、段检修而需要在正线上行驶时，一般在侧墙上或其他相应部位用汉字涂打上“××企业自备车”字样。

图 3-20　路徽

图 3-21　产权牌

（4）配属标记。所有客车以及个别有固定配属的货车，必须涂刷上所属局、段的简称。

3．检修标记

检修标记是便于车辆计划预防性修理制度执行与管理的标记，即厂修、段修标记和辅修及轴检标记。它记下本次修程、类型及检修责任单位，并提醒下一次同类修程应在何时进行等，且车辆一旦发生重大行车事故，可借此追查与车辆检修有关的责任单位及责任者。检修标记共有两种。

（1）厂修、段修标记。如图 3-22 所示的标记中，第一栏为段修标记，第二栏为厂修标记，左侧为下次检修年月，右侧为本次检修年月及检修单位的简称。

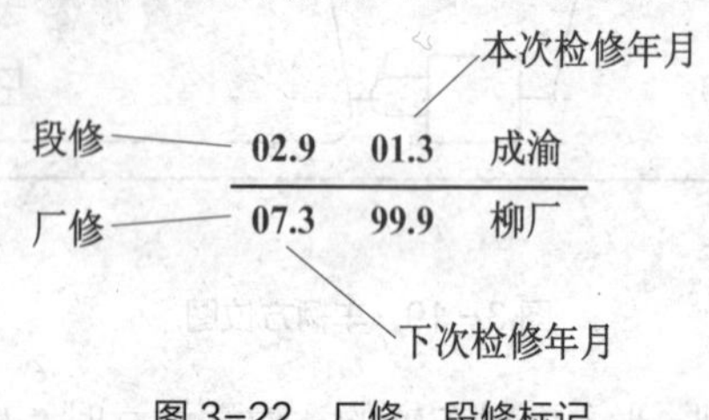

图 3-22　厂修、段修标记

（2）辅修标记及轴检标记。货车除厂、段修外尚有辅修及轴检。辅修周期为 6 个月；轴检须视轴承的不同形式规定周期。若为滚动轴承装置，其轴检并入辅修内进行，不另打标记；若为滑动轴承装置，轴检周期一般为 3 个月。

铁路车辆辅修检修周期为 6 个月，标记形式如图 3-23 所示。

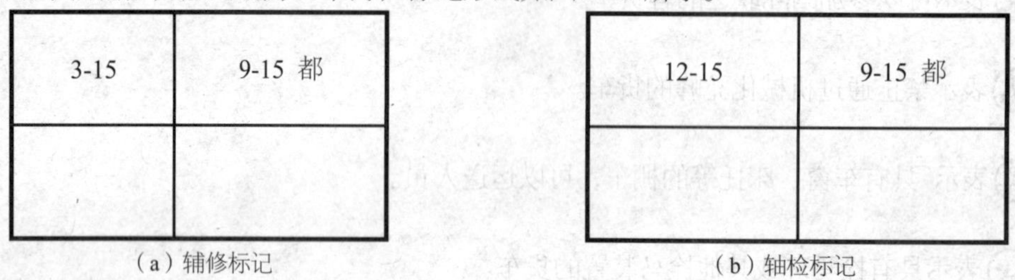

图 3-23　辅修标记和轴检标记

图 3-23 所示的辅修标记表示这辆车在 9 月 15 日由成都车辆段施行辅修，下次辅修到期是次年的 3 月 15 日。

3.1.4　车辆经济技术参数

车辆经济技术参数是表明车辆结构上和运用上某些特征的一些指标，通常包括下列各项。

1．自重系数

自重系数是车辆自重与标记载重的比值。自重系数小，说明机车对运送单位重量货物所做的功少，比较经济。今后我国将大量制造大吨位的货车，以压缩车辆的自重系数，有利于降低货运成本，满足货物重载运输的需要。

2．轴重

轴重是车辆总重与轴数之比，即车辆每一轮对加于轨道上的重力。车辆的轴重受轨道和桥梁结构强度（允许的荷载）的限制，所以不允许超过规定数值。目前，我国线路允许的最大轴重为 25t。

3．单位容积

单位容积是车辆设计容积和标记载重之比。这说明车辆载重力与容积能否达到充分利用的指标。

4．每延米轨道载重

每延米轨道载重是车辆总重量与车辆全长之比（单位为吨／米）。它是车辆设计中与桥梁、线路强度密切相关的一个指标。按目前桥梁设计规范，允许车辆每延米轨道载重可取到 8 t。线路允许载荷我国规定一般不得超过 6.6t/m。

5．最高试验速度

车辆设计时，按安全及结构强度等条件所允许的车辆最高行驶速度是最高试验速度。车辆实际运行速度一般不允许超过最高试验速度。

学习任务 3-2

对照铁路车辆实物或铁路车辆模型，指出其构造，简要说明各部分作用。

【相关知识 2】

3.2 铁路车辆构造

铁路车辆种类繁多，但其结构大致相似。一般由车体及底架、走行装置、车钩缓冲装置、车辆内部设备 5 个基本部分组成。

3.2.1 车体及底架

车体是旅客乘坐或装载货物的部分，车体一般和车底架构成一个整体，其结构与车辆的用途有关，一般由车底架、侧墙、端墙、地板、车顶等部分组成。

车底架是车体的基础。它承受车体和所装货物的重量，并通过上、下心盘将重量传给走行部。在列车运行时，它还承受机车牵引力和列车运行中所引起的各种冲击力，所以必须具有足够的强度和刚度。

货车车底架由中梁、侧梁、枕梁、横梁及端梁等组成，如图 3-24 所示。

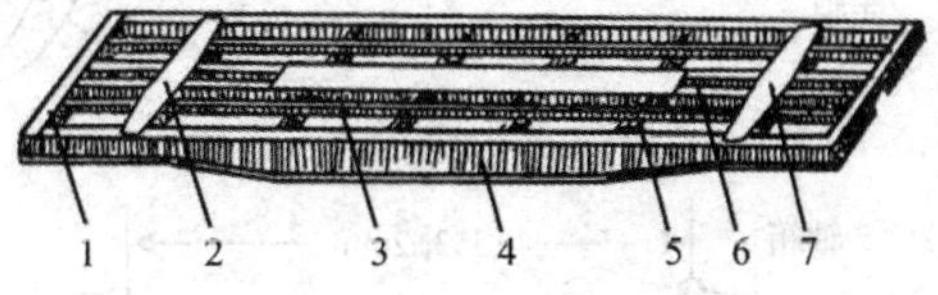

图 3-24 货车车底

1—端梁 2—枕梁 3—纵梁 4—侧梁

5—横梁 6—中梁 7—枕梁

中梁位于车底架的中央，为车底架的骨干，两端是安装车钩缓冲装置的地方，是主要承受垂直载荷和纵向作用力的杆件。

枕梁是车底架和转向架摇枕衔接的地方。在枕梁下部安装的上旁承和上心盘，分别与转向架摇枕上的下旁承和下心盘相对并将重量传给走行部。

客车车体采用薄壁筒形结构，由底架、侧墙、车顶、外端墙和内端墙、门窗等组成。客车车底构造和货车底架相似。客车两端必须设置通过台，所以它的两端各有一个通过台架。为了满足旅客在旅行生活上的需要，车体内部设有坐卧设备、给水设备、车电设备、通风设备和空调取暖设备等。

3.2.2 走行装置

走行装置引导车辆沿轨道运行，并把车辆的重量和货物载重传给钢轨，它应保证车辆以最小的阻力在轨道上运行，并顺利地通过曲线。走行装置能否保持良好的状态，对于车辆能否安全、平稳、高速运行有很大影响。

在四轴车上，车辆走行装置由两台转向架组成。转向架是由两组轮对和轴箱润滑装置、侧架、摇枕、弹簧减振装置等组成的一个整体，货车转向架如图 3-25 所示。车辆采用转向架的形式后，能相对于车底架自由转动，缩短了车辆的固定轴距，便于车辆顺利通过曲线。

图 3-25 转 8A 型货车转向架

1. 轮对

轮对由两个车轮紧密地压装在一根车轴上组成的，如图 3-26 所示。轮对承受车辆的全部重量，并以较高的速度引导车辆在钢轨上行驶。

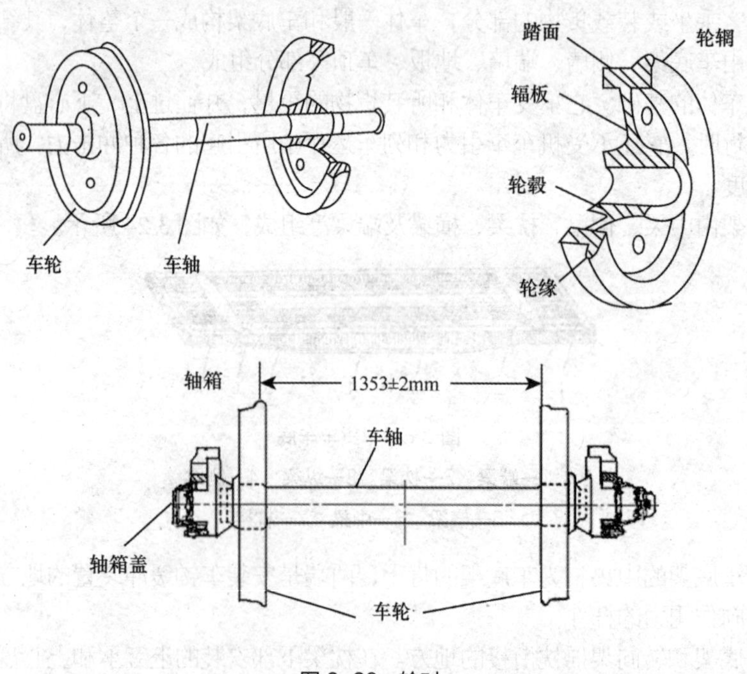

图 3-26 轮对

车轮与钢轨头部的接触面称为踏面，如图 3-27 所示。踏面做成一定的斜度，可使车辆的重心落在线路中心线上，以减少或避免车辆的蛇行运动，使轮对较顺利地通过曲线，减少车轮在钢轨上的滑行。

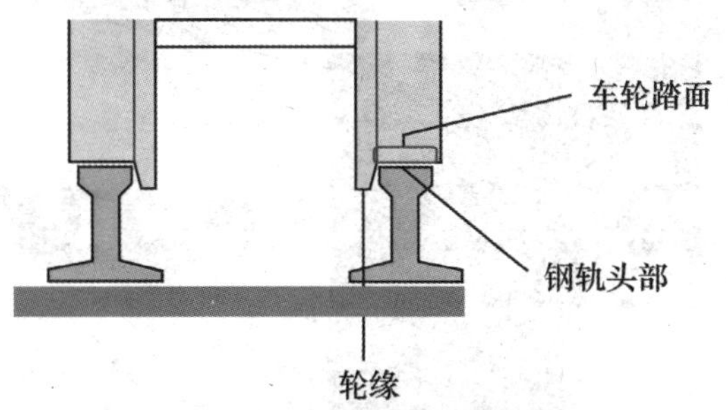

图 3-27 车轮踏面与钢轨的接触

车轮内侧外缘凸起的部分叫轮缘。它的作用是防止轮对脱轨，保证车辆在线路上安全运行。

车轴两端装进轴箱的部分叫轴颈，安装车轮的地方叫轮座，车轴的中部为轴身。

2．轴箱油润装置

轴箱油润装置的作用是将轮对和侧架联结在一起，把车辆的重量传给轮对，保护轴颈，使轴承与轴颈间得到润滑，减少摩擦，防止在高速运行条件下发生热轴，保证车辆安全运行。

铁路车辆上有两种类型的轴箱装置，即滚动轴承轴箱和滑动轴承轴箱装置。现在大量采用的是滚动轴承轴箱。这种轴箱由轴箱体、轴箱盖、滚动轴承等组成，如图 3-28 所示。在轴箱内加入适当的软干油，当车轴和轴箱转动时，就能将油脂带入摩擦表面。滚动轴承能减少运动阻力，适合高速运行，减少燃轴事故，延长检修周期，加速车辆周转，节省油脂，降低运营成本，但由于车辆起动阻力降低，易使停留车辆产生溜逸，这是运输工作人员必须注意的。滑动轴承的主要缺点是运行阻力大，使用和保养不慎时容易发生燃轴事故，故已被逐渐淘汰。

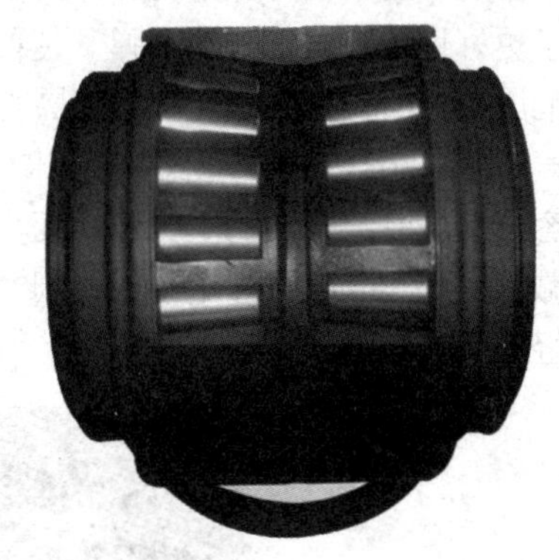

图 3-28 滚动轴承轴箱

3．侧架、摇枕和弹簧减震装置（见图 3-29）

侧架和摇枕是货车转向架的主要部件，把转向架各零部件组成一个整体，承受、传递各种作用力。在侧架中部设有弹簧承台（安装弹簧减振装置的地方）。摇枕中间有下心盘，两旁铸有旁乘座，它的两端支撑在弹簧上，车体的重量和载荷通过下心盘经摇枕传给两侧的枕弹簧，并通过摇枕将两个侧架联结起来。

下心盘和装在车体枕梁下面的上心盘相对，车体重量集中由心盘传给摇枕。

下旁承装在摇枕两端的旁承座内。当车辆通过曲线时，向下倾斜一侧的上旁承和下旁承相接触，可以防止车体过分摇动和倾斜。

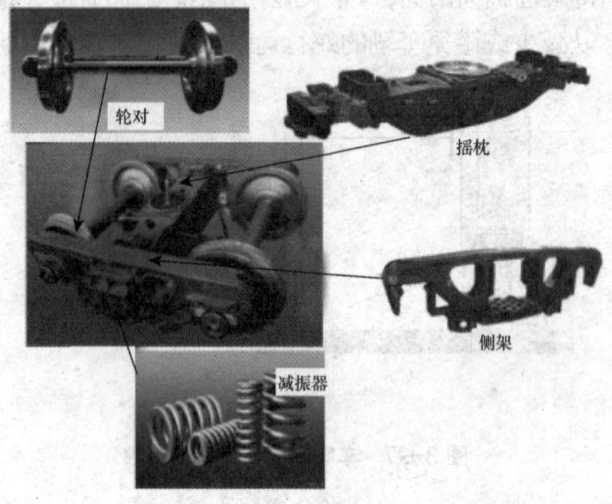

图 3-29　侧架、摇枕和弹簧减振装置

客车转向架是一种无导框式（又称构架式）转向架，构架侧梁下面的轴箱弹簧，直接放置在轴箱体两侧的弹簧托板上。客货车用的弹簧一般是螺旋弹簧（也叫圆簧），用来缓和车辆在运行中的振动以及车辆对线路的冲击作用。

为了更好地减轻振动，除了弹簧装置以外，还采用其他的减振设备，如我国客车转向架上采用的油压减振器，在高速客车、双层客车和地下铁道车辆转向架上还装有空气弹簧。

空气弹簧（见图 3-30）是利用装在橡胶容器中的压力空气的气体体积可变化的原理制成的。当橡胶容器受压时，里面的空气体积变小，外力撤销后，空气体积又恢复原状，从而达到缓和冲击和减振的作用。空气弹簧与一般刚性弹簧相比，具有良好的吸收高频振动和隔音性能，以及自重轻等优点，因此，在高速客车上得到应用。

图 3-30　空气弹簧

3.2.3　车钩缓冲装置

车钩缓冲装置是使机车和车辆或车辆之间连挂在一起，并且传递牵引力和制动力，缓和列车运行或调车作业时所产生的冲击力的装置。

车钩缓冲装置包括车钩、缓冲器两部分，安装在车底架中梁的两端，如图 3-31 所示。

当车辆受牵引力时，作用力的传递过程为：车钩—钩尾框—后从板—缓冲器—前从板—前从板座—牵引梁。

当车辆受冲击时，作用力的传递过程为：车钩—前从板—缓冲器—后从板—后从板座—牵引梁。

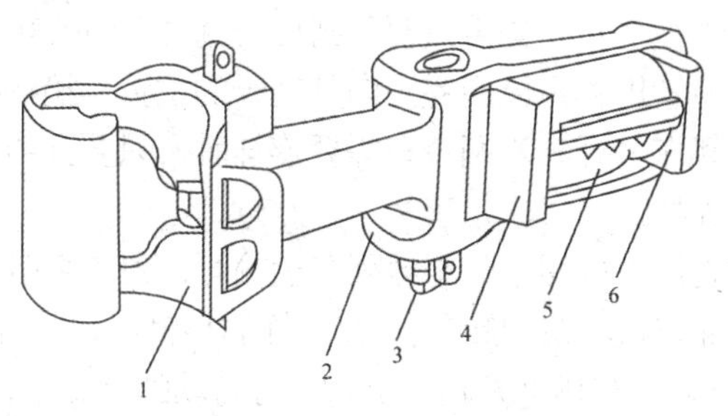

图 3-31　车钩缓冲装置

1—车钩　2—钩尾框　3—钩尾销　4—前从板　5—缓冲器　6—后从板

由上述可见，车钩缓冲装置无论是承受牵引力，还是冲击力，都要经过缓冲器将力传递给牵引梁，这样就有可能使车辆间的纵向冲击振动得到缓和和消减，从而改善了运行条件，保护车辆及货物不受损坏。

1. 车钩

车钩由钩头、钩身和钩尾 3 个部分组成，如图 3-32 所示。钩头里装有钩舌、钩舌推铁和钩锁铁等零部件。

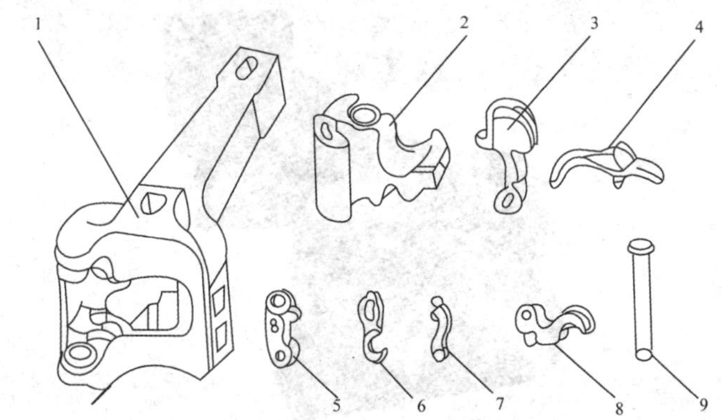

图 3-32　车钩组成

1—钩头　2—钩舌　3—钩锁铁　4—钩舌推铁　5—上锁销杆（上作用）

6—上锁销（上作用）　7—下锁销（下作用）　8—下锁销杆（下作用）　9—钩舌销

为了实现挂钩或摘钩，使车辆连接或分离，车钩有以下 3 种位置，如图 3-33 所示。

（1）闭锁位置。车钩的钩舌被钩锁铁挡住不能向外转开的位置，称之为闭锁位置。两个车辆连挂在一起时车钩就处在这种位置。

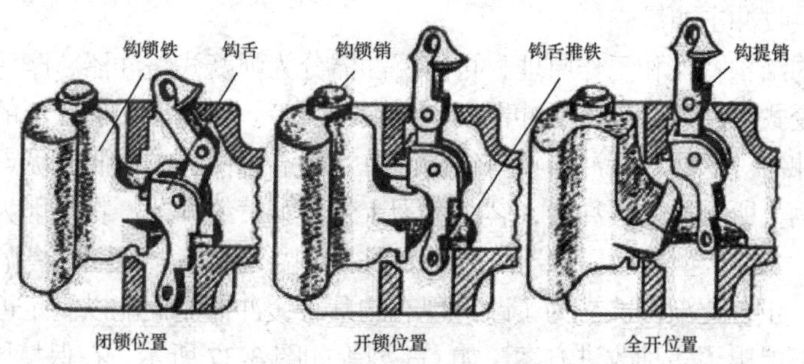

图 3-33　车钩三态作用位置示意图

（2）开锁位置。钩锁铁被提起，钩舌只要受到拉力就可以向外转开的位置称为开锁位置。

（3）全开位置。全开位置即钩舌已经完全向外转开的位置。摘钩时，只要其中一个车钩处在开锁位置，就可以把两辆车分开。当两个车需要连挂时，只要其中一个车钩处在全开位置，与另一辆车钩碰撞后就可连挂。

随着铁路重载运输的发展，采用单元重载列车运输时，列车牵引总重可达到 30000t 以上，整个列车固定编组，利用翻车机不摘钩卸车， 在这样的车辆上，一端必须装有旋转式车钩，另一端装设普通的固定式车钩， 车辆进入翻车机后，可自动翻转卸车， 达到不摘钩连续作业。旋转车钩的构造与普通车钩不同，钩尾开有锁孔，钩尾销与钩尾框的转动套连接。钩尾端面为一球面，顶紧在带有凹球面的前从板上。当钩头受到扭转力矩作用时，钩身连同尾销以及转动套一起转动。旋转车钩现在只安装在专为大秦铁路运煤单元组合列车设计的车辆上。

对于高速列车、城市地铁和轻轨车辆的车钩缓冲装置常采用机械气路、电路均能同时实现自动连接的密接式车钩（见图 3-34）。它由密接式车钩、橡胶缓冲器、风管连接器、电气连接器和风动解钩系统等几部分组成。车辆连挂时，依靠两车钩相邻钩头上的凸锥和凹锥孔相互插入，起到紧密连接作用，同时自动将两车之间的电路、空气管路接通，并起到缓和连挂中车辆间的冲击作用。在两车分解时，亦可自动解钩，并自动切断车辆间的电路和空气通路。

图 3-34　密接式车钩

2．缓冲器

缓冲器的作用是缓和列车在运行中由于机车牵引力的变化或在起动、制动及调车作业时车辆相互碰撞而引起的纵向冲击和振动。缓冲器有耗散车辆之间冲击和振动的功能，从而减轻对车体结构和装载货物的破坏作用，提高列车运行的平稳性。

缓冲器的工作原理是借助于压缩弹性元件来缓和冲击作用力，同时在弹性元件变形过程中利用摩擦和阻尼吸收冲击能量。

根据缓冲器的结构特性和工作原理，可将缓冲器分为弹簧式缓冲器、摩擦式缓冲器、橡胶缓冲器、摩擦橡胶式缓冲器、液压缓冲器及空气缓冲器等。目前应用最广泛的为摩擦式缓冲器和摩擦橡胶式缓冲器。这两种缓冲器具有结构简单、制造方便、成本低的优点。

我国铁路车辆上所采用的缓冲器，客车上为 1 号环弹簧缓冲器，货车上为 2 号环弹簧缓冲器（见图 3-35）、MX-1 型橡胶缓冲器（见图 3-36）和 3 号摩擦式缓冲器等。3 号缓冲器容量太小，性能不稳，正在逐渐淘汰。为了改进现有的几种缓冲器的性能以满足近期铁路运输发展的要求，近些年来提出了多种改进方案，如 G3 型等如图 3-37 所示，在保持原 1 号、2 号等结构形式基本不变的前提下，增大了容量，改善了性能。

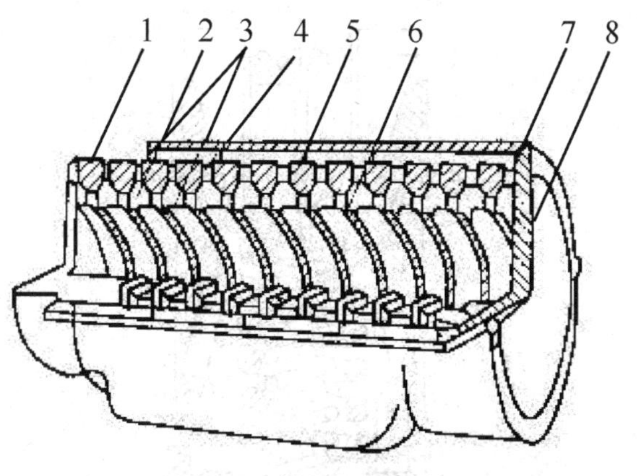

图 3-35　2 号缓冲器

1—盒盖　2—弹簧盒　3—开口内环弹簧　4—小外环弹簧
5—大外环弹簧　6—内环弹簧　7—半环弹簧　8—底板

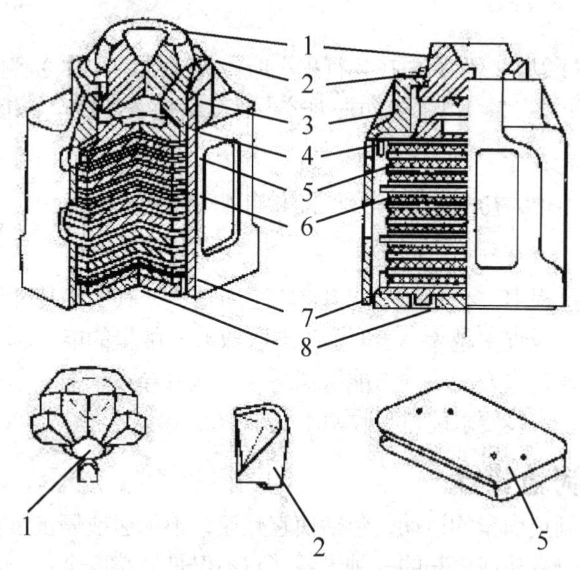

图 3-36　MX-1 型橡胶缓冲器

1—压块　2—楔块　3—箱体　4—顶隔板　5—中隔板　6—橡胶板　7—底隔板　8—底板

缓冲器的性能直接影响着列车的牵引总重、运行速度、编组作业效率、货物的完好率等涉及铁路运输效能的主要技术经济指标。决定缓冲器特性的主要参数是：缓冲器的行程、最大作用力、容量及能量吸收率等。

1．行程

缓冲器受力后产生的最大变形量称为行程。缓冲器受力后产生最大变形量时弹性元件处于全压缩状态，如再加大外力，变形量也不再增加。

2．最大作用力

缓冲器产生最大变形量时所对应的作用外力。

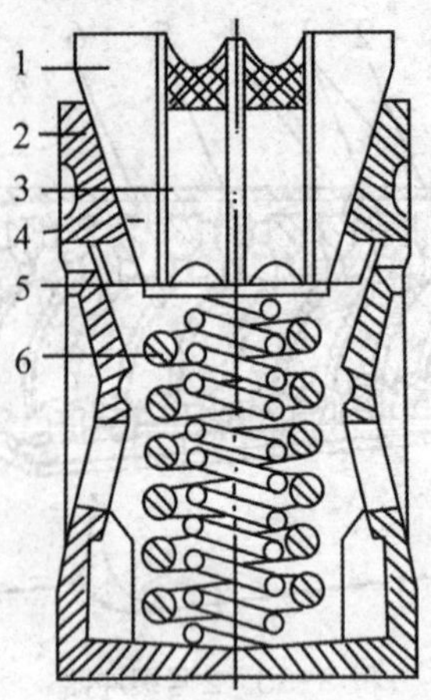

图 3-37 G3 型缓冲器

1—导板 2—箱体 3—橡胶片 4—隔板 5—垫板 6—圆弹簧

3．容量

缓冲器在全压缩过程中，作用力在其行程上所做的功的总和称为容量。它是衡量缓冲器能量大小的主要指标。如果容量太小，当冲击力较大时就会使缓冲器全压缩而导致车辆刚性冲击。

4．初压力

缓冲器的静预压力称为初压力，其大小将影响列车起动加速度。

5．能量吸收率

缓冲器在全压缩过程中，有一部分能量被阻尼所消耗，其所消耗部分的能量与缓冲器容量之比称为能量吸收率。吸收率越大，表明缓冲器吸收冲击能量的能力越大，反冲作用越小；否则，缓冲器须往复工作几次方能将冲击能量消耗尽，这将导致车钩、车底架过早疲劳损伤，并且加剧列车纵向冲击，一般要求能量吸收率不低于 70%。

3.2.4 车辆制动装置

制动就是人为地制止列车的运动，包括使它减速，不加速或停止运行。制动装置是用外力迫使运行中的机车车辆减速或停车的一种设备。它不仅是列车安全、正点运行的重要保证，而且也是提高列车重量和运行速度的前提条件。因此，制动装置性能的好坏，对铁路的运输能力和行车安全都有重要作用。缓解是对已制动的列车或机车解除或减弱其制动作用。

车辆上的制动装置由制动机、基础制动装置和停车制动装置 3 部分组成。

我国机车车辆上安装的制动机主要有： 空气制动机和手制动机。空气制动机又叫做自动制动机，是利用压缩空气产生制动力的，一般用于列车制动。它的制动力大、操纵控制灵敏便利，是目前各国广泛采用的制动机。我国机车车辆全部装有空气制动机。

铁路上习惯于把压力空气简称为“风”，把空气制动机简称为“风闸”。依此类推，风缸、风泵、风管、风压、风表等名称均由此而来。

空气制动机分为直通式制动机、自动式制动机及直通自动式制动机。由于直通制动机基本上已被淘汰，而自动、直通自动制动机的主要不同之处取决于它们所用的三通阀或分配阀的构造和作用。所以，目前也习惯于以阀（三通阀或分配阀）的构造作用原理来分类制动机。例如，具有二压力机构阀、三压力机构阀和二、三压力混合机构阀的制动机；或软性、硬性、半硬性制动机。

手制动机是用人力进行制动， 一般用于调车时对个别车辆或车组实行制动。

列车紧急制动的最大距离见表 3-2。

表 3-2　　列车紧急制动的最大距离

列车类型	列车速度（km/h）	制动距离（m）
旅客列车	120	800
	140	1100
	160	1400
	200	2000
	250	2700
	300	3700
普通货物列车	90	800
快运货物列车	120	1100

1. 空气制动机

空气制动机又叫自动制动机，是利用压缩空气产生并控制制动力的设备。车辆空气制动机所需压缩空气是由机车总风缸供给的。列车中每个车辆的制动、缓解作用都是由机车司机操纵制动阀来实现的。

（1）空气制动机的组成。空气制动机的部件，一部分装在机车上，另一部分装在车辆上。装在机车上的设备有空气压缩机、总风缸、制动阀等。空气压缩机产生的压缩空气储存在总风缸内。列车中的车辆的制动与缓解作用，由机车司机操纵制动阀来实现。

车辆上的设备有（以 GK 型制动机为列，如图 3-38 所示）制动主管、折角塞门、制动支管、截断塞门、远心集尘器、三通阀、副风缸、降压风缸、空重车调整装置、制动缸、闸瓦。

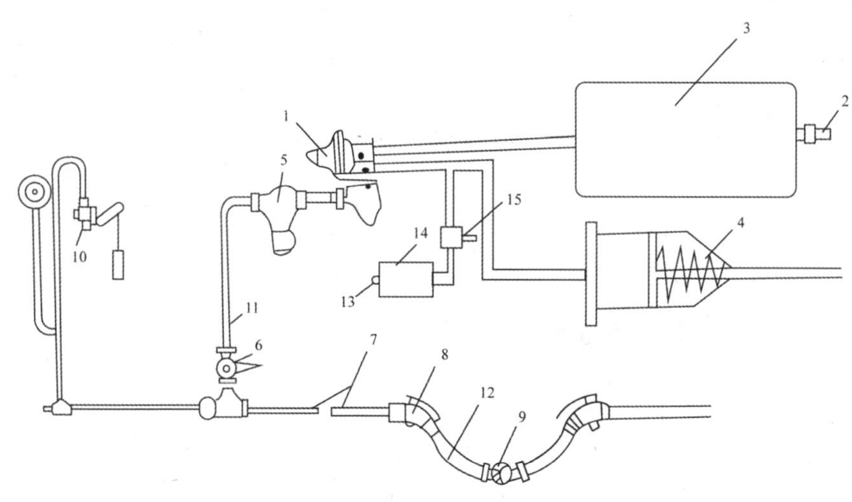

图 3-38　GK 型空气制动机

1—三通阀　2—缓解阀　3—副风缸　4—制动缸　5—远心集尘器　6—截断塞门　7—制动主管　8—折角塞门　9—连接器　10—车长阀　11—制动支管　12—软管　13—安全阀　14—降压风缸　15—空重车转换手把

空气制动机各组成部分的作用如下所述。

① 制动主管：安装在车底架下面，它贯通全车，是传递压缩空气的管路。

② 截断塞门：安装在制动支管上，用以开通或截断制动支管的空气通路。它平时总在开放位置。当车辆上所装的货物按规定应停止制动机的使用；当制动机发生故障时，将它关闭，停止车辆的制动机的作用。

③ 关门车：通常把关闭了截断塞门、停止制动机的作用的车辆叫作“关门车”。

④ 远心集尘器：利用离心力的作用，将压缩空气中的灰尘、水分、铁锈等杂质，沉淀于集尘器的下部，以免进入三通阀等机件。

⑤ 三通阀：是车辆制动机中最重要的部件。它连接自动支管、副风缸和制动缸，用来控制压缩空气的通路，使制动机起制动或缓解的作用。

⑥ 副风缸：是贮存压缩空气的地方，制动是利用三通阀的作用将压缩空气送入制动缸起制动作用。

⑦ 制动缸：当压缩空气进入制动缸后，推动制动缸活塞，将空气的压力变成机械推力，然后通过制动杠杆后闸瓦紧抱车轮起制动作用。

⑧ 降压风缸：它与制动缸相连，两者之间设有空重车调整装置，可满足空车、重车不同制动压力的要求。

⑨ 空重车调整装置：在 GK 型制动机上安装，用它来控制降压风缸与制动缸的通路，可以达到调整制动力的目的。它包括空重车转换手把和空重车转换塞门。

（2）空气制动机的工作原理。

① 缓解作用。当司机将制动阀放在缓解位置时，总风缸内的压缩空气进入制动主管，经制动支管进入三通阀，推动主活塞向右移动，打开充气沟，使压缩空气经充气沟进入副风缸，直到副风缸内的空气压力和制动主管内的压力相等时为止。在三通阀主活塞移动的同时，和它连在一起的滑阀也跟着向右移动，使得制动缸内的压缩空气经过滑阀下的排气口排出，于是制动缸活塞被弹簧的弹力推回原位，使闸瓦离开车轮而缓解，如图 3-39 所示。

② 制动作用。当司机将制动阀移到制动位时，制动主管内的压缩空气向大气排出一部分，这时副风缸内的空气压力大于制动主管内的压力，因而推动三通阀的主活塞向左移动，截断充气沟的通路，使副风缸内的压缩空气不能回流。在三通阀主活塞移动的同时，带动滑阀也向左移动，截断了通向大气的出口，使副风缸内的压缩空气进入制动缸，推动制动缸活塞向右移动，通过制动杆的传动，使闸瓦紧抱车轮而制动，如图 3-40 所示。

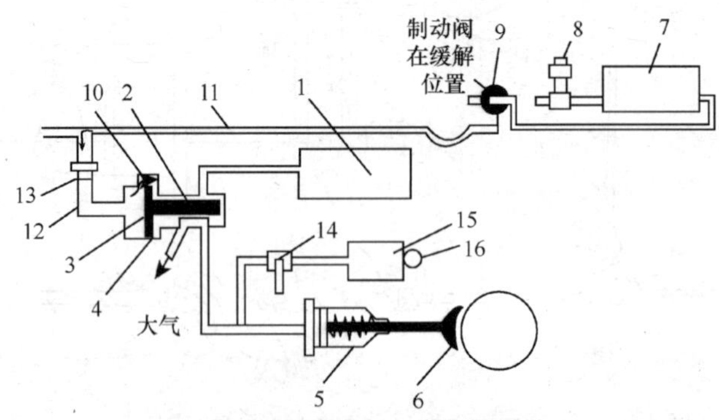

图 3-39　空气制动机缓解作用原理图

1—副风缸　2—滑阀　3—主活塞　4—三通阀　5—制动缸　6—闸瓦　7—总风缸　8—空气压缩机　9—制动阀　10—充气沟　11—制动主管　12—制动支管　13—截断塞门　14—空重车转换把手　15—降压风缸　16—安全阀

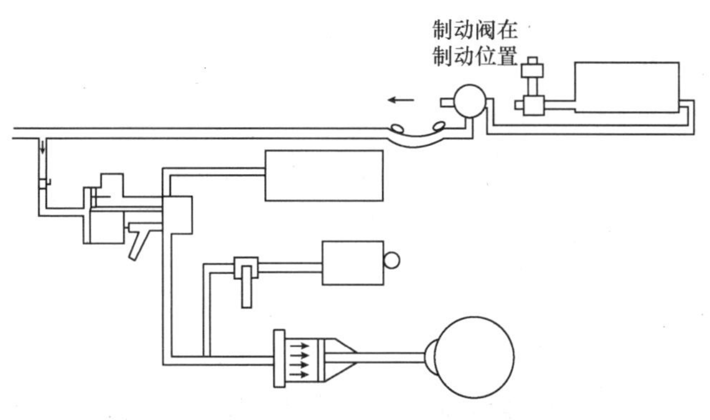

图 3-40 空气制动机制动作用原理图

由上可知，空气制动机的特点如下所述。

第一，向制动主管充气（增压）时缓解；将制动主管内的压缩空气排出（减压）时制动。所以称为“增压缓解、减压制动”。当列车分离或拉动车长阀时，由于制动主管内的压缩空气向大气排出，压力突然降低，就可以自动地产生紧急制动作用，使列车立即停车，以防事故的发生或扩大。

第二，这种制动装置在制动过程中不是直接将总风缸的压缩空气送入制动缸，而是将预先储存在副风缸内的空气送入制动缸起制动作用的，因此称为“间接制动”。它能使列车前后车辆的制动作用不致差别过大。

（3）降压风缸和空重车调整装置。在装有空重车调整装置的制动机上，如果将空重车转换手把放在空车位置时，空重车转换塞门被打开，使制动缸与降压风缸连通。在这种情况下进行制动时，副风缸的压缩空气在进入制动缸的同时，也进入降压风缸中，由于容积的扩大，降低了进入制动缸内的空气压力，因而产生较小的制动力；当转换手把放在重车位时，降压风缸与制动缸不通，制动时副风缸中的压缩空气经三通间直接进入制动缸而产生较大的制动力。

（4）缓解阀和紧急制动阀。当机车和车辆连挂在一起时，可以由司机操纵制动阀，对列车进行制动或缓解。但是，当货物列车到达解体站后，机车摘下入段，而车列中的制动机仍处于制动状态。在这种情况下，就不可能用向制动主管充气的办法来使制动机缓解，而只能用降低副风缸的压力达到目的。因此在货车的副风缸上都装有缓解阀。使用时，拉动缓解阀，使副风缸的压缩空气经缓解阀排出，副风缸内的空气压力低于列车主管的空气压力，三通阀主活塞就动作，滑阀随其移动，使制动缸内的空气排出，闸瓦缓解而离开车轮。

在每节客车上都装有紧急制动阀（即车长阀），货车一般只有守车上安装车长阀。它的一端连通列车制动主管，另一端和大气相通。当列车在运行中，列车员或车长发现紧急情况时，可以按《技规》要求拉动车长阀，将列车主管压力空气急剧排入大气中，施行急剧减压，使列车紧急制动。

2．新型空气制动机

为了适应车辆向大吨位、高速度方向发展，空气制动机中的三通阀已不能适应需要。为此，我国铁路已大量生产、装用新型空气制动机。新型空气制动机除增设一个工作风缸，用空气分配阀代替三通阀外，其余部分和上述空气制动机基本相同。

空气分配阀由中间体、主阀和紧急阀 3 个部分组成。中间体一侧接制动管、工作风缸；另一侧接副风缸、制动缸。主阀是分配阀中最主要部分，具有控制充气、缓解、制动等作用。紧急阀能在紧急制动时加快制动管的排风速度，使制动作用可靠，提高制动波速和紧急制动的灵敏度。

工作风缸用来储存压缩空气。在紧急制动时，工作风缸和副风缸一起向制动缸输送压缩空气，使制动缸压力更快上升，紧急制动作用更加迅速。

新型空气制动机具有制动作用迅速、灵敏度高、制动力强、便于检修等优点，无论在常用制动和紧急制动时都能缩短制动距离，有利于提高列车运行速度，列车前后车辆制动力比较一致，制动平稳，操纵方便，确保行车安全。装有新型制动机的车辆能与装有普通制动机的车辆混合编组使用。

3．手制动机

在每辆车辆的一端，都装有一套手制动机（见图 3-41），可以用人力来使单节车辆或车组减速或停车。

我国铁路货车上多用链式手制动机，它结构简单、操纵灵活、制动力强。当进行手制动时，可将手制动轮按顺时针方向转动，使制动链绕在轴上，拉动制动杠杆，就如同空气制动机中制动缸活塞杆向外推动一样，使闸瓦紧压车轮而产生制动作用。

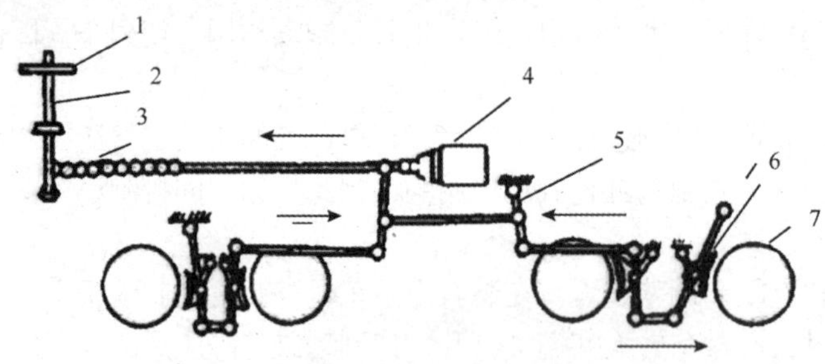

图 3-41　手制动机

1—制动手轮　2—手轮轴　3—制动链　4—制动缸　5—制动杠杆　6—闸　7—车轮

基础制动装置设在转向架上，是利用杠杆原理，将空气制动机或手制动机产生的力量扩大适当倍数，再均衡地向各个闸瓦传力的装置，客车多为双瓦式，货车多为单瓦式。

闸瓦会因制动时与车辆踏面摩擦而变薄，致使制动力减弱而降低制动效率，为此必须经常调整制动缸活塞的行程。目前，在新造车上安装了闸瓦间隙自动调整器，使车辆在运行过程中可以自动调整制动缸活塞行程的大小，进而保证应有的制动力。

4．车辆制动新技术

随着列车速度的不断提高，动能加大，对列车制动技术提出了新的要求。因为列车的动能随运行速度的平方而增大，在一定的制动条件下，列车的制动功率与速度的三次方成正比。所以，要在不太长的时间和距离内将列车动能转化、消散或转移，仅靠传统的闸瓦制动方式和自动空气制动机操纵控制是无法达到的。因此，高速列车的制动必须采用综合方式，即多种制动协调使用，方能获得较好的效果。

（1）盘形制动。自 20 世纪 30 年代以来，世界上许多国家的铁路车辆陆续采用了盘形制动机，尤其在高速列车上，盘形制动更是必不可少。我国的一般旅客列车仍然是传统的基础制动装置，如果说目前的运行速度限制在 110km/h 还能维持运营，那么列车运行速度提高到 120km/h 及以上时，仅用踏面制动已不能适应列车制动的要求。因此，盘形制动技术用在旅客列车上是大势所趋。盘形制动是利用制动夹钳使闸片夹紧固定装置在车轴上的制动圆盘而产生制动力的，如图 3-42 所示。制动盘直接安装在车轴上，如图 3-43 所示。

图 3-42 盘形制动

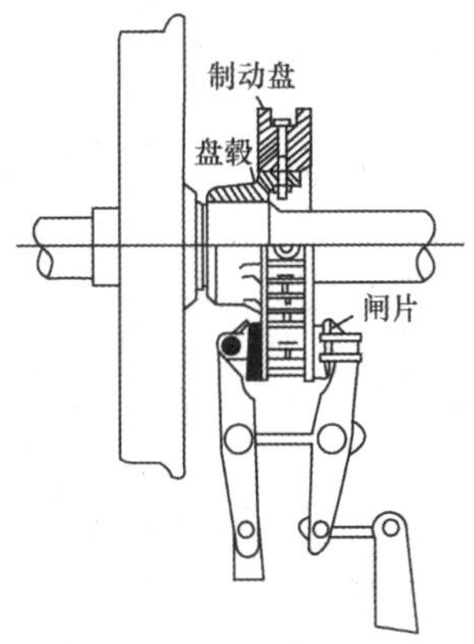

图 3-43 盘形制动装置

（2）磁轨制动和轨道涡流制动。闸瓦制动和盘形制动都属于粘着制动。粘着制动受粘着力的限制，其制动力不能超过粘着力。随着列车速度的不断提高，可采用不受粘着限制的非粘着的制动方式。

轨道电磁制动分为磁轨制动（见图 3-44）和轨道涡流制动，为非粘着制动。前者是通过电磁作用，使该设备上的摩擦板与钢轨摩擦而产生制动力；后者是靠电磁铁与钢轨间的相对速度引起电涡流作用形成制动力。目前，它们作为一种辅助制动方式，使用在某些粘着制动力不够的高速列车上。

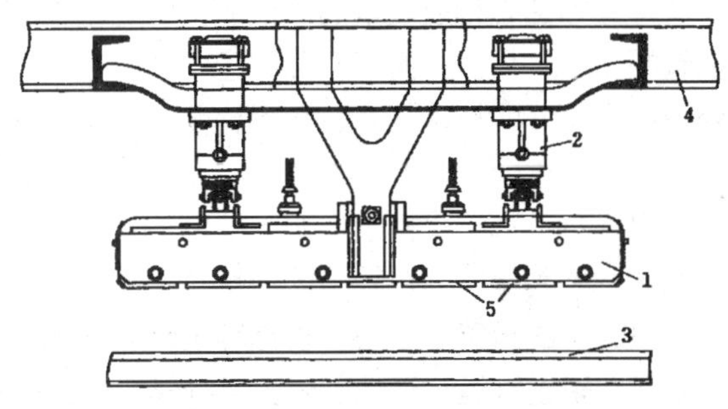

图 3-44 磁轨制动

1—电磁铁 2—升降风缸 3—钢轨 4—转向架构架侧梁 5—磨耗板

轨道涡流制动是一种独特的制动装置，在转向架两侧的两车轮之间装设条形电磁铁，电磁感应体为钢轨，电磁铁的磁极端面与钢轨表面保持 6 ~ 7mm 的很小间隙。制动时，电磁体被励磁，由于它与钢轨相对运动，因此在轨头内产生感应电流，即涡流，当这些涡流在磁场运动时，受到一个与运动方向相反的力的作用，这个力就是起制动作用的制动力。目前，它作为一种辅助制动方式，用在某些粘着制动力不够的高速列车上。

（3）再生制动。制动时，使电力机车的牵引电动机转变为发电机，将列车的动能转变为电能反馈到电网，供电网范围内的其他列车牵引使用，是将列车的动能转变为可利用电能的制动方式。

（4）电阻制动。电阻制动用于电力机车、用电力传动的内燃机车或地下铁路车辆。制动时，变牵引电动机为发电机，将发出的电能消耗于电阻，用以控制速度。其优点是效率高，不会发生长时间抱死车轮的现象，高速时制动力大，但低速时效率降低，并且一般列车带电动机的车辆比例不大，故受到一定限制，平常均与空气制动机同时配合使用。

3.2.5 车辆内部设备

为了满足旅客旅行需要，客车上安装有直接为旅客生活服务的设备，如供水装置、采暖装置、通风装置、空调装置、电气装置、座席、行李架等都属于车辆内部设备。货车由于类型不同，内部设备也因此千差万别，一般来说比客车简单。如棚车中的拴马环、床托等分别为运送大牲畜及人员所设，其他如冷藏车、家畜车等各有其特殊的内部设备。

3.2.6 列尾装置

列尾装置全称为列车尾部安全防护装置，是货车取消守车后，在尾部无人值守情况下，为了保证列车运行安全而研制的、综合应用计算机编码、无线遥控、语音合成、计算机处理等技术的专用安全防护设备，也是重要的铁路行车设备。

通过列尾装置，机车乘务员能够及时准确地掌握列车尾部风压，当列车尾部风管因非正常泄露低于规定限值时，该设备可以自动报警；当车辆折角塞门被意外关闭时，机车乘务员可操纵列车尾部装置进行尾部排风辅助制动，以防止列车“放飏”事故；该设备还可兼作列车昼夜尾部标志（白天用红白相间斜彩条标识，夜间用红色发光管闪光标识），除对列车起防护作用之外，还用以表示列车完整、标示列车尾部的位置等。

3.3 车辆检修与运用

为了完成运输任务，铁路必须拥有相应数量的、性能良好的车辆。因此，一方面铁路工业部门要不断地新造足够数量的车辆；另一方面车辆部门还要做好车辆在日常运用中的维修保养工作，使已有车辆经常处于质量良好的技术状态，才能确保安全、高速、平稳地运送旅客和货物，并延长车辆的使用寿命。

车辆段是设在铁路沿线附近负责车辆检修工作的基层单位，一般设在编组站、国境站、铁路枢纽以及货车大量集散和始发终到旅客列车较多的地点，是铁路行车系统的重要单位之一，主要负责列车车辆（不包含机头）的运营、整备、检修等工作。车辆段同时也是城市轨道交通系统（地铁、城市轻轨）中对车辆进行运营管理、停放及维修、保养的场所。

车辆段还通常分为货车车辆段和客车车辆段、动车段（动车运用所），分别负责货车车辆、客车车辆、动车组的综合运用、车体整备、车体整体检修。车辆段通常是由本段、客技站（客整所）和列检所组成。

我国铁路车辆的计划性预防检修分为定期检修和日常维修两大类。

3.3.1 车辆检修

车辆定期检修就是按照规定的期限，对整个车辆或某些部分进行全部或部分的检修。它是根据车辆各部分在正常使用条件下的磨耗规律，对不同部件制定不同的检修周期和技术标准，到期进行检查、修理或更换。车辆经过定期检修后应使它的运用性能在整个检修周期内保持良好状态。我国客货车检修周期见表 3-3 和表 3-4。

表 3-3 客车定期检修周期表

序号	车种	检修周期		
		厂修（年）	段修（年）	辅修
1	国际联运车	4	1	6 个月
2	22 型硬座车、软座车、硬卧车、软卧车、行李车、邮政车、餐车、发电车	6		
3	25 型硬座车、软座车、硬卧车、软卧车、行李车、邮政车、餐车、发电车 双层硬座车、软座车、硬卧车、软卧车、行李车、邮政车、餐车、发电车	7.5	1.5	
4	部属客车 公务车、试验车、发电车、维修车、卫生车、文教车。特种车等不常用车	10	2.5	

表 3－4 货车定期检修周期表

车种、车型		厂修	段修	辅修
棚车	P60、P13、P61 等普碳钢车	5 年	1 年	6 个月
	P65、P65s 型行包快运车	6 年	1 年	
	P62	6 年	1.5 年	
	其他型耐厚钢棚车	9 年	1.5 年	
敞车	C62、C15A（车号为 44 字头开始）	5 年	1 年	
	C61Y、C63、C63A、CF、C5D	6 年	1 年	
	C62（车号为 45 字头开始）	6 年	1.5 年	
	C61、C76A、C76B、C76C	8 年	1 年	
	其他型耐厚钢敞车	9 年	1.5 年	
罐车	酸碱类罐车、液化石油气、液氯罐车	4 年	1 年	
	其他型罐车	5 年	1 年	
矿石车	K13、K18、K18F、KF60 等型普碳钢车	5 年	1 年	
	其他型耐厚钢矿石车	8 年	1 年	
水泥车	U15、U60、U60W	5 年	1 年	
	U61W、U61WZ	9 年	1.5 年	

续表

<table>
<tr><th colspan="2">车种、车型</th><th>厂修</th><th>段修</th><th>辅修</th></tr>
<tr><td rowspan="2">冰冷车</td><td>普碳钢车</td><td>4年</td><td>1年</td><td rowspan="8">6个月</td></tr>
<tr><td>耐厚钢车</td><td>6年</td><td>1年</td></tr>
<tr><td colspan="2">集装箱平车</td><td>6年</td><td>1.5年</td></tr>
<tr><td colspan="2">平车（含NX系列）、家畜车、粮食车、守车、长钢轨车、60t的凹型车</td><td>5年</td><td>1年</td></tr>
<tr><td colspan="2">毒品车</td><td>10年</td><td>1年</td></tr>
<tr><td colspan="2">1996年以后生产的D20G、D12、D70、D10（经轴承密封改造）</td><td>9年</td><td>3年</td></tr>
<tr><td colspan="2">厂修、段修的周期原为9年、1.5年的不常用专用车</td><td>10年</td><td>2年</td></tr>
<tr><td colspan="2">其他型不常用专用车、载重90t以上的车辆</td><td>8年</td><td>1年</td></tr>
</table>

最高运行速度超过120km/h的客车按走行千米进行检修，修程为A1、A2、A3、A4。

A1为安全检查：运行2×10^5km或距上次A1修程时间超过1年。

A2为二级段修：运行4×10^5km距上次A2修程时间超过3年。

A3为一级段修：运行8×10^5km或运行不足8×10^5km，但已做过一次A2，距上次A2修程时间超过3年。

A4为厂修：运行超过2.4×10^6km或距新造或A3超过10年。

车辆厂修由车辆工厂负责，对车辆进行全面彻底的修理，车辆经过厂修后，车辆的性能要求达到或接近新车的水平。段修由车辆段承担，段修要求对车辆各部分做全面的检查，修换其损坏和磨耗过限部分。车辆的辅修和轴检主要是对制动装置和轴箱油润部分进行检修。

3.3.2 车辆运用

为使车辆经常保持良好的技术状态，在定期检修之间的运用期内，还必须对车辆进行日常检查和维修工作。只有日常检查和定期检修配合起来，才能保证车辆的完好和正常运用。

1．货车运用

货车日常维修工作由列车检修所和站修所等单位承担。列车检修所对经本站中转或到达本站的列车中所有车辆进行技术检查和修理，同时还负责扣修定检到期的车辆。站修所的任务是进行货车的摘车修理、轴检和辅修工作。为了车辆的良好运用和加速车辆周转，在日常维修中应尽量采取不摘车修理方式。

（1）货车站修。

① 站修所基本任务。

- 施行货车辅修、轴检和临修。
- 修复破损程度较轻的事故车。
- 整备配属专列货车及守车。
- 修制站修所所需的一般车辆配件和工具。

② 站修所设置。站修所应设在有列检所的编组站，较大区段站和大量装卸车的厂、矿、林、港所在地的站场上。其位置应便于取送车辆（严禁切割正线取送车）。应有与外界相通的汽车道路，同时要考虑有一定的发展余地。

（2）货物列车检修所。

① 主要任务。货物列车检修所是货车车辆运用维修的基地，它的主要任务如下所述。

- 负责所在车站列车的检查和维修，发现并处理车辆故障。
- 扣留定检到期和过期车以及需要摘车修理的技术状态不良车。
- 维护运用货车的质量符合规定的技术标准，保证列车安全正点运行。

② 分类。货物列检所按工作性质分为主要列检所、区段列检所、制动检修所。

③ 主要列检所和区段列检所技术作业时间。主要列检所对到达解体及编组始发或有调中转列车按规定作业范围进行检查和维修，保证列车各部分技术状态能安全运行到下一个负责检查该部位的列检所。主要列检所对列车的到达和始发技术检修作业时间合计原则上为1h。无调中转列车检修时间为35min；有调中转列车检修时间为40min。

区段列检所对到达解体及编组始发列车和加挂列车及中转列车按规定进行技术检查和维修，保证列车各部分技术状态能安全运行到下一个负责检查该部位的列检所。区段列检所对列车的到达和始发技术作业时间合计原则上为1h。无调中转列车检修时间为25min；有调中转列车检修时间为30min。列检所技术作业时间不包括摘、挂机车时间。

④ 列检所对故障车辆或定检到期车辆的处理。凡因技术状态不良或定检到期，须从列车中摘下或送往附近车辆检修基地进行施修的车辆，应填写下列色票。

- 送往专用修理线（站修所）的故障车辆或定检到期车辆，填写“车统—16”。
- 送往车辆段的故障车辆或定检到期车辆，填写“车统—17”。
- 送往车辆工厂的故障车辆或定检到期车辆，填写“车统—18”。
- 需要倒装的车辆，填写“车统—19”。

2．客车运用

客车和货车不同，它有固定的配属单位、固定的运行区间和固定的编组。所以客车的日常维修工作主要是利用旅客列车终到后、始发前在客车整备所进行，又称为库列检。在运行途中利用站停时间由旅客列车检修所进行列车的技术检查。此外，在旅客列车上还派有车辆乘务员，负责检查运行中车辆技术状态，防止因车辆技术状态不良而发生摘车或晚点，对某些检车乘务员无力处理的故障，要及早联系前方旅客列检所协助处理。

（1）客车技术整备所。负责本属客车的定期维修和防寒、防暑整修；厂、段修客车的接送、技术状态的检查和备品的交接工作；对本属客车检修后应达到客车出库质量标准，保证运行往返不发生责任事故；负责本属客车的摘车临修；负责车辆、机具的维修和蓄电池的补充电；对施行库列检作业的旅客列车进行列车制动机全部试验；对外属列车要认真处理乘务员交修（车统—181）的故障。

（2）旅客列车检修所。旅客列车检修所负责列车技术检查和不摘车修理，并协助车辆乘务员应急处理车辆故障，保证由该车站发出的列车技术状态良好。

（3）车辆乘务。车辆乘务员在列车运行途中继续保持列车技术状态良好，保证旅客列车运行到终点站，途中不因车辆技术状态不良而发生晚点，甩车等行车事故。保持车内固定设备及照明、电扇、通风、采暖、给水等装置作用良好。

3．红外线轴温探测系统

红外线轴温探测设备是铁路用来防止机车和客货车辆燃轴切轴，保证行车安全的设施。它是根据故障轴承的温度高于正常轴承的温度这一现象，并根据任何物体只要温度高于绝对零度（-273℃）都能辐射红外线，而且物体本身温度越高，物体表面辐射出来的红外线越强的原理制成的。

20 世纪 80 年代以来，随着计算机技术及网络技术的广泛使用，在第一代红外线轴温探测器的基础上，研制出了第二代红外线轴温探测系统，此系统具有网络步点，组网跟踪，区间无人探测的特点，并首先在大秦线上使用，随后在全国铁路各主干线及新建线路上得到全面推广。红外轴温探测技术应用于铁路车辆部门以来，对保证行车安全起到重要的作用，有效地减少了车辆热轴事故的发生。

目前，国内生产第二代红外轴温探测系统的厂家有：哈尔滨铁路局科研所、航空航天工业部北京 502 研究所、成都铁路局广汉红外技术开发部三家单位，三家产品在全路都有使用。航空航天工业部北京 502 研究所的产品以 HBDS 为代号；成都铁路局广汉红外技术开发部的产品以 HZT 为代号；哈尔滨铁路局科研所的产品以 HTK 为代号，其中 1991 年研制出的产品命名为 HTK-391，现以 HTK-391 增强型轴温探测系统为例进行介绍。

（1）HTK-391 增强型轴温探测系统构成。依据我国铁路运输的特点，红外线轴温探测系统采用多级分层管理结构。由于我国铁路运输指挥的基本构成单位为铁路分局，即铁路分局是铁路行车指挥的实体，因此，红外线轴温探测系统也以铁路分局为基本单元，信息的传输、处理、命令的下达、数据的调阅、存储都应以铁路分局为中心。红外线轴温探测系统构成的基本单元为：探测站、复示中心、铁路分局监测中心、铁路局监控中心、中国铁路总公司查询终端。

红外线轴温探测系统由五层基本结构构成，如图 3-45 所示。

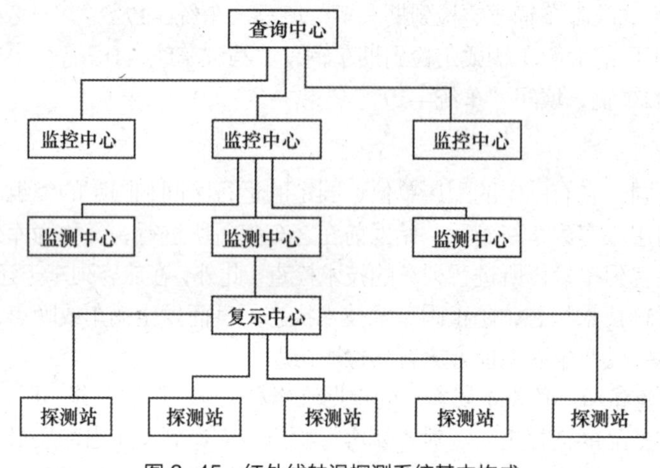

图 3-45　红外线轴温探测系统基本构成

第一层为探测站，负责数据的采集、处理和传输。

第二层为复示中心，它们与下面与之相连的探测站构成一个小系统，一旦通信中断，可以独立进行工作，不会影响轴温监测工作。

第三层为铁路分局监测中心，负责接收、整理、存储和管理由探测站或复示中心传输来的数据，同时对整个系统工作状态进行监测、指挥和控制。

第四层为铁路局监控中心，这是一个管理层次，它可以随时了解铁路局管内各分局监测中心和探测站的状态，随时调阅有关的数据。

第五层为中国铁路总公司查询中心，这是一个高级管理层次，可以实时监控全路红外线轴温探测工作。

（2）HTK-391 增强型轴温探测系统的工作过程。HTK-391 增强型红外线轴温探测系统热轴预报的全过程是：当列车通过区间探测站时，探测站计算机立刻处理通过列车被检测到的轴温数据，并将检测和处理后的结果通过网络传送至监测中心（或复示中心），监测中心（或复示中心）的红外线值班员接到热轴报警后，首先使用列调复示终端，将热轴信息传至相应的列车调度台进行预报，列车调度员必须根据复示终端的报警显示按键进行确认。同时，红外值班员再使用直通录音电话用标准化用语将热轴预报内容通知列车调度员，由列车调度员确定车次，及时安排停车、甩车。然后，红外值班员必须填写“红外线热轴甩车通知卡”，并将热轴甩车卡送达列车调度员，双方签字确认。红外值班员还应及时将热轴预报的情况通知分局车辆调度，以便车辆调度安排有关车辆段派人处理热轴车辆。当列车通过探测站时没发现热轴，监测中心及复示中心均打印列车探测信息。整个热轴预报准确实时，从而保证了铁路行车安全。

【巩固练习】

一、填空题

1. 铁路车辆通常由车体、________、________、________和________5 个部分组成。
2. 铁路车辆按用途分为________、________及________ 3 类。
3. 车轮踏面内侧突起的部分叫做________，它可防止________并起________的作用。
4. 车辆自重与标记载重的比值是________。
5. 车钩包括________、________、________ 3 部分。
6. 闸瓦制动和盘行制动都属于________。
7. 常见的客车有________、________、________、________、________、________、________等。
8. 货车分为：________、________、________货车。
9. 铁路车辆按轴数分为有：________、________和________。
10. 转向架是由________和________、________、________、________组成一个整体。
11. 我国铁路车辆的计划预防维修分为________和________两大类。
12. 我国客车车轮的标准直径为________ mm，货车为________ mm。
13. 车辆车钩的作用是________和________，缓冲器的作用是________。
14. ________是设在铁路沿线负责车辆检修工作的基层单位。
15. 车钩的三种作用位置指的是________、________和________，可以实现车辆的________、________和________。
16. 车辆上用的缓冲器主要有________、________、________ 3 种类型。
17. 车辆上的制动装置由________和________两部分组成。

二、判断题

1. 车辆设计时，安全、结构强度等条件所允许的车辆最高行驶速度为最高试验速度。（　）
2. 轴重就是车辆自重与轴数之比。（　）
3. 我国车辆每延米轨道载重一般可取到 16t。（　）
4. 铁路车辆按用途分为客车和货车两大类。（　）
5. 车底架是车体的基础。（　）
6. 客车车底架构造和货车车底架不同。（　）
7. 平车车体有地板,也有固定的侧墙和端墙。（　）
8. 冷藏车的车体和棚车车体外形不同。（　）

9. 滑动轴承的主要缺点是运行阻力大。（ ）

10. 英文字母 C 和数字 50 组成的标记即：C50 表示 50t 敞车。（ ）

11. 我国客车、货车都实现固定配属。（ ）

12. 凡是车辆都应涂打铁路路徽标记。（ ）

13. 当两车准备连挂时，车钩必须处于开锁位置。（ ）

14. 无论车钩受压或受拉，缓冲器总是受到压缩。（ ）

三、简答题

1. 车辆由哪几部分组成？各部分作用是什么？

2. 试述车钩的各作用状态。

3. 车辆空气制动机主要有哪些部件组成？

4. 试述车辆空气制动机缓解作用原理。

5. 试述车辆空气制动机制动作用原理。

6. 列车在运行途中，如果发生车钩被拉断的情况，列车将会怎样？为什么能使列车产生这种状态？（结合车辆制动原理说明）

四、综合题

1. 假设某车侧墙上写着：

P503214821
自重 21t
载重 50t
容积 101m³（13.02×2.851×2.71）
换长 1.3

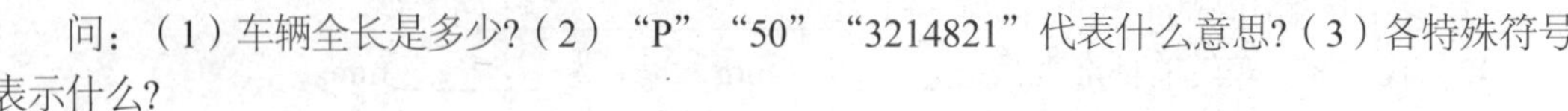

问：（1）车辆全长是多少？（2）“P”“50”“3214821”代表什么意思？（3）各特殊符号表示什么？

2. 某车端墙上写着：

YZ2123837
自重 43.2t
载重 11.2t
全长 22.7m
定员 118

问：（1）换长是多少？（2）“YZ2123837”代表什么？

3. 某一辆货车的侧墙上涂有如图 3-46 所示的标记，表示什么意思？

92.9 — 91.9 兰兰
95.8 — 90.8 戚厂

8.4	5.4 兰段

8.1	2.1 兰段

图 3-46

PART 4 项目四 铁路机车

【项目引入】

许锋就读的湖南铁道职业技术学院位于湖南省株洲市，株洲享有“电力机车的摇篮”之称，中国第一台干线电力机车就是由中国南车集团株洲电力机车有限公司（前身为湖南株洲电力机车厂）生产。许锋就读于电气化铁道技术司乘专业方向，他的理想是做一名光荣、神圣的火车司机。每次当他看到火车像一条条钢铁长龙在铁路线上飞驰时（见图 4-1），总会涌出许多疑问：

- 火车有方向盘吗？司机是如何操纵火车这么一个庞然大物的呢？机车的结构是怎样的？
- 为什么有的火车驶过时冒着青烟，有的却没有烟尘排放呢？
- 有的火车顶上会伸出一个支架与铁路上方的电线接触，那个支架是什么，它与电线接触的目的是什么呢？
- 火车司机室里一般有几个司机？有的火车在运行过程中，需要更换火车头，而有的却不需要，换与不换究竟是由谁决定的呢？

图 4-1 HXD1 型电力机车

【项目分析】

许锋的这些疑问与铁路机车相关。俗话说，火车跑得快，全靠车头带。机车是铁路运输的牵引动力，不仅是完成旅客运输和货物运输的主要设备，还是铁路部门安全运输的基础。

由于铁路车辆大都不具备动力装置，需要把客车或者货车车辆连挂成车列，由机车牵引沿着钢轨运行。正是由于列车是沿着固定轨道进行牵引运行的，所以司机在操纵列车运行的时候是不需要方向盘的，司机只需要控制机车的前、后两个方向以及机车运行速度就可以完成对于整个列车的控制了。

机车根据牵引动力分为蒸汽机车、内燃机车、电力机车 3 种类型，电力机车车顶会伸出一个支架与铁路上方的电线接触，那个支架称为受电弓，受电弓通过与接触网接触获得电能，把电能输送到牵引电动机使电动机驱动车轮运行。

而在车站内外，所有进出车站的列车或机车都归属车站值班员统一调度指挥，车站值班员通过线路信号机告知司机何时进站，何时出站、何时进行列车转线、何时进行机车与车列的连挂作业等各项站内外的调车作业。各个机务段在全国各大铁路局的统一指挥调度下，有序地完成机车的运用及检修作业，保证线路当中有数量足够的、牵引性能良好的机车可供铁路运输部门随时使用。

在项目的学习程中，安排了两个任务，学习者通过完成项目任务，实现对所学知识的巩固与掌握。

【学习导航】

本项目主要学习铁路机车的基本知识，具体如图 4-2 所示。

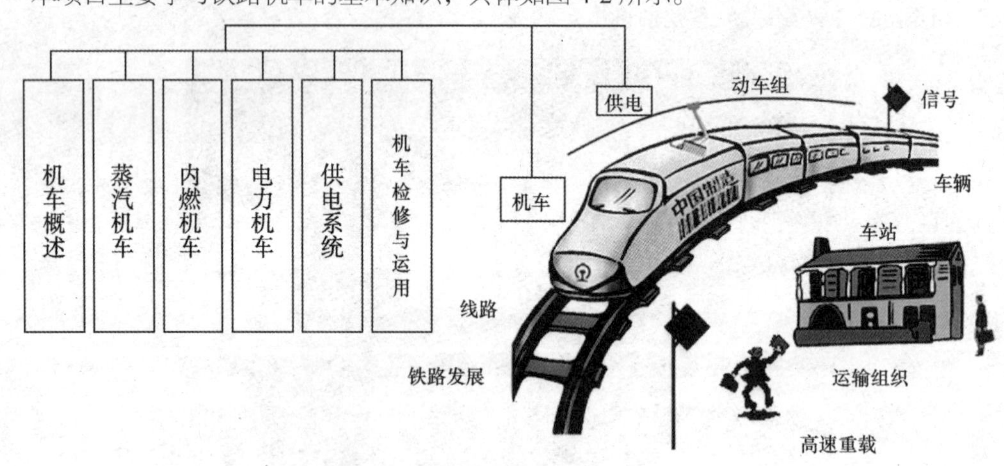

图 4-2 学习导航

学习任务 4-1

查阅资料并制作 PPT 或 Word 文档，对广州铁路集团公司管辖范围内的各大机务段进行简要介绍，并综合分析各大机务段的乘务作业方式及其配属的主要机车的机型，介绍内容包括各个机务段的总体介绍，管辖范围，机务段的主要作用、主要配属的机车种类，各类机车的分类及主要作用等。

【相关知识】

4.1 机车概述

机车是铁路运输的牵引动力，牵引或推送铁路车辆运行，而本身不装载营业载荷的自推进车辆，俗称火车头。在车辆的转线以及货物车辆的取送等各项调车作业，都要由机车完成。因此，铁路为了完成客货列车的牵引和车站的调车工作，必须保证提供足够数量、牵引性能良好的机车；同时还必须加强对机车的保养与检修工作，正确组织机车的合理运用等。车站内，按运送每吨千米消耗燃料量计算，机车是耗能最少的陆地运输工具。

4.1.1 机车分类

目前，铁路上使用的机车种类很多，分类方式也各不相同。

（1）按运用来分：有客运机车、货运机车及调车机车 3 类。客运机车，对于机车的速度要求更高；而货运机车对于机车的牵引力或者说是载重量要求更高；调车机车则与前两者完全不同，它强调的是机车的结构轻巧，便于司机瞭望。对于铁路运输部门而言，三者各有特点，分别担当不同的牵引作业任务，缺一不可。

（2）按牵引动力来分：有蒸汽机车、内燃机车及电力机车等。

（3）按列车动力轮对分布和驱动设备的设置来分：可分为动力集中型和动力分散型。

（4）按列车转向架布置和车辆联结方式来分，可分为独立式转向架和铰接式转向架。

（5）按机车轴数分：有四轴车、六轴车、八轴车、十二轴车等。

四轴车的轴式为 B0-B0，六轴车的轴式为 C0-C0 或者 B0-B0-B0。其中轴式“B”表示一个转向架有 2 根轴；轴式“C”表示一个转向架有 3 根轴；脚号“0”表示每个轴有一台牵引电机；“-”表示转向架之间是通过车体传递牵引力。

4.1.2 机车概要

蒸汽机车曾在铁路发展史上起过重要的作用。蒸汽机车迄今已有 200 年的历史，1814 年，英国人史蒂芬孙发明了第一台蒸汽机车，从此开始，人类加快了进入工业时代的脚步，蒸汽机车成为这个时代文化和社会进步的重要标志和关键工具。由于蒸汽机车结构简单，制造和维修都比较容易，成本低廉，因此最早被世界各国铁路所采用。但是，蒸汽机车的热效率太低，继续提高机车的功率和速度已相当困难，逐渐被内燃和电力机车所取代。

内燃机车是以内燃机作为原动力的一种机车。内燃机车的热效率可以达到 30%左右，是各类机车中效率较高的一种。机车的整备时间较短，持续工作时间较长，适用于长交路。初期投资比电力机车少，机车乘务员劳动条件相对于蒸汽机车较好，因此，内燃机车现在仍被许多国家广泛应用。但是，内燃机车最大的缺点是对大气和环境有污染。

电力机车的牵引动力是电能，但机车本身没有原动力，而是依靠外部供电系统提供电能，并通过机车上的牵引电动机驱动列车前行。采用电力牵引的铁道称为电气化铁道。电气化铁道由牵引供电系统和电力机车两部分组成。

4.1.3 机车牵引性能的基本概念

机车用来克服列车阻力以牵引车列运行的力，称为机车牵引力。机车牵引力的大小取决于机车原动机的功率和机车运行速度，其方向与运行方向相同。实际应用的机车牵引力按照力的传递过程可分为以下两种。

1．轮周牵引力

机车动力装置的机械功通过传动装置或连杆机构在动轮轮周上产生力矩，驱使动轮旋转，将力作用于钢轨，引起钢轨给动轮的反作用外力，其值不得大于同轮轨间粘着系数有关的粘着牵引力，如图 4-3 所示，*ab* 曲线即为粘着牵引力曲线（受粘着系数限制的最大机车牵引力）。

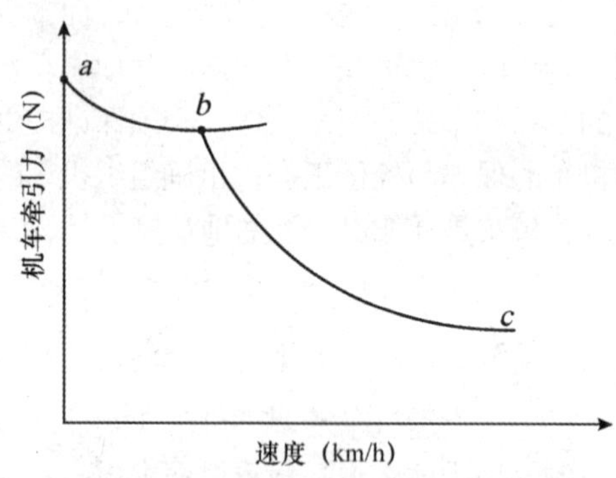

图 4-3　机车牵引力与速度关系曲线

2．挽钩牵引力

轮周牵引力扣除机车本身运行所需克服的摩擦力，经车钩传递给车辆的力。在计算机车牵引的列车重量和运行速度时，有的国家以轮周牵引力为计算标准，有的国家以挽钩牵引力为计算标准。中国的《列车牵引计算规程》规定以机车轮周牵引力为计算标准。

机车牵引力与运行速度成反比，如图 4-3 所示 *bc* 曲线是最大机车功率时的机车牵引力曲线。机车在限制坡道上的运行速度又同机车的牵引重量有关。在同一线路坡度上，运行速度越高，牵引的列车重量就越小；运行速度越低，则牵引的列车重量就越大。因此在计算机车所牵引的列车重量时，首先应在保证行车安全的前提下，根据机车牵引性能把运行速度固定下来，这个速度称为计算速度，同计算速度相对应的机车牵引力称为计算牵引力，即计算列车重量时使用的机车牵引力。

列车有时需要在车站或信号机外方停车，为了验算机车牵引的列车重量在这些地点停车后能否起动，使用机车起动牵引力的概念。机车起动牵引力同样与运行速度成反比。有的国家规定起动牵引力按速度为零时机车能够发挥的最大牵引力计算，有的国家则规定按速度大于零时计算。在后一种情况下机车起动牵引力被看作是列车起动过程中，起动阻力最大值所对应的机车牵引力，此时机车已经具有一定运行速度。中国规定这个运行速度为 0.7m/s。

4.2　蒸汽机车

蒸汽机车是通过蒸汽机将燃料的热能转换成机械能，用来牵引列车的一种机车。

蒸汽机车外形如图 4-4 所示，蒸汽机车主要由锅炉、汽机、走行部、车架、煤水车、车钩缓冲装置以及制动装置等部分组成。锅炉是供给机车动力的能源。它的作用是使煤燃烧，将水加热后变成具有相当高的温度和压力的蒸汽，供给机车汽机使用。汽机则把蒸汽的热能转变成机械能，使机车运行。装在机车两侧的两套汽机则是把蒸汽的热能转换为机械能，以驱动机车的运行。

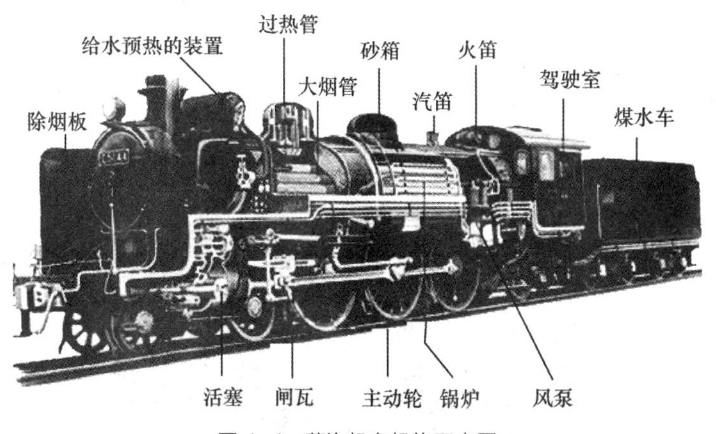

图 4-4　蒸汽机车机构示意图

蒸汽机车的速度纪录是由英国的 Mallard 所创造的。1938 年 7 月 3 日，绿头鸭号(LNER Class A4 4468 Mallard）拖着 6 个车厢，在一个稍微下坡路段创下时速 126 英里（203km）的纪录。德国、美国的蒸汽机车亦达到接近的速度。一般认为这是蒸汽机车的速度极限。

蒸汽机车的构造比较简单，制造和维修比较容易，成本比较低，因此最早被世界各国铁路采用。但是，蒸汽机车热效率太低，其总效率一般只在 4%～9%；煤水消耗量很大，需要大量的上煤、给水设备。因此，在现代铁路运输中，蒸汽机车已逐渐被其他新型机车所取代。

我国所使用的蒸汽机车车型主要有：前进型、建设型、解放型、人民型等。蒸汽机车在二十世纪中开始被内燃机车所取代。20 世纪 60 年代末，世界上仍然使用蒸汽机车作商业运作的国家已寥寥无几。到了二十世纪末，蒸汽机车在北美洲及欧洲基本上已被淘汰，其在为铁道迷及游客安排的路线上行走。墨西哥仍有很少量的蒸汽机车在偏远的地方运作。印度曾经大量使用蒸汽机车，但现在它们只会在空气稀薄的山区运作。

4.3　内燃机车

4.3.1　概述

内燃机车是以内燃机产生动力，并通过传动装置驱动车轮的机车。按用于机车的内燃机种类可分为柴油机车和燃气轮机车。由于燃气轮机车的效率低于柴油机车以及耐高温材料成本高、噪声大等原因，所以其发展落后于柴油机车，铁路上采用的内燃机绝大多数是柴油机。在内燃机车上，柴油机和机车动轮之间都装有传动装置，柴油机的功率是通过传动装置传递到动轮上去，而不是由柴油机直接驱动动轮的，其原因就在于柴油机的特性不能满足机车牵引性能的要求。内燃机车按传动方式的不同可分为电力传动内燃机车和液力传动内燃机车两种类型。

4.3.2　电力传动内燃机车

电力传动内燃机车是由柴油机驱动主发电机发电后向牵引电动机供电使其旋转，再通过牵引齿轮传动，驱动机车轮对旋转。我国目前所使用的内燃机车主要是以东风系列及北京系列为主。根据电机传动形式不同，可分为直-直流电力传动、交-直流电传动、交-直-交电力传动和交-交流电力传动内燃机车，这其中交-直流电力传动内燃机车应用尤为广泛。

如图 4-5 所示，东风 4B 型内燃机车是我国大连、资阳、大同机车厂生产的交-直型电力传动干线客、货两用内燃机车。机车额定功率为 1984kW。这种机车设有两个司机室、一个动力室、一个冷却室和一个电气室。内燃机车主要由柴油机、传动装置、走行部、车体、车底架、车钩缓冲装置、制动装置和辅助装置等部分组成。

图 4-5　东风 4B 型内燃机车

1. 柴油机

柴油机是利用柴油燃烧后所产生的热能作动力的一种机械。东风 4B 型内燃机车采用的“16V240ZJB”型柴油机，即柴油机有 16 个气缸分成两排，呈 V 字形排列，气缸内径为 240mm；Z 表示装有废气涡轮增压器和空气中间冷却器；J 表示铁路牵引用；B 表示产品改进符号，它是四冲程柴油机，外形如图 4-6 所示。柴油机由固定部件、运动部件、配气机构以及进排气、燃油、冷却、润滑等系统所组成。

图 4-6　16V240ZJB 型四冲程柴油机

2. 传动装置

交-直流电传动装置主要由主发电机、整流装置和牵引电动机等组成。

（1）主发电机。主发电机是由转子和定子两部分构成的。转子上安装有磁极线圈（又叫励磁绕组），做成磁极，只要通入直流电就能产生磁场。直流电是由励磁机供给，直流电输入磁极线圈后，使磁极铁心产生磁场。在定子槽中绕有定子线圈，又叫电枢绕组。当转子（磁极）被柴油机带动而旋转时，形成旋转磁场。电枢绕组使切割磁力线而产生感应电势，发出三相交流电，然后利用硅二极管的单向导电特性，将交流电变成直流电，以满足直流牵引电动机的需要。

（2）牵引电动机。在电力传动内燃机车上，一般都采用直流串励电动机。这是因为这种电动机的转矩和转速能按照列车运行阻力和线路条件的变化自动进行调节。当机车上坡运行或负载加大时，电机的转速能随着转矩的增大而自动降低，两者的关系非常接近理想牵引性能曲线，可以满足列车牵引的要求。牵引电动机安装在机车转向架上，每根轴一台。它的一侧悬挂在转向架的端梁或横梁上，另一侧抱在车轴上。电动机的构造主要包括定子和转子两部分。定子由机座、励磁绕组和电刷等组成，用来形成磁场。转子又叫电枢，由电枢轴、电枢绕组和整流子等组成。在定子形成的磁场作用下，使转子转动，将电能转变成机械能，并通过电枢轴上的主动齿轮传给动轮上的从动齿轮，使机车运行。由于这种电动机的励磁绕组和电枢绕组是串联的，使用的又是直流电，所以叫直流串励电动机。

3．交直型电传动内燃机车工作原理

电传动内燃机车的工作原理如图 4-7 所示，柴油机的曲轴输出端与发电机的转子连接在一起，组成柴油发电机组，当柴油机工作时，便带动发电机转子旋转，如果给励磁绕组输入电流，发电机便可发出三相交流电，把机械能变成交流电能，经三相桥式硅整流柜 1ZL 整流后，变成直流电，再供六台并联的牵引电动机 1～6D 使用， 此时又把电能变成了机械能，通过传动齿轮驱动动轮旋转，使机车运行。牵引发电机 F 的励磁机 LF 也是一台三相交流发电机，它是由柴油机曲轴通过变速箱带动的。励磁机 LF 发出的交流电， 经过一个小型的三相桥式硅整流柜 2ZL 整流后，将直流电送给主发电机 F 的励磁绕组。 而励磁机 LF 本身的励磁电流，则是由辅助发电机经励磁柜 LG 供给。

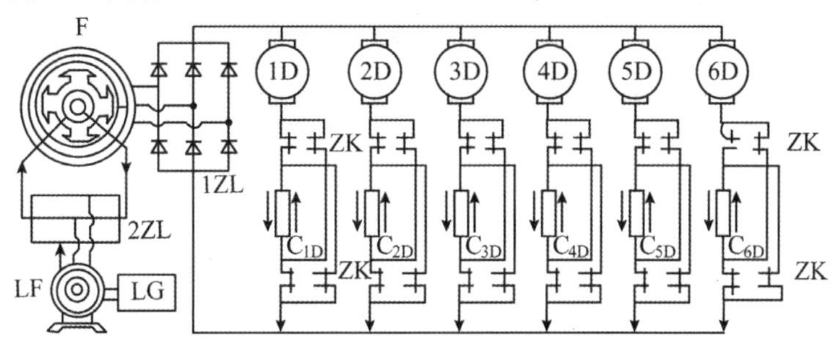

图 4-7　交直型电力机车工作原理图

机车运行方向是由牵引电动机的旋转方向决定的。只要改变牵引电动机中励磁绕组的电流方向就能改变牵引电动机的旋转方向，从而改变机车的运行方向。励磁绕组电流方向的改变是通过转换开关 ZK 来实现；当 ZK 接通左边一组触点时，各台牵引电动机上的励磁绕组 C_{1D}～C_{6D} 的电流方向为从上至下，机车运行方向为前进；若改变转换开关触点，使它右边一组接通时，励磁绕组上的电流方向正好相反，从而改变了牵引电动机的旋转方向，机车运行方向也就由前进变为后退了。

4.3.3　液力传动内燃机车

液力传动内燃机车采用的是液力传动装置。一般由柴油机驱动液力传动装置，通过液力变速箱、牵引齿轮驱动机车轮对旋转。

在液力传动内燃机车上，原动力仍是柴油机，在柴油机和机车动轮之间，装有一套液力传动装置，利用工作油改变柴油机的外特性，以适合列车运行的要求。液力传动内燃机车与电力传动内燃机车相比，除传动装置不同外，其余部分都是相似的。我国自行设计制造的 BJ 型、DFH 型内燃机车都采用液力传动内燃机车。

液力传动内燃机车虽然具有牵引性能良好、起动平稳、造价低廉、维护方便及节省有色金属和大量钢材等优点，但液力传动内燃机车的传动效率较电力传动低、功率较小，不能牵引货物列车也不适合高速旅客列车。

4.4 电力机车

4.4.1 概述

电力机车是从接触网上获取电能的，利用电能由电动机驱动列车运行。电力机车平均热效率比内燃机车高，它在提高铁路运输能力，合理利用资源、保护生态环境方面，是铁路最理想的牵引动力。

接触网供给电力机车的电流有直流和交流两种。由于电流制不同，所用的电力机车也不一样，大致可以分为直-直流电力机车、交-直流电力机车、交-直-交流电力机车 3 类，我国目前使用的干线电力机车主要是交-直型（交流传动直流供电）电力机车，主要的机型为韶山（SS）系列电力机车。

直-直流电力机车采用直流制供电，牵引变电所内设有整流装置，它将三相交流电变成直流电后，再送到接触网上。因此，电力机车可直接从接触网上取得直流电供给直流串励牵引电动机使用，简化了机车上的设备。直流制的缺点是接触网的电压低，一般为 1500V 或 3000V，接触导线要求很粗，要消耗大量的有色金属，加大了建设投资。

交-直流电力机车 在交流制中，目前世界上大多数国家都采用工频（50Hz）交流制，或 25Hz 低频交流制。在这种供电制下，牵引变电所将三相交流电改变成 25kV 工业频率单相交流串励电动机，把交流电变成直流电的任务在机车上完成。由于接触网电压比直流制时提高了很多，接触导线的直径可以相对减小，减少了有色金属的消耗和建设投资。因此，工频交流制得到了广泛采用，世界上绝大多数电力机车也是交-直流电力机车。

交-直-交电力机车从接触网上引入的仍然是单相交流电，它首先把单相交流电整流成直流电，然后再把直流电逆变成可以使频率变化的三相交流电供三相异步电动机使用。这种机车具有优良的牵引能力，但是制造和维修很复杂，德国制造的“E120”型电力机车就是这种机车。

图 4-8 所示为 SS9 型电力机车整体外观图。而 2006 年开始大规模采用交流传动技术，和谐号（HXD）系列电力机车开始生产和使用，图 4-9 所示为 HXD1 型电力机车。从世界铁路发展的大趋势来看，交流传动电力机车凭借其自身的多方面优势必将取代直流传动电力机车。

图 4-8 SS9 型电力机车外观

图 4-9 HXD1 型电力机车

4.4.2 电力机车组成

从外部看，电力机车的车体是一个厢形的壳体，由上部的车体和下部的走行部组成。它的大部分机械、电机设备、电器和电力电子装置都是安装在车体内的。走行部位于车体之下，主要是引导机车沿轨道运行，并把车体和载荷的重量传给钢轨。电力机车的走行部通常又称为转向架。

1．车体

电力机车的车体通常为长方体，它由底架、侧墙、端墙和车顶组成。车体是通过中心销支承在转向架上，或者通过牵引杆装置、支承装置与转向架相连用来传递牵引力或制动力的。车体下部装有制动装置，顶部装有受电弓和其他电器。底架位于车体下部，是主要的承载构架。在底架的两端还分别装有车钩及其缓冲装置，用以实现相互连接。司机室一般设在车体的两端，有走廊相连。司机室内安装有控制设备，如司机控制器、制动阀、按钮开关、监测仪器和各种信号指示灯等。

2．转向架

转向架起支承车体、转向和制动的作用。目前我国电力机车采用的转向架有两种：一种是二轴转向架，另一种是三轴转向架。每台机车可以有两个转向架，也可采用 3 个转向架。

3．电机部分

牵引电机采用抱轴式半悬挂或空心轴传动全悬挂结构，安装在转向架上，当牵引电机受电旋转时，通过电枢轴轴端的齿轮带动轮轴上的大齿轮使轮轴转动。牵引电机转速不同，机车运行速度就不同；电枢的转向改变，机车运行的方向也改变。

4．电器部分

电器部分包括硅整流机组、制动电阻、司机控制器、接触器、继电器、转换开关、按钮开关、电空阀等。通过这些电器的开闭和转换，完成机车的起动、调速、反向等的转换工作，这些控制电器，均由稳压电源和蓄电池组成的 110V 直流电源供电，完成电控动作。

为保护机车的电气设备在使用中免受（或少受）损害，还装有监视各机组工作、显示各电气设备工作状态的保护设备和仪表等。司机可以通过它们的显示，了解机车工作状态，以便进行正确驾驶。

5．空气管路系统

空气管路系统直接影响机车的工作可靠性和运行的安全性，是机车的重要系统。与其他类型机车相比，电力机车空气管路系统更有其重要性，这是因为电力机车除了起动和制动都离不开空气管路系统外，受电弓的升降、主断路器的分闸和合闸等都要用压缩空气。

4.4.3 电力机车的电气设备及其电路

电力机车上设有各种复杂的电气设备，而所有电气设备分别装设在主电路、辅助电路和控制电路这三大电路中。

1．主电路

主电路是将牵引电动机及其相关的各种电气设备连接而成的一个系统，具有电压高、电流大的特点。主电路中包括的电气设备主要有受电弓、主断路器、主变压器（即牵引变压器）、整流调压装置、电抗器、牵引电动机和制动电阻等。

（1）受电弓。机车顶部一般装有两套单臂受电弓，受电弓紧压接触网导线滑行，从电网上取得电流。机车运行时只需升起一套受电弓，另一受电弓作为备用。接触网上送来的 25kV 工频单相交流电就由此引入机车。

（2）主断路器。主断路器是机车的总电源开关和保护开关，用来接通或断开电力机车高压电路。当主电路发生短路、接地或整流调压电路、牵引电动机等设备发生故障时，它能自动切断机车电源，实现对机车上设备的保护。

（3）主变压器。主变压器又称牵引变压器，它把从接触网上取得的 25kV 高压电降低为牵引电动机所适用的电压。变压器一般有 4 个绕组；1 个一次侧绕组接 25kV 高压电；3 个二次侧绕组，其产牵引绕组用来向牵引电动机供电，励磁绕组用在电阻制动时给电动Ⅲ提供励磁电流；辅助绕组用来给机车的辅助电机供电。

（4）硅整流装置。硅整流装置用来把牵引变压器二次侧牵引绕组的交流电整流成Ⅵ调节的直流输出电压，从而可以改变牵引电动机的端电压，达到调节机车速度的目的。

2．辅助电路

辅助电路是将辅助电机（如劈相机、压缩机电机、通风机、油泵等）、辅助设备（如取暖设备、电热玻璃等）及其相关的电气设备连接而成的一个系统。它的电源来自主变压器的辅助绕组，通过劈相机将单相交流电转变成三相交流电后，供给牵引通风机、油泵机组和空气压缩机等辅助电机使用。其工作电压一般为交流 380V、220V 或直流几百伏。

3．控制电路

控制电路将主电路和辅助电路中各电气设备的控制电器（包括各种控制开关、接触器、电空阀等）同电源、照明、信号等 66 控制装置连成一个电系统。一般采用低压直流电源，电压值为 50～110V，所以又叫低压线路。

以上 3 个电路系统在电气方面一般是相互隔离的，但三者通过电磁、电空或机械传动等方式相互联系，配合动作，用低压电控制高压电，以保证操作的安全和实现机车的运行。

4.4.4　电力机车的基本工作原理

交-直型电力机车通过受电弓将接触网供给的单相工频交流电引入机车内部，经牵引变压器降压，再经整流装置将交流电转换为直流电，然后向直流（脉流）牵引电动机供电，牵引电动机旋转带动车轴和车轮转动，由于轮轨间的粘着作用从而产生牵引力使列车前进。牵引电动机的转速不同，机车的运行速度就不同。电动机的转向改变，机车的运行方向也随之改变，如图 4-10 所示。

当机车需要制动时，除使用空气制动装置外，还可以采用电气制动。当司机把控制手柄从牵引位转到制动位时，牵引电动机就改成发电机运行，产生一个与速度成比例的阻力阻止列车运行。如果发出的电能被制动电阻变成热能散掉就称之为电阻制动；如果将电能重新送回电网中再加以利用，就称之为再生制动。从能量利用上来看，电阻制动虽然不如再生制动，但电阻制动的主电路工作可靠、稳定，技术比较简单，故目前在电力机车上得到广泛使用。

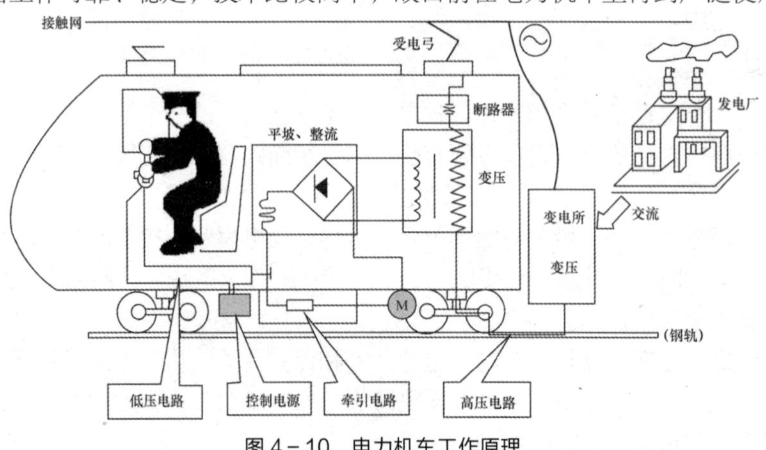

图 4－10　电力机车工作原理

4.4.5 当代国产电力机车

1. 韶山（SS）型系列电力机车

国产韶山（SS）系列电力机车概况见表 4-1。

表 4-1　　几种国产韶山（SS）系列电力机车概况

机车型号	SS1	SS3	SS4 SS4 改进型	SS6	SS_{7E}	SS9
用途	货运	客货两用	货运	客货两用	客运	客运
轴式	C_0-C_0	C_0-C_0	2（B_0-B_0）	C_0-C_0	C_0-C_0	C_0-C_0
网压	25kV 50Hz	25kV 50Hz	25kV 50Hz	25kV 50Hz	25kV 50Hz	25kV 50Hz
额定功率（kW）	4200	4320	6400	4800	4800	4800
最大牵引力（kN）	487	470	627.8	485	485	
最大速度（km/h）	95	100	100	100	170	170
机车总重(t)	138	138	184	138	138	126
轴重（t）	23	23	23	23	23	21

2. 和谐（HX_D）型系列电力机车

从 2004 年以来先后生产了 HX_D1 型、HX_D2 型、HX_D3 型以及 HX_D3B 型大功率交流传动电力机车，成为支撑我国铁路主要干线货运牵引的主力机型。

HX_D1 型货运机车采用交-直-交传动，轴式为 B_0-B_0，两节连挂，共 8 轴。机车总功率为 9600kW，双机重联可负担 2 万吨货物运输，成为首批大秦铁路运煤货物列车。

HX_D2 型货运机车采用交-直-交传动，轴式为 B_0-B_0，由两节相同的 4 轴机车重联组成。机车总功率为 9600kW，可单机牵引 7000t 重载列车，三机重联可满足 2×10^4t 以上重载列车的牵引要求。

HX_D3 型货运机车采用交-直-交传动，轴式为 C_0-C_0，其特点是粘着系数高，牵引力大，整车输出功率达到 7200kW，能有效避免机车起动时空转，使用 6 台 1200kW 交流牵引电动机，计算机控制技术，可以时刻监控、掌握机车运用状态和故障预警、预报，所有高度集成板均双备份，出现故障后，可自动切换，确保机车正常运行。

学习任务 4-2

如图 4-11 所示，绘制电气化铁道牵引供电示意图，标注出图中各个不同部分的电压等级，电流制式，并简单解释其供电原理。

4.5 电气化铁道供电系统

电力机车的牵引动力是电能，但机车本身没有原动力，而是依靠外部供电系统供应电力，并通过机车上的牵引电动机驱动列车前进。由此可见，电气化铁路设备的主要特点是比蒸汽、内燃机车牵引的铁路增加了一套牵引供电系统。

将电能从电力系统传送到电力机车的电力设备总称为电气化铁道的牵引供电系统。

如图 4-11 所示，牵引供电系统主要包括发电厂、变电所和接触网等。发电厂发出的电能，需先在升压变压站进行升压，变成 110kV 或 220kV 高压电能后，再通过高压输电线送到铁路沿线的牵引变电所。在牵引变电所里把电流变换成所需要的电流或电压后，在转送到邻近区间和站场线路的接触网供给机车使用。

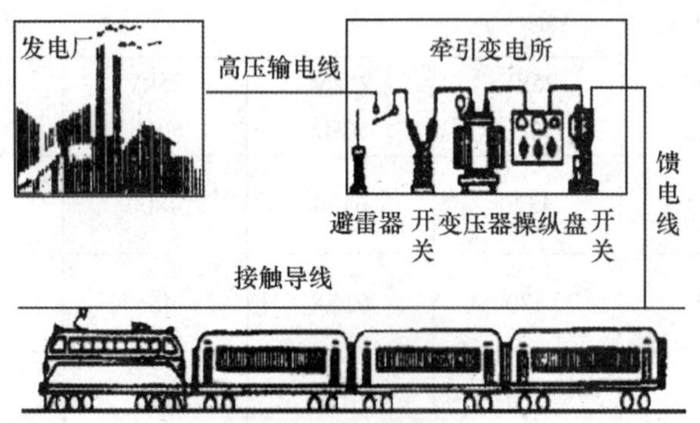

图 4-11　电气化铁道牵引供电示意图

电气化铁道按接触网供给机车的电流不同，分为直流制和交流制两种。电流制不同，所用的电力机车也不一样。我国采用工频（50Hz）交流制。在铁路牵引供电系统中，主要是牵引变电所和接触网两部分。

4.5.1 牵引变电所

由于电力机车本身不带有能源装置，需要由外界供给电能，因而必须在电气化铁道沿线设置一套完善的、不间断地向电力机车供电的设备，这就是牵引变电所。

1．牵引变电所的作用

牵引变电所是电气化铁路牵引供电系统的心脏。它的主要任务是将电力系统高压输电线输送来的 110kV（或 220kV）的三相交流电，降为不低于 25kV 的工频单相交流电，然后送到邻近区间和所在站场线路的接触网上，作为电力机车的牵引电源，保证可靠而又不间断地供给机车使用。

2．牵引变电所的设备

牵引变电所内的主要设备有主变压器、电压互感器、电流互感器、高压断路器、各种高压隔离开关、避雷器以及信号显示等设备。为使牵引变电所内各种电气设备正常运行，确保安全可靠供电，牵引变电所内还装有各种控制、测量、监视仪表和继电保护装置等。

3．牵引变电所对牵引网的供电方式

牵引变电所是沿着电气化铁道区段分布的，每一个牵引变电所有一定的供电范围。而牵引变电所向接触网的供电方式，主要是根据牵引变电所的分布情况、供电长度、线路情况以及供电的可靠性而定。通常牵引变电所向接触网供电有单边供电、上下行并联供电和双边供电三种方式。

（1）单边供电。单边供电将电力系统输电线路电压从 110kV（或 220kV）降到 27.4kV，经馈电线将电能送至接触网；接触网沿铁路上空架设，电力机车升弓后便可从其取得电能，用以牵引列车。牵引变电所所在地的接触网设有分相绝缘装置，两相邻牵引变电所之间设有分区亭，将两个牵引变电所之间的接触网分成两个供电分区，每一个供电分区只能从一端的牵引变电所获得电能的方式，称之为单边供电。单边供电时当某一供电分区接触网发生故障时，只影响本供电分区，而不影响其他供电分区的正常供电，从而缩小故障范围，而且，单边供电方式的牵引变电所馈电线保护装置也较简单。目前各国采用较多，我国单线电气化铁路采用单边供电，如图 4-12 所示。

图 4-12　单边供电示意图

（2）上下行并联供电。在双线电气化区段的供电臂末端设有分区所，将上下行接触网通过断路器实行并联供电，如图 4-13 所示。这种供电方式的优点是能均衡上下行供电臂的电流，降低接触网损耗，提高电压水平。在有轻重车方向和线路有较大坡道情况下，效果更为显著。我国双线电气化铁路大多采用这种供电方式。

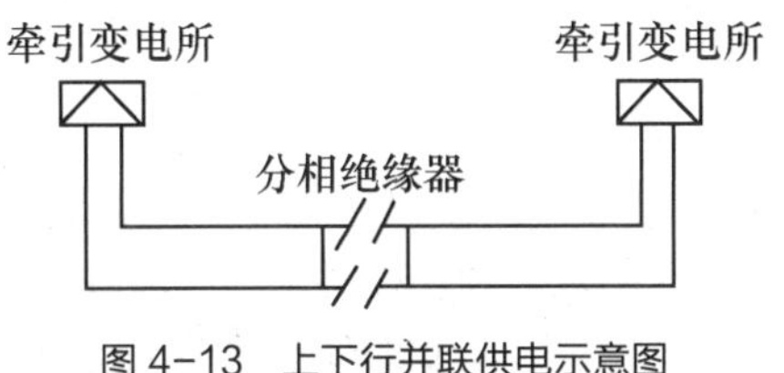

图 4-13　上下行并联供电示意图

（3）双边供电。由于双边供电一旦某处发生故障时，影响范围大，要扩大到两个供电分区。需要安装比较复杂的保护装置和分区亭开关控制装置等，因此目前较少采用。

4.5.2　接触网

接触网是架设在铁路线上空向电力机车提供持续电能的特殊形式输电线路。电能由地方电网输送到铁路牵引变电所后，经主变压器降压达到电力机车正常使用所需电压等级，再由馈电线将电能输送至接触网。电力机车通过受电弓从接触网获取电能以提供牵引动力，保证列车运行。

1．接触网的组成

接触网主要由接触悬挂部分、支持装置和支柱与基础几个部分组成，如图 4-14 所示。

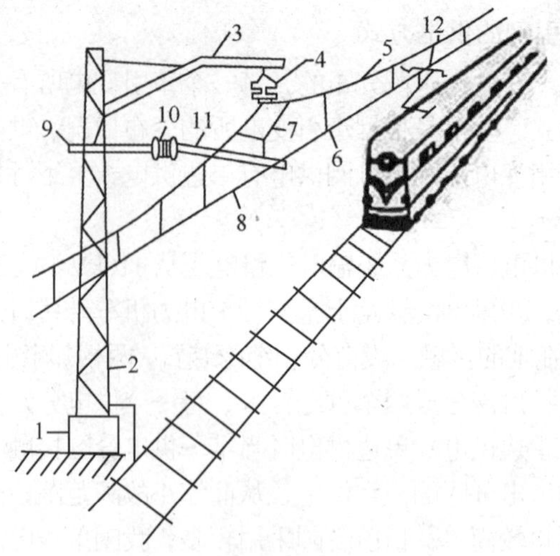

图 4-14　悬挂式接触网组成示意图

1、2—基础、支柱　3—腕臂支持装置　4—绝缘子　5—承力索　6—吊弦

7—弹性吊弦　8—接触导线　9—定位肩架　10—棒式绝缘子　11—定位管　12—受电弓

2．接触网的供电方式

我国电气化铁道采用工频单相 25kV 交流制。铁路牵引供电系统主要的供电方式有 3 种。

（1）直接供电方式。直接供电方式是在牵引网中不加特殊防护措施的一种供电方式，如图 4-15 所示。由于没有回流线，牵引回流直接通过钢轨直接流回牵引变电所，是结构最简单的一种供电方式。大地回流，对沿线的通信线路有干扰，因此不能使用于平原地区或城市附近的电气化铁路系统，这是直接供电的主要缺点。

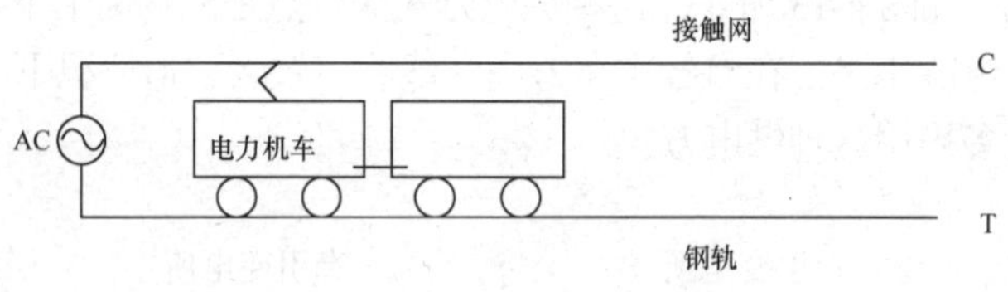

图 4-15　直接供电方式原理图

（2）带回流线的直接供电方式。带回流线的直接供电方式是在接触网支柱上架设一条与钢轨并联的回流线（R），如图 4-16 所示。利用接触网与回流线之间的互感作用，使钢轨中的电流尽可能地由回流线流回牵引变电所，因而能部分抵消接触网对邻近通信线路的干扰。相对于直接供电方式，钢轨电降低，牵引网阻抗降低，供电距离增长。

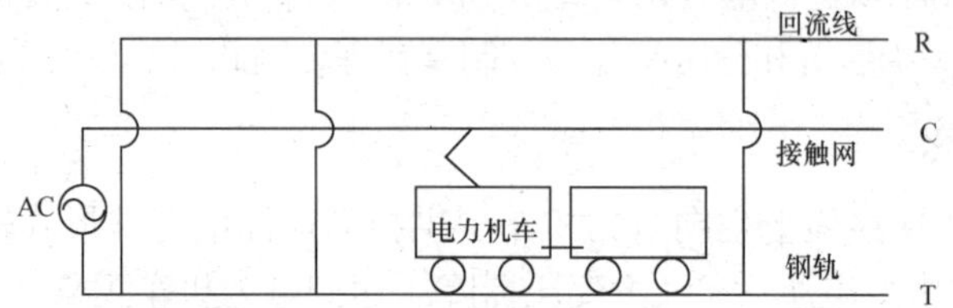

图 4-16　带回流线的直接供电方式原理图

（3）自耦变压器供电方式。自耦变压器供电方式又称 AT 供电方式，它将自耦变压器以每隔 10km 左右的距离并联接入接触网（C）与馈电线（F）之间的供电方式，馈电线与接触网架设在同一支柱上，相距较近，且两者大小近似相等，电流方向相反，所以它们的电磁场基

本可以完全抵消，从而可以有效地减弱对通信线路的干扰，如图 4-17 所示。

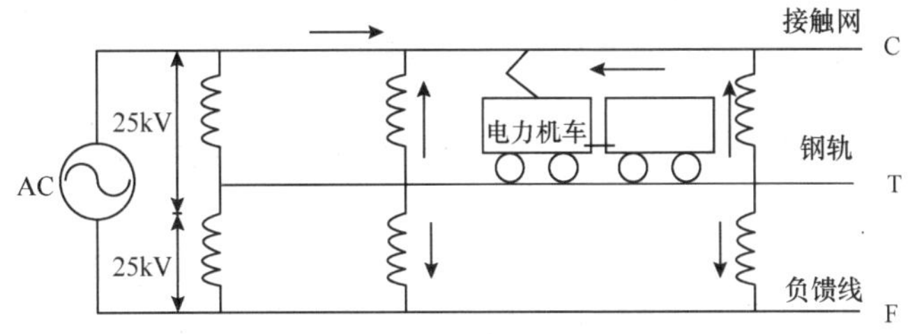

图 4-17 AT 供电方式原理图

这种供电方式的牵引网阻抗很小，电压损失小，电能损耗低，供电能力大，供电距离长，可达 40 ~ 50km，牵引变电所间隔也可增大。由于牵引负荷电流在接触网和正馈线中的方向相反，因而对邻近的通信线路干扰很小。现已成为高速铁路牵引供电优先采用的供电方式。

4.6 机车检修与运用

机车的检修和运用是铁路运输工作的重要组成部分，也是机务部门的基本任务。确保机车检修质量，经济、合理地运用机车，对完成铁路运输任务具有十分重要的意义。

4.6.1 机车的管理

机务段是设在铁路沿线负责机车检修和运用工作的基层生产单位，一般设在编组站或区段站上。在机车交路的折返点，还应设有机务折返段。机务段和机务折返段设置的基本原则是满足牵引列车的最大需要，并能充分发挥各项设备的能力和机车运用效率；段间距离的长短，应考虑乘务员的连续工作时间，并结合编组站、区段站的位置尽可能长距离的设置。

1．机务段的任务和设备

根据各机务段所承担任务量的大小，为其配属一定数量的机车。

机务段的任务：机车运用方面，负责计划和组织本段机车和乘务组完成邻接区段的机车牵引或固定在某个车站上担任调车工作，并对日常运用机车进行整备和日常保养；机车检修方面，进行段修范围内的机车定期检修和日常维修工作，保证运用机车的良好状态。

机务段设有管理部门和生产车间。生产车间包括运用车间、检修车间、整备车间和设备车间。

运用车间主要负责机车的运用与保养；检修车间主要负责机车段修范围内的定期修理及机车的日常维修；整备车间主要负责机车的燃料、润滑油、水、砂等物资供应和机车的各种整备作业；设备车间主要负责机务段内的各种机械设备、水电动力设施的管理与维修。

机车在出段牵引列车或担任调车工作以前，需要供应机车必需的物资和做好各项准备工作，这种物资供应和准备工作总称为机车整备作业。机车类型不同，整备作业的内容也不一样。为了完成整备作业，机务段内必须修建相应的整备设备，如机车整备线、加油站上水管、上砂管以及储存和发放油脂、化验、排水、照明设备等。

2．折返段的任务和设备

设在机车交路折返点的机务折返段，一般没有配属机车，也不做检修工作，只供机车进行整备作业和折返前乘务人员临时休息之用。因此，在机务折返段上，只设机车整备设备，而不设检修设备。

4.6.2 机车的检修

机车经过一定时期的运用后，各部件都会发生磨耗、变形或损坏。为了保证机车的正常运用，延长使用期限，除了机车乘务员的日常检查和保养外，还必须进行各种定期检修。

机车的检修可分为定期修理和临时修理两种。按机车检修地点的不同又可分为厂修和段修两种。

机车的定期检修除大修在机车工厂进行以外，其余的检修一般都在机务段内进行。因此，机务段除了机车整备设备以外，还必须具有机车的检修设备，如各种检修库及辅助车间等。

（1）内燃机车定检千米或检修周期见表 4-2。

表 4-2　　内燃机车检修周期　　单位：km

修　程	辅　修	小　修	中　修	大　修
运行里程	≥2 万	4 万~6 万	23 万~30 万	80 万~90 万

（2）电力机车定检千米或检修周期见表 4-3。

表 4-3　　电力机车检修周期　　单位：km

修　程	辅　修	小　修	中　修	大　修
运行里程	1 万~3 万	8 万~10 万	40 万~50 万	160 万~200 万

一般来说，机车大修时一种全面修复性修理，大修后的机车，基本上达到新车出厂的水平；中修的主要目的是修理走行部。内燃、电力机车的小修主要是为了对有关设备进行检测和维修等；辅修是属于临时性的维修和养护。认真做好检修工作，对保证机车的正常运用和使用寿命，具有十分重要的意义。

4.6.3 机车运用

1. 机车交路与机车运转制

机车运用上的一个特点是，机车只要离开机务段，就要受负责运输有关人员的调度和指挥。所以机务部门和行车部门的关系特别密切，必须协调配合才能安全、优质地完成运输任务。

（1）机车交路。铁路机车牵引列车总是按区段接续进行的，机车在固定区段担当运输任务往返运行的回来称为机车交路。

（2）机车运转制。机车从事列车牵引作业的方式称为机车运转制。机车按运转制来分，有肩回运转制和循环运转制两种。

① 肩回运转制。机车担当与机务段相邻区段的列车牵引任务，列车每次返回机务段所在站都需要入段作业的叫肩回运转制。采用肩回运转制如图 4-18 所示，机车由机务段出段后，从机务段所在站牵引列车到折返段所在站，进入折返段进行整备及检查，然后再牵引相反方向的列车返回机务段所在站，再进入机务段进行整备及检查。这种运转方式，机车每往返一次，就要进入机务段进行作业。

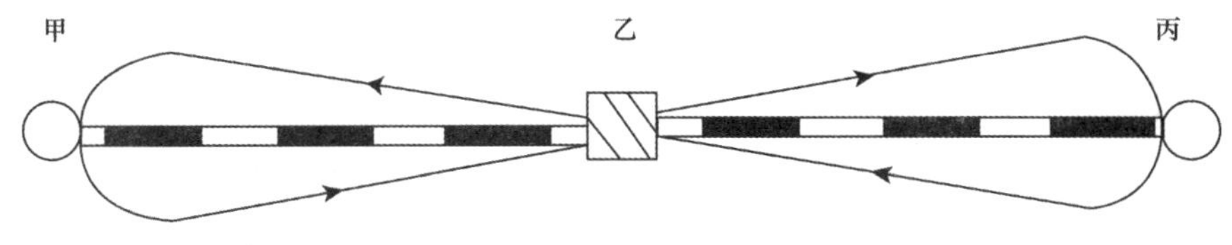

图 4-18　肩回运转制

采用肩回运转制时，机车要在段内进行整备，在车站不需另设整备设备。

② 循环运转制。循环运转制如图 4-19 所示，机车担当与机务段相邻区段的列车牵引任务，除因检修需要入段外，其余每次返回机务段所在站时，只在车站上进行整备作业的叫循环运转制。采用循环运转制时，机车从机务段出发，在一个牵引区段（如甲—丙间）往返牵引列车后回到机务段所在站（甲站）、机车不入段，只在到发线上进行整备作业，然后仍继续牵引同一车列或换挂另一个已经准备好了的车列，运行到另一个牵引区段（如甲—乙间）的折返段所在站（乙站），再从乙站牵引列车返回丙站。这样，机车在两个区段（丙乙间）上牵引列车循环运转，平时不进机务段，直到定期检修到期时才入段检修。

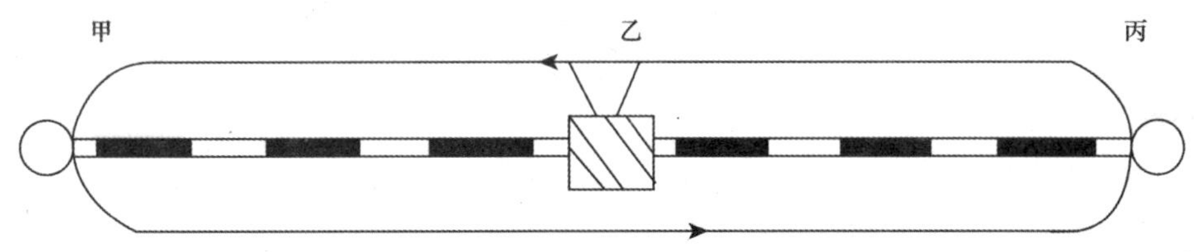

图 4-19　循环运转制

采用循环运转制时，由于机车很少进机务段，节省整备时间，机车交路可以延长，使内燃、电力机车的牵引性能充分发挥，从而提高机车运用效率，加速机车周转。但是，循环运转制一般只有在上下行都有大量不需要改编的中转列车经过机务段所在站时才能采用。

2．乘务制度和乘务方式

机务段在为邻接区段提供机车的同时，还要负责计划和组织机车乘务员的工作。加强对乘务员的政治思想教育和业务培训，不断提高全体乘务员的思想和业务水平，是保证完成和超额完成国家运输任务的关键。

现行的机车乘务制度基本上可以归纳为两类。

（1）包乘制：每台机车配备 2～3 个固定的乘务组值乘。

（2）轮乘制：机车由各个乘务组轮流值乘。

包乘制由 3 班乘务员固定使用一台机车，轮流值乘。包乘制的主要优点是机车乘务员对自己驾驶的机车非常熟悉，有利于机车的操纵和维修保养。但是，机车运用和乘务员的组织工作比较复杂，常会因为安排不当或运行秩序被打乱而影响机车的运用效率。

采用轮乘制时，机车乘务组值乘的机车是不固定的，这样可以有效地使用机车和合理安排乘务员的作息时间，以较少的机车或乘务组，完成较多的运输任务。当然，对乘务员的驾驶技术要求更高，对机车的质量和保养也要求更严。

机车乘务员的换班方式，即乘务方式，主要有外段驻班制、立即折返制。

【巩固练习】

一、填空题

1. 机车按原动力可分为________、________和________。
2. 机车按用途可分为________、________和________。
3. 电气化铁道的牵引供电系统包括________和________两大部分。
4. 接触网包括________、________、________。
5. 牵引变电所的主要任务是将发电厂输送的高压三相交流电变成适合于电力机车牵引的________ kV的________相交流电。
6. 电力机车主要由________、________、________、________和________等组成。
7. 内燃机车由____________、____________、____________、____________、________和________等部分组成。
8. 我国生产的内燃机车按传动方式可分为________内燃机车和________内燃机车。
9. 机车交路按机车在周转区段的运转方式可分为__________、__________、________和________。
10. 机车的乘务制度有________和________。

二、简答题

1. 铁路机车是如何分类的？按原动力不同分为哪几种？
2. 接触网供电设备包括哪几个部分？
3. 简述铁路供电系统的供电原理？
4. 我国的机车运转制度有哪些？各有何特点？
5. 接触网的供电方式有哪些？各有何特点？
6. 简述电力机车和内燃机车的检修周期，各类修程的主要作用是什么？
7. 我国的乘务制度有哪些?各有何特点?

PART 5 项目五 动车组

【项目引入】

2010 年 12 月 3 日，京沪高铁枣庄至蚌埠段综合试验速度达到 486.1km/h，再次刷新世界铁路运营试验最高速，如图 5-1 所示。这是中国高速铁路技术创新取得的又一重大成果，也是中国高速铁路飞速发展的又一重要见证和中国高速铁路引领世界高速铁路发展潮流的又一重要标志。

作为一名电气化铁道技术专业动车组专业方向的学生，齐小忠对高速铁路技术的兴趣非常浓厚，当大部分人还在感叹 486.1kV/h 这个速度时，齐小忠思考的却是另外的问题：

- 高速动车组为什么能跑这么快呢，它和一般的列车在结构组成与工作原理上到底有什么不同?
- 高速铁路的关键技术有哪些?
- 我国是从什么时候开始发展高速动车组的? 世界上有哪些国家的高速铁路技术相对来说比较先进与成熟呢?

图 5－1 和谐号 CRH380A 上线仪式

【项目分析】

要解开齐小忠心中的疑问，我们必须了解动车组的原理、结构、关键技术、发展史等相关知识。动车组从制造的角度来说定义为车辆，但其又不是传统的车辆，它是由多个带动力的车辆（简称动车）和不带动车的车辆（简称拖车）按照固定的编组完成运营任务的车辆，而且其两端都带有司机室。

动车组的动力来源分布在列车各个车厢上的电动机，而不是集中在铁路机车上。电力动车组又分为直流电力动车组和交流电力动车组两种。我国在第六次大提速的过程中开始引入 CRH 系列动车组运营，根据我国车辆厂引进的国外技术不同，我国动车组又可以分为 CRH1、CRH2、CRH3、CRH5、CRH6 等几种类型，经过几年的引进、消化、吸收至再创新，我国自主研发了 CRH380 系列动车组，其网络控制系统研制成功。

动车组的引进、消化、吸收到再创新的过程中主要是以“动车组牵引控制系统、铝合金、不锈钢车体、系统集成技术、转向架、列车网络控制系统、牵引与辅助变流器、牵引变压器、制动系统、牵引电机”九大关键核心技术和“受电弓、车钩及缓冲装置、车门、车窗、集便装置、车内装饰、座椅、风挡装置、车内电器、空调系统”十项配套技术为重点。

在项目的学习程中，安排了两个任务，学习者通过完成项目任务，实现对所学知识的巩固与掌握。

【学习导航】

本项目主要学习动车组基本知识，具体如图 5-2 所示。

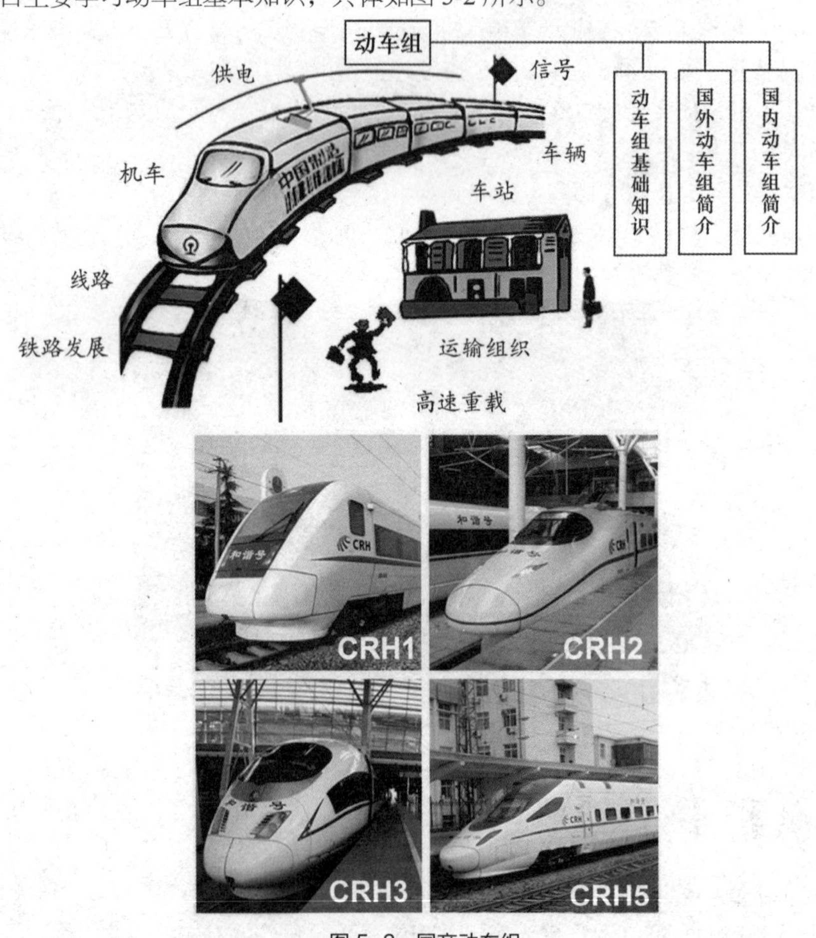

图 5-2　国产动车组

学习任务 5-1

制作 PPT，简要描述动车组的组成、动车组的技术特点及主要参数。

【相关知识 1】

5.1 动车组基础知识

5.1.1 动车组定义

由若干带动力的车辆（动车）和不带动力的车辆（拖车）组成的，在正常使用寿命周期内始终以固定编组运行、不能随意更改编组的一组列车。一般来说，由于需要双向运行，在列车的两端均设有驾驶舱。

5.1.2 动车组的分类

1．按速度等级分

（1）准高速动车组——最高运行速度为 160～200km/h。

（2）高速动车组——最高运行速度为 200～400km/h。

（3）超高速动车组——最高运行速度为 400km/h 以上。

2．按牵引动力类型分

（1）内燃动车组——由柴油机提供动力。

（2）电力动车组——由供电接触网提供动力。

（3）磁悬浮动车组——由电磁系统提供动力。

3．按动力配置方式分

（1）动力集中型动车组。动力集中型动车组就是指将整车动力集中在动车组一端或两端的车辆上，其余中间车辆不带动力（即为拖车），动力车只牵引不载客，拖车只载客不牵引。例如 ICE1、TGV—A 等。

（2）动力分散型动车组。动力分散型动车组就是指将整车动力分散到动车组的若干车辆上，中间车辆有带动力的（即动车），也有不带动力的（即拖车），也可以全部车辆都带动力，动车组的全部车辆都可以载客。例如，300 系、ICE3、AGV 等，我国生产的 CRH 型动车组均属于动力分散型动车组。动力集中型动车组和动力分散型动车组的优缺点分析见表 5-1。

表 5-1 动力集中型动车组和动力分散型动车组优缺点分析表

类型	优点	缺点
动力集中型动车组	1. 可灵活编组，便于管理 2. 便于监测和维修保养 3. 车厢内振动小、噪声低 4. 可进入既有线，也可进入非电气化铁路区段	1. 载客量相对较少 2. 轴重相对较重 3. 黏着与高速的矛盾难以协调 4. 制动性能相对欠佳

续表

类型	优点	缺点
动力分散型动车组	1. 载客量相对较多 2. 最大轴重较轻 3. 黏着与高速的矛盾容易协调 4. 具有较好的制动性能 5. 具有较低的每一座位寿命周期费用	1. 车厢内的舒适度较低 2. 故障率相对较高 3. 不能驶入非电气化铁路运行

4. 按转向架连接方式分

（1）独立式高速动车组。独立式动车组即为传统的车辆与转向架的连接方式，每节车辆的车体都置于两台转向架上，车辆与车辆之间用密封式车钩相连接，列车解体后车辆可独立行走。例如，德国的 ICE 型动车组、日本新干线。

（2）铰接式高速动车组。铰接式动车组是将车辆的车体之间用弹性铰相连接，并放置在一个共用的转向架上，因此每节车辆不能从列车上分解下来独立行走。例如，TGV、AGV 等。

5.1.3 基本组成

一般动车组有动车（M 车）、拖车（T 车）、带司机室车和不带司机室车等多种形式。按各部分具体功能来分，一般动车组由以下八部分组成，如图 5-3 所示。

1. 车体

车体分有司机室车体和无司机室车体两种。其作用是：提供乘客乘坐空间；安装设备；纵向连接承载。

车体是容纳乘客和司机驾驶（对于有司机室的车辆）的地方，又是安装与连接其他设备和部件的基础和骨架。通常车体由底架、端墙、侧墙和车顶等组成。

近代动车组车体均采用整体承载的钢结构或轻金属结构，以实现在最轻的自重条件下满足强度和刚度要求。

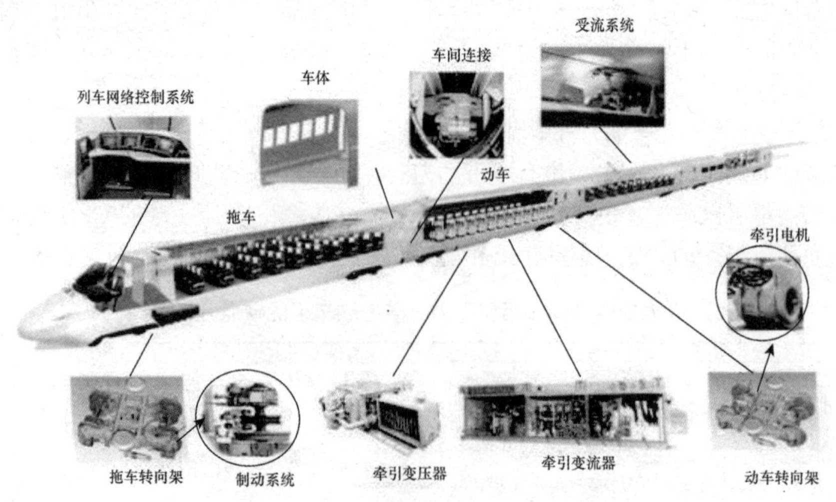

图 5-3 一般动车组基本组成图

2. 转向架

转向架有动力转向架和非动力转向架之分。其作用是：承载；导向（转向）；减振；动力转向架还有驱动（牵引）功能。

转向架位于车辆的最下部、车体与轨道之间。它牵引和引导车辆沿着轨道行驶，并承受和传递来自车体及线路的各种载荷，同时缓和其动力作用，它是保证车辆运行品质和保障运行安全的关键部件。

转向架一般由构架、弹簧悬挂装置、轮对轴箱装置和基础制动装置等组成。而对于动力转向架还装设有驱动装置（包括牵引电动机和传动齿轮）。

3．牵引传动及控制系统

牵引传动及控制系统的作用是：实现电能有效传递和转换；驱动列车前进；控制列车正常运行。

动车组的牵引传动及控制系统主要是指动车电气设备，包括动车（或拖车）上的各种电气设备及其控制电路。按其作用和功能又可分为主传动电路系统、辅助电路系统和电子与控制电路系统 3 部分。

主传动电路系统主要包括：主变压器、变流装置和牵引电机等；辅助电路系统主要包括各种通风冷却装置；电子与控制电路系统主要包括与牵引传动系统有关的各种控制装置。

4．制动装置

该装置包括机械部分、空气管路部分和电气控制部分。其作用是：产生一定的制动力，使列车在规定的距离或时间内减速或停车。

制动装置是保证列车安全运行所必不可少的装置。不仅在动车上设制动装置，而且在拖车上也要设制动装置，这样才能使运行中的车辆按需要减速或在规定的距离内停车。现代动车组通常以再生制动为首选制动方式。

5．车端连接装置

车端连接装置包括各种车钩缓冲装置、铰接装置和风挡等。其作用是：连接车辆成列；缓和纵向冲击；传递电力及信号。

一般车辆编组成列必须借助于连接装置，即所谓车钩。当然铰接式动车组通常采用铰接装置来代替车钩。

为了改善列车纵向平稳性，一般在车钩的后部装设缓冲装置，以缓和列车冲动。另外还必须借助于简便且可靠的连接头将车辆之间的电气和空气管路很好连通。

同时，为了改善列车的密封状况和空气阻力，需要采用密封且外表面平滑过渡的内外风挡。

牵引缓冲连接装置有如下几种形式。

① 全自动车钩和缓冲器。

② 半自动车钩和缓冲器。

③ 半永久牵引杆。

④ 各种形式的铰接装置。

6．受流装置

该装置作用是：将电流（能）顺利导入动车。

从接触导线（接触网）或导电轨（第三轨）将电流引入动车的装置称为受流装置或受流器。受流装置按其受流方式有多种形式，但高速动车组通常采用受电弓受流器，属上部受流。受电弓可根据需要进行升降。

在受流制式上，目前世界各国高速铁路既有采用直流供电（1500V、3000V），也有采用交

流供电（$16\frac{2}{3}$ Hz、15kV；50Hz、25kV）。

我国客运专线全部采用单相交流 50Hz，25kV，有如下优点。

① 可提高牵引电网的供电质量，降低迷流数值。

② 增加牵引供电距离，从而减少牵引变电所数量。

7．车辆内部设备（或动车组辅助设备）

车辆内部设备作用是：保证乘客乘坐安全舒适。车辆内部设备包括服务于乘客的车体内的固定附属装置和服务于车辆运行的辅助设备。

属于前者的有：车电、通风、取暖、空调、座椅和拉手，以及旅客信息系统等。

属于后者的有：蓄电池（箱）、继电器（箱）、主控制（箱）、空气压缩机、总风缸、辅助电源装置（辅助变流器）、通风冷却装置、各种电气开关和接触器（箱）等。

8．列车控制网络信息系统（Train control and Monitoring System，TCMS）

该系统的作用是对整个列车的牵引、制动和车内所有设备进行控制、监测和诊断。该系统主要由列车信息中央装置（CCU）、列车信息终端装置、列车信息显示器（含 IC 卡架）、列车总线（Wire Train Bus，WTB）、车辆总线（Multifunction Vehicle Bus，MVB）、控制总线（Controlle Area Network，CAH）、网关（Gateway，GW）以及车内各种设备的监控、诊断和显示装置等组成。

5.1.4 动车组的技术特点

1．头型流线化

随着列车运行速度的提高，周围空气的动力作用一方面对列车和列车运行性能产生影响；同时，列车高速运行引起的气动现象对周围环境也产生影响。

对于高速动车组来说，列车头型设计非常重要，好的头型设计可以有效地减少运行空气阻力、列车交会压力波，解决好运行稳定性等问题。

2．车体结构轻量化

为了节省牵引功率，降低列车高速所引起的动力作用对线路结构、机车车辆结构产生的损伤，以及提高旅客乘坐舒适度，需要最大限度地降低高速动车组的轴重。因此，国外各国高速列车车体的主要材料是铝合金和不锈钢，从发展趋势看，铝合金将成为动车组车体的主导材料。

3．高性能转向架技术

提高列车运行速度首先遇到的问题是转向架运行平稳性和安全性，所以提高列车运行速度应具有高性能的转向架。对于高速转向架要求具有高速运行的稳定性，良好的曲线通过性能，以满足乘客乘坐舒适度的要求。

4．复合制动技术

高速列车的制动能量与速度的平方成正比，故传统的纯空气制动能力已不能满足需要。因此高速列车必须采用能提供强大制动力并更好利用粘着的复合制动系统。该复合制动系统通常由制动控制系统、动力制动、空气制动（包括盘形制动和踏面制动）系统、微机控制的防滑器和非粘着制动装置等组成。

5．密接式车钩缓冲装置

目前世界各国高速列车普遍采用密接式车钩连接装置，该装置两车钩连接面的纵向间隙一般都小于 2mm，上下、左右偏移也很小，对提高列车的运行平稳性和电气线路、风管的自动连接提供了保证。

6．交流传动技术

早期的电力牵引传动系统均采用交-直传动，用直流电动机驱动。由于直流电动机的单位功率重量较大，使高速列车既要大功率驱动又要求减轻轴重，形成难以克服的矛盾。在交流转动系统中，交流牵引电动机较传统的直流牵引电动机具有结构简单、运行可靠、体积小、重量轻及造价低等一系列优点。交流牵引电动机没有整流子结构对电动机功率的限制，牵引功率可以得到进一步提高。

7．列车自动控制及故障诊断技术

列车自动控制系统对高速列车安全运行具有重要作用，世界各国在发展高速铁路时都十分重视列车自动控制系统的研究和开发，许多国家作为先进列车控制系统研制了多种基础技术设备，例如列车超速防护系统、卫星定位系统、车载智能控制系统、车载微机自动监测和诊断系统等。

目前在世界高速铁路上的自动控制方式主要分为两类。一类是以设备为主，人控为辅的控制方式，以日本新干线采用的 ATC（列车自动控制）方式为代表。另一类是人机共用、人控为主的方式，以法国 TGV 高速列车为代表，主要采用有 TVM300 型安全防护系统及改进的 TVM430 型安全防护系统，还有德国 ICE 高速列车采用的 FRS 速差式机车信号和 LZB 型双轨条交叉电缆传输式列车控制设备等。

8．倾摆式车体技术

列车通过曲线时，未被平衡的离心加速度超过允许限度时会对乘客产生不舒适感。这种未被平衡的离心加速度与列车速度的平方成正比，由此限制了列车通过曲线时的速度。采用摆式列车可以在既有线路条件下使列车通过曲线时的速度提高约 30%。

5.1.5 动车组的主要技术参数

动车组主要技术参数是概括地说明车辆技术规格的某些指标，是从总体上表征车辆性能及结构的一些参数。一般分性能参数与主要尺寸两大类。

1．车辆性能参数

（1）自重、载重和容积。自重是车辆本身的全部重量，以吨为单位，现代动车组每辆车的自重通常为 45～55t；载重即车辆允许的正常最大装载质量，以吨为单位；容积即表示装载空间，以立方米为单位。

（2）构造速度。构造速度指车辆设计时，按安全及结构强度等条件所允许的车辆最高行驶速度。车辆实际运行速度一般不允许超过构造速度。在有些场合中，构造速度也就是设计速度。

（3）轴重。轴重是指包括轮对本身质量在内的最大总质量。轴重的选择与线路、桥梁及车辆走行部的设计标准有关。

欧洲铁路联盟规定：对于运行速度超过 250km/h 的高速动车组，其轴重必须≤17t；而德国 ICE 1 动车轴重达 19.5t，日本 E2-1000 轴重仅为 14t。

（4）每延米轨道载重。每延米轨道载重是车辆设计中与桥梁、线路强度密切相关的一个参数，同时又是能否充分利用站线长度、提高运输能力的一个指标。其数值是车辆总质量与车辆全长之比。对动车组而言，该参数按设计任务书规定。

（5）能通过的最小曲线半径。能通过的最小曲线半径指装备某种形式转向架的车辆在站场或厂、段内调车作业时所能安全通过的最小曲线半径。当车辆在此曲线区段上行驶时不得出现脱轨、倾覆等危及行车安全的事故，也不允许转向架与车体底架或与车下其他悬挂部件相碰。

（6）轴配置（一般用轴列式表示）。轴配置表示动轴与非动轴等排列情况。而所谓轴列式是指用英文字母或数字来表示车辆走行部结构特点的一种简单方法。

通常，英文字母表示动轴数（A：一根动轴，B：两根动轴，C：三根动轴等）；数字表示从轴数（1：一根从轴，2：两根从轴，3：三根从轴等）。

通常高速动车有前后两台转向架，则其动车的轴列式可表示为 B-B；而拖车的轴列式可表示为 2-2。

（7）最大起动加速度、平均起动加速度和平均制动减速度。

① 最大起动加速度是指列车在起动过程（正常定员、直线和平道）中所能够达到的最大加速度。一般要求≥$0.4m/s^2$。

② 剩余加速度是指列车速度达最大时的瞬时最大加速度。一般要求≥$0.1\ m/s^2$。

③ 平均起动加速度是指列车速度从 0 增至某一速度（一般为 120～150 km/h）的平均加速度。

④ 最大制动减速度是指列车在额定载荷下，在空气制动和再生制动共同作用下所能达到的减速度之最大值。一般情况下：最大制动减速度≥$1.0m/s^2$。

⑤ 平均制动减速度是指列车在额定载荷下，自最大运行速度制动减速直至停车过程中的平均减速度。

（8）单位自重功率指标。单位自重功率指标指整车总功率与整车自重之比，一般在 10～15kW/t。由于列车阻力随运行速度提高而增大，因此，速度越高，该值越大。

（9）供电电压、最大网电流和牵引电机功率。我国电气化铁路（包括客运专线）全部采用单相交流 50Hz，25kV 供电。网压在 22.5～29 kV 时列车可满功率运行，网压在 22.5～17.5 kV 列车应线性降功率运行，网压在其他范围时应能实施保护。最大网电流是指供电电网的最大允许电流。

牵引电机功率由列车运行工况决定，单电机功率通常为：动力集中式动车组为 1200～1400kW，动力分散式动车组为 200～500kW。

（10）制动形式。动车组的制动形式有多种，通常有：摩擦制动，包括踏面制动和盘形制动；再生制动（即反馈制动）；电阻制动；涡流制动和磁轨制动等。

（11）座席数。座席数根据车内布置情况确定。一般情况下，普通车的座席布置为 2+3，头等车的座席布置为 2+2。我国 CRH2 和 CRH3 的总座席数分别为 610 人和 600 人。

2．车辆主要尺寸

（1）车辆外形尺寸，包括车辆全长、最大宽度和最大高度等。其中：车辆全长有车钩中心线连接长度和车体长度之分；车辆宽度是指车体最宽部分的尺寸；而车辆最大高度是指车辆顶部最高点到钢轨水平面的距离。车辆最大宽度和最大高度必须符合车辆限界的要求。

（2）车体内部的长、宽、高。车体内部的尺寸必须满足大部分旅客的乘坐要求，一般车体内部的净空高度为 2200～2300mm。

（3）车钩高（即车钩中心线距轨面高度），指车钩钩舌的水平中心线至轨面的高度。我国现行铁路规定新造或修竣后的空车标准车钩高度为 880mm，而我国高速动车组和城市轨道交通车辆的车钩高度无统一标准。

（4）地板面高度，指空车的地板面距轨面的高度。它受两个方面的制约：一方面，受车辆本身某些结构高度限制，如车钩和转向架；另一方面，又与站台高度的标准有关。

（5）车辆定距，指车辆内部两相邻转向架中心之间的距离。

（6）转向架固定轴距（简称轴距），指转向架内部两轴之间的距离。

学习任务 5-2

制作 PPT，对我国及世界其他国家的动车组发展情况进行简单介绍，收集报道我国动车组发展技术的相关视频。

【相关知识 2】

5.2 国外动车组列车简介

目前世界上拥有自主开发并已成功运用动车组的国家有日本、法国、德国和意大利，其共同之处在于列车各部件大量运用高新技术，同时又各具特色，即根据本国的运用条件和传统经验，特别是在转向架结构、车体轻量化、流线型外形、列车动力配置及构成形式、电传动及控制技术、列车信息网络等方面都具有各自的特点。其他正在发展高速铁路技术的国家和地区，如西班牙、韩国等，都是建立在引进这些国家的成熟技术的技术上而发展起来的。

5.2.1 日本高速铁路——新干线（Shinkansen）

日本的东海道新干线于 1959 年开工建设，于 1964 年 10 月 1 日东京奥运会开幕前夕开通。该线路的成功运营，开创了世界上高速铁路的新纪元。第一列 0 系新干线列车（见图 5-4）以 210km/h 的最高运行速度投入运用，使东京—大阪间列车运行的时间由 7 小时缩短至 3 小时 10 分钟。东海道新干线建成并成功运行，在日本产生了良好的社会效益和经济效益，对世界铁路的发展产生了重大的影响。1985 年，日本东北、上越新干线相继开通，200 系、100 系新干线列车分别以 240km/h 和 210km/h 的最高运行速度投入运用，100 系列车（见图 5-5）在 1986 年与 0 系列车一同达到 220km/h。

1987 年之后，新干线网络不断扩大。为了适应不同线路的运营条件，提高运行速度，降低对环境的影响，日本持续不断地开发研制不同系列的新干线动车组，使日本高速铁路技术飞速发展。1992 年，300 系列车在东海道新干线投入运行，最高速度达到 270km/h。该车通过采用铝合金车体、轻量化转向架和交流传动技术，使轴重大幅度降低，同时，运行速度及动力学性能得到较大提高。

随后，日本又开发了具有更好的空气动力学性能，采用半主动减振技术的 500 系（见图 5-6 最高试验速度为 350.4km/h，运行速度为 300km/h）、采用 IGBT 变流技术的 700 系（见图 5-7 最高运行速度为 285km/h）、采用双层车体的 E4 系（运行速度为 240km/h）和 Star21、700 系等型号的新干线列车，并一直保持自开通运行以来无重大事故的良好记录。

2002 年 12 月 1 日，东北新干线盛冈—八户新建标准新干线开通运营，东日本公司采用 E2 系 1000 型动车组，每列车由 10 辆编组（8M2T）。E2 系 1000 型动车组最高设计速度达到 315km/h，最高运行速度达到 275km/h。我国从日本引进并联合设计生产的 200km/h 动车组的原型即为该型动车组。

图 5-4　0 系

图 5-5　100 系

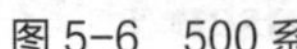

图 5-6　500 系

图 5-7　700 系

日本新干线高速动车组主要车型主要技术参数见表 5-2。

表 5-2　日本新干线动车组主要技术参数

车型	0 系	100 系	300 系	500 系	700 系	E1 系	E2 系	E3 系	E4 系
编组	16M	12M4T	10M6T	16M	12M4T	6M6T	6M2T	4M1T	4M4T
车长（m）	400.3	402.1	402.1	404	404.7	302.1	201.4	107.65	201.4
空车重（t）	896	857	630	620	628	692.5	365.9	219.7	424
定员（人）	1398	1321	1323	1324	1323	1235	629	270	1634
最高运行速度（km/h）	220	230	270	300	270	240	275	275	240
总功率（kW）	11840	11040	12000	18240	13200	9840	7200	4800	6720
电机形式	直流串激电动机	直流串激电动机	三相鼠笼式异步电动机	VVVF 逆变三相异步电动机	三相鼠笼式异步电动机	VVVF 逆变三相异步电动机	VVVF 逆变三相异步电动机	VVVF 逆变三相异步电动机	VVVF 逆变三相异步电动机
制造年代	1964—1986	1985—1991	1990—	1995—	1997—	1994—	1995—	1995—	1997—

5.2.2 法国高速铁路与 TGV 高速列车（Train a Grande Vitesse）

作为世界铁路运输最为发达的国家之一，早在 1955 年 3 月 29 日，法国就创造了电力机车牵引列车 331km/h 的试验速度纪录；1967 年 5 月，CC-6500 型电力机车牵引客车实现了最高速度 200km/h 的商业运行。然而，到 20 世纪 70 年代，迅速发展的公路和航空运输使法国铁路受到了前所未有的冲击，传统铁路越来越不能适应现代社会对铁路旅客运输的需要。

自 1967 年起，法国国营铁路开始着手研究高速运输。首先是尝试将航空用燃气涡轮发动机用于铁路动车组。1969 年 11 月，法国成功研制了第一代 ETG 型燃气轮动车组，最高试验速度达到 248km/h。此后，通过进一步提高燃气轮动车组质量，又研制出第二代 ETG 型燃气轮动车组，最高试验速度为 260 km/h。为了配合在巴黎—里昂建设高速铁路，还研制了第三代 TGV-001 型燃气轮动车组，5 节编组，1972 年，其最高试验速度达到 381 km/h。然而，1973 年中东战争引起第一次世界石油危机后，法国开始将动车组技术核心转向电力牵引，并率先在欧洲实行将速度、环保意识、充分利用能源、高新技术以及经济可靠性综合考虑的技术方针。1973 年，法国研制出第一列 Z7001 电动车组，在 1975 年，其最高试验速度达到 309 km/h。自 1976 年开始，法国开始着手研究交-直传动的 TGV-PSE 动车组（见图 5-8），并在 1981 年 9 月投入运用。此后，法国先后研制了交-直-交传动的 TGV-A（见图 5-9）、TGV-R、TGV-2N、TGV-TMST、西班牙 AVE、TGV-PBKA、TGV-K 等动车组，新型动力分散动车组 AGV（见图 5-10）也已研制成功，并投入试验运行，该车最高运行速度可达 360km/h。其中，TGV-A 325 号动车组于 1990 年 5 月在大西洋线创造了 515.3km/h 轮轨系统高速行车的世界纪录，在保持了 17 年后，该纪录再次被打破。2007 年 4 月 3 日，法国试验动车组 V150 创造了 574.8km/h 的高速铁路试验速度新纪录。

图 5-8　TGV-PSE

图 5-9　TGV-A

图 5-10　AGV

法国 TGV 动车组主要技术参数见表 5-3。

表 5-3　　法国 TGV 动车组主要技术参数

车型	TGV-PSE	TGV-A	TGV-R	TGV-TMST	AVE	TGV-PBKA	TGV-K	TGV-2N
编组	L+8T+L	L+10T+L	L+8T+L	L+9T+9T+L	L+8T+L	L+8T+L	L+18T+L	L+8T+L
车长（m）	200. 12	237.59	200.20	393.72	200	200	383.43	200.19
空车重（t）	418	479	416	787	420	418	774	424
定员（人）	368	485	377	794	329	377	1000	545
最高运行速度（km/h）	270	300	300	300	300	300	300	300
总功率（kW）	6800	8800	8800	12200	8800	8800	13200	8800
电机形式	直流电机	交流同步电机	交流同步电机	交流异步电机	交流同步电机	交流同步电机	交流同步电机	交流同步电机
运用年代	1981	1989	1993	1994	1992	1997	2001	1996

5.2.3　德国高速铁路与 ICE 高速列车（Inter City Express）

早在 1970 年，原联邦德国政府技术研究部就开始组织对未来长途运输系统新技术的研究。在发展高速铁路采用磁悬浮技术还是轮轨技术的问题上，经过了旷日持久的讨论，由于联邦铁路在市场竞争中亏损越来越大，而法国 TGV 动车组的成功运营也刺激着素以高技术著称的德国，故原联邦德国政府加快了发展高速铁路的步伐。

1982 年 5 月 13 日，原联邦德国铁路成立董事会，决定修建高速铁路，并于 1982 年 7 月动工。1982 年 8 月，联邦铁路投资 1200 万马克（4654.56 万元人民币），研制 ICE（Inter City Express）试验型城际快车。1985 年，2 动 3 拖的 ICE/V 试验型高速电动车组试制成功，同年，其最高试验速度达到 317km/h。1988 年 5 月，ICE/V 型试验列车在汉诺威—维尔茨堡间创造了 406 km/h 的当时动车组最高速度纪录。

在 ICE/V 的基础上，1985 年 12 月，联邦铁路确定了 ICE 设计任务书，1986 年开始试制 ICE—1 型动车组（见图 5-11），1990 年 7 月试制完成并于 1991 年 6 月 2 日以 280 km/h 的速度正式投入运行。

1991 年，民主德国、联邦德国统一后，德国政府决定修建柏林—汉诺威的高速铁路，同时开始了第二代 ICE 动车组——ICE-2 的开发。1996 年，该型动车组投入运用。

德国铁路于 1995 年开始动工修建科隆—法兰克福的高速铁路，由于该线路最高运行速度提高到 300km/h，线路最大坡度达到 40‰，既有的 ICE-1、ICE-2 型列车已经不能满足运行需要，为此，德国铁路于 1994 年向工业界订购了 50 列 ICE-3 型动力分散电动车组（见图 5-12）。1997 年，ICE-3 型电动车组投入运行。

为了在既有线路实现列车运行速度的提高，德国铁路还开发了 ICE-T（见图 5-13）和 ICE-TD 型摆式动车组（见图 5-14）。目前，运行速度达到 350km/h 的 Velaro 高速电动车组也已研制成功。

德国 ICE 高速动车组主要参数见表 5-4。

图 5-11 ICE-1

图 5-12 ICE-3

图 5-13 ICE-T

图 5-14 ICE-TD

表 5-4 德国 ICE 高速动车组主要参数表

车型	ICE/V	ICE-1	ICE-2	ICE-3	ICEM
编组	2L3T	2L12T	1L7T	4M4T	4M4T
车长（m）	114	357.92	205.40	200	200
空车重（t）	300	782	410	410	436
定员（人）	87	669	391	415（441）	404（431）
最高运行速度(km/h）	300	280	280	330	330（220）
总功率（kW）	8400	9600	4800	8000	8000（交） 4300（直）
电机形式	感应电机	感应电机	感应电机	感应电机	感应电机
运用年代	1982—1985	1985—1993	1996—	1997—	1997—

5.2.4 其他国家高速铁路与新一代高速动车组发展概况

由于高速铁路具有良好的经济促进作用，西班牙、意大利、瑞典、韩国、比利时、荷兰、英国和美国等国家都纷纷研究高速铁路技术，先后发展了一系列的高速动车组。

意大利铁路早在 20 世纪 50 年代的 Settebello 电动车组上就获得了最高速度达 200km/h 的运行经验，在 20 世纪 80 年代初计划建设高速铁路网的同时着手研制高速动车组。1989 年春，ETRX500 型试验列车在罗马—佛罗伦萨试验时速度达到 316km/h。随后，意大利又开发了“预生产型”ETRY500 列车，经试验后于 1991 年投入运行。随后，正式生产的 ETR500 试验列车（见图 5-15）于 1995 年开始供货并投入运用。同时，意大利铁路还开发了摆式列车 Pendolino。Fiat 公司在 1967 年就开始对摆式车体的理论和系统进行研究，1974 年试制成第一代摆式动车组 ETR401（见图 5-16），并于 1976 年开始试用。鉴于 ETR401 在运用中的良好效果，随后，第二代 ETR450（见图 5-17），第三代 ETR460、ETR470、ETR480 摆式列车以及动力分散型的 ETR600 动车组相继研制成功并投入运行。

图 5-15　ETR500

图 5-16　ETR401

图 5-17　ETR450

瑞典铁路主要通过采用摆式列车实现高速化。瑞典铁路的主要特点是弯道多、曲线半径小。鉴于其铁路现状，瑞典国有铁路（SJ）和 ABB 公司经过多年的研究实验，研制成功了 X2000 型摆式列车（见图 5-18），并于 1990 年投入运用。此后，瑞典还研制了 XZ、XCE 等型号的摆式列车。1994 年 4 月，瑞典国铁与我国铁道部决定合作研究利用 X2000 动车组在中国既有线路实施提速的可能性。经过研究与谈判，1996 年双方决定瑞典 ADtranz 公司为中国制造一列 X2000 动车组。1998 年 1 月 15 日，列车运抵天津新港，随即被送至中国铁道科学研究院环行线进行系统性能实验，同年 8 月在广深线完成安全评估试验，并于 1998 年 8 月 28 日正式在广深线投入运行。

西班牙在长 471km 的马德里—塞维利亚的高速铁路主要采用从德、法两国购置的 AVE(Alta Velocidad Espanola）动车组（同 TGV-A）和由 S252 型电力机车牵引的 Talgo 摆式列车（见图 5-19）进行商业化运行。二次世界大战后，西班牙开始着手研制 Talgo 列车，1950 年，由美国车辆及铸造公司制造的 Talgo 列车投入运行。在此基础上，西班牙又先后研制了 Talgo II 、Talgo III、Talgo-Pendular 等列车。1998 年 4 月，西班牙铁路与德国 ADtranz、SIEMENS 及西班牙 Talgo 公司签订了合同，研究开发 Talgo350 摆式列车，样车于 2000 年年底研制完成，并于 2001 年 2 月 24 日达到 359km/h 的最高试验速度。近年来，西班牙还向 SIEMENS 订购了动力分散型的 Velaro 高速动车组。

韩国于 20 世纪 90 年代初期引进了法国 TGV 高速动车组，其高速铁路于 2004 年 4 月 1 日在首尔—釜山间开通运营。在此基础上，韩国设计、制造了 HSR 高速动车组（见图 5-20），该车仍然为动力集中模式。为进一步提高列车运行速度，韩国已将开发 400km/m 动力分散型动车组列入计划。

意大利、瑞典、西班牙主要高速动车组基本参数见表 5-5。

图 5-18　X2000 型摆式列车

图 5-19　Talgo 摆式列车

图 5-20　韩国 HSR 高速列车

表 5-5　　意大利、瑞典、西班牙主要高速动车组基本参数表

国家	意大利		瑞典	西班牙	
车型	ETR500	ETR450	X2000	AVE	S252 牵引 Talgo 列车
编组	2L11T	4M+T+4M	1M+5T	M+8T+M	
车长（m）	329		140	200.144	
空车重（t）	660	444.5	343	421.5	
定员（人）	600~663	386	292	329	
最高运行速度（km/h）	300	250	210	300	220
总功率（kW）	8800	5000	4000	8800（交） 5400（直）	5600
运用年代	1989—	1988—	1990—		

进入 21 世纪后，高速铁路运行速度高、对环境影响小等优点更加突出，各国已开始对最高运行速度达 350km/h 以上的下一代高速动车组进行研究。SIEMENS、BOMBARDIER 等公司已完成了各自新一代动车组的方案设计，如图 5-21、图 5-22 所示。此外，阿根廷、俄罗斯等国家也已着手规划高速铁路，并计划在 10 年内投入运营。

图 5-21 S1EMENS Venturio 高速动车组　　图 5-22 BOMBARDIER ZEFIRO 高速动车组

5.3 我国动车组简介

5.3.1 国内动车组

20 世纪末期，我国铁路各机车车辆工厂开始进行动车组研究与开发，并在国内局部线路进行试制性运营。

1．“春城号”电动车组

1999 年 4 月，长春客车厂为迎接 1999 年昆明世界园艺博览会开发制造了中国首列商业运行电动车组—120km/h 的“春城号”电动车组（见图 5-23），成功运用于昆明世博会的旅客运输。该电动车组采用动力分散型交直传动方式，以一动一拖为一个动力单元，一列 6 辆编组，可运用于标准轨距电气化线路上，牵引总功率 2160kW。该电动车组的电传动系统主电路采用了国内电力机车成熟技术——可控硅多段桥技术及微机控制技术；控制电路采用多单元重联技术，安全可靠，便于操作；辅助电路采用分组整流、分散逆变的方式。每辆车设一台 2×35 kV·A 静止逆变器，可为空调、电热、电茶炉以及微波炉等电器设备提供电源；空调、塞拉门、照明采用集中控制的方式。该电动车组首次采用无摇枕转向架及数字模拟式制动机。软座车为新型可调节座椅，硬座车为仿人体工程学座椅，并设有投影电视、信息显示、吧台、食品冷热加工设备、真空集便装置等设施。

2．“春光号”内燃动车组

四方车辆工厂为南昌铁路局制造的内燃动车组是我国首列单层液力传动车组，适应中国城市间中短途铁路客运。该动车组采用两节动车和四节拖车固定编组形式，装车功率为 2×1000kW，最大启动牵引力为 190kN，最高运行速度为 140km/h。该车结构简单，安全可靠，启动平稳，加速快，方便快捷，尤其是采用液力传动方式，具有少维护、免维护特点。该车动车由司机室、动力室、传动冷却室、辅助发电室、配电室、客室、茶炉室及卫生间组成。拖车分为硬座车和软硬合造车两个品种。该动车采用重联控制系统、拖车中央集控系统、电控气动塞拉门、工程塑料内装饰板、电子信息显示等。动车组可根据用户要求，设计成不同功率等级，以满足运营时速为 120km、140km 和 160km 的需求，并可增加或减少拖车数量，其结构可为一动两拖、一动五拖、两动四拖、两动六拖和两动八拖等不同形式。拖车分为硬座车和软硬合造车两个品种。

图 5-23　春城号动车组

图 5-24　新曙光动车组

图 5-25　神州号动车组

3．“新曙光”内燃动车组

1999 年 10 月，沪宁线上开行了由我国自己设计制造的“新曙光”双客内燃动车组（见图 5-24），最高速度达到 180km/h。“二动九拖”准高速内燃动车组是铁道部立项研制的首列新型内燃动车组。拖车为浦镇工厂研制的双层客车。客车采用上下封闭式楼梯；新型断面结构；电动气控塞拉门，激光感应内端门、真空集便装置等。动车采用戚墅堰机车车辆厂生产的 Nzjl 型。采用交-直流电传动，装用 2V280ZJ 型柴油机、JF211 型主副发电机和 ZDl06A 型牵引电动机，采用向客车 600V 直流供电、轴式为 AlA 准高速架悬式转向架、流线型车体、微机重联通讯和控制，高低压电器柜正压通风，气动塞拉门、碱性蓄电池等新技术。该动车组具备四大特点：一是功率大，柴油机装车功率 2×2760kW；二是速度快，最大运营速度 180km/h；三是载客多，总定员 1140 人；四是技术新，600V 直流供电，密接式车钩等。

4．“神州号”内燃动车组

“神州号”双层内燃动车组（见图 5-25）运营于北京—天津区间，是长春客车厂和大连内燃机车厂联合开发研制的。编组形式为 2 动 10 拖（1M+10T+1M），首尾为动车，中间 10 辆双层拖车，其中，软座车 1 辆、硬座车 9 辆（包括 1 辆播音车、1 辆车长车、3 辆小卖部车及 4 辆普通硬座车）。动车组采用推挽式重联牵引。动车为交—直流电传动内燃机车，采用轴式为 C-C 的架悬式准高速转向架、JZ-7 型电控制动机等。动车设有监控系统，可对空调装置、车门、轴温报警装置、制动系统进行监控。其头部外观采用流线型。拖车采用无摇枕转向架、进口集便装置、自动塞拉门、直流 600V 供电系统、进口折棚风挡及密接式车钩等新技术。

5．哈尔滨液力传动内燃动车组

哈尔滨铁路局动车组属于液力传动式单层内燃动车组。内燃动车组是为满足城间中短途旅客运输需求而设计开发的一种新型客运运输工具。长客厂设计开发了液力传动内燃动车组。动车组采用两动五拖编组形式，前后为两辆完全相同的动车，动车采用重联控制，可同时操纵整列动车组。中间为五辆拖车，其中一辆拖车为带播音室和车长办公席的硬座车。动车从前至后依次布置为司机室、动力室、冷却室、辅助发电室、配电室和客室。客室为普通硬座，定员38人，并设有通过台。司机室内前方布置一个结构新颖便于观察的操纵台。电气控制元件设置在操纵台内。设置两个可升降式座椅，电气柜布置在司机室内，司机室两边设侧门。侧窗为电动玻璃窗. 司机室内装有空调及电热供暖装置。冷却室布置液力传动箱，上方布置冷却装置，设有一个 33kW 的起动辅助发电机，22kW 的电动风泵机组。冷却装置分为两个部分，其中一个部分为动力柴油机的冷却系统，该系统为吸风式水冷系统。另一部分为辅助发电机组的冷却系统，其冷却风扇由变频调速控制，频率由辅助发电机组的冷却水温控制。液力传动箱输出部分带有一 33 kW 的起动辅助发电机。起动辅助发电机提供 110 V 直流电源给风泵机组及给蓄电池充电。

6．160km/h 内燃摆式动车组

动力分散内燃液传摆式动车组是由中国北车集团唐山机车车辆厂研制的时速 160km/h 的摆式动车组。该车由于采用了先进的倾摆技术，所以曲线通过速度将比普通客车提高 20%～30%。为保证安全性和可靠性，该车采用了大量的先进技术，其中柴油机为美国 CUM-MINS 公司 QSK19 卧式柴油机，液力传动箱采用德国 VOITH 公司的 T311R，倾摆技术采用德国 ESW 公司的机电倾摆系统。

7．“普天”号内燃摆式动车组

“普天”号摆式动车组动车装用 12V240ZJD-1 型柴油机，机车标称功率为 3250kW。该车采用微机网络控制以及国际领先的径向全悬挂转向架，最高速度可达 160km/h。

8．“金轮”号双层内燃动车组

金轮号内燃双层动车组的两节内燃动车是由中国北车集团大连机车车辆厂为兰州铁路局研制开发，该动车组用于兰州至西宁、兰州至敦煌等区间的旅客运输。动车采用交—直流电传动系统、国产 16V240ZJE 型柴油机，标称功率为 2740 kW，采用推挽重联牵引。动车组最大运用速度 180km/h。这是第一列驶入西北高原的内燃动车组。

9．“蓝箭”电力动车组

“蓝箭”电力动车组（见图 5-26）是为满足广深线“小编组、高密度、高速度”的公交化客运要求，由株洲电力机车厂、株洲电力机车研究所、长春客车厂和广铁集团于 2000 年共同研制的新一代交流传动高速电动旅客列车组，牵引“蓝箭”的 DJJ1 型是中国第一台动力集中式交流传动高速动力车。

该车电传动系统采用了先进的 IPM 水冷机组、1225kW 异步牵引电动机和分布式微机网络控制系统。电路设计采用了模块化结构，允许隔离故障部分维持动车组运行。控制系统采用两级分层的列车通讯网络，运用可靠性高。基础制动采用轴盘制动装置，具备 ABS 防滑行保护功能。制动机采用 DK-1B 型，具有空电联合制动功能和列车电空制动功能，具有与安全装置配合自动常用制动功能。编组形式中基本编组为一动五拖一控制车（M+5T+TC），两列连挂编组为二动十拖（M+10T+M），基本编组定员为 421 人，连挂编组定员约 800 人。持续功率 4800kW，最大速度 220km/h。

图 5-26 蓝箭电力动车组

10．“先锋号”电动车组

200km/h 动力分散型交流传动电动车组，是被国家计委列为“九五”重点科技攻关项目的我国首列交流传动动力分散电动车组。列车运营速度 200km/h，最高试验速度 250km/h。该电动车组由两个单元共 6 辆车组成，每 3 辆车组成一个单元，其中包含 2 辆动车和 1 辆拖车。电动车组设有一等软座 1 辆，二等软座车 5 辆，总定员 424 人。

该电动车组在国内首次采用了交-直-交传动系统、微机控制直通电空模拟式制动系统和微机网络控制系统等先进技术，装有新型牵引变压器 IPM 变流机组，异步牵引电机，无摇枕动力转向架和非动力转向架，并采用电动气控塞拉门、感应内端门、真空集便等装置。

车内设有司机室、乘务员室、配电室、播音室、洗面室、厕所、洁具室以及小卖部和电话间。车体钢结构为整体承载全钢焊接无中梁筒形结构。首、尾两节动车的头部采用流线型结构，各车下部采用铝合金制作的裙板装置。全车设空调装置，并具有空调集中监控功能。

该电动车组在有关科研院所和铁路工厂等单位的支持和配合下，由南京浦镇车辆厂负责总体研制。首列电动车组命名为“先锋”号（见图 5-27）。

国内动车组的试制性运营取得了一定经验，为大规模动车组运营奠定了基础。

图 5-27 先锋号电动车组

5.3.2 “和谐号”CRH 动车组

1．CRH 动车组基本情况

2004 年 10 月铁道部组织完成了 140 列时速 200km 动车组采购项目合同签订，成功引进了川崎重工、阿尔斯通和庞巴迪公司的先进技术。其中川崎重工和四方机车车辆股份公司合作生产 60 列；阿尔斯通和长春客车股份公司合作生产 60 列；青岛 BSP，（庞巴迪）股份公司生产

20 列（后来又增加 20 列）。2005 年 11 月铁道部又组织完成了 60 列时速 300km/h 动车组采购项目合同签订，成功引进了西门子（与唐山机车车辆厂合作）的高速动车组先进技术。同时，四方股份在 2004 年技术引进的基础上，也进行了动车组技术向 300km/h 的提升。两次共签订引进并合作生产 280 列高速动车组合同，全部命名为“和谐号”动车组。

动车组引进并合作生产情况见表 5-6。

表 5-6　动车组引进并合作生产情况表

项目阶段 / 制造企业	批次	整车进口	散件组装	国内制造
四方股份/川崎重工	第一批（CRH2）	3 列	6 列	51 列
	第二批（CRH2-300）	0	0	60 列
BSP/庞巴迪	第一批（CRH1）	0	0	20 列
	第二批（CRH1）	0	0	20 列
长客股份/阿尔斯通	第一批（CRH5）	3 列	6 列	51 列
唐山工厂/西门子	第二批（CRH3）	3 列	0	57 列

高速动车组的引进，不仅仅是考虑到满足高速铁路动车组之需，更长远的目标是提高技术装备水平。因此，原铁道部提出了“引进先进技术、联合设计生产、打造中国品牌”的总体要求，走市场换技术的路子，在较短的时间实现我国机车车辆工业的快速提升，引进动车组的九大关键技术（见图 5-28）。我国已从 2007 年起开始着眼于时速 300km/h 客运专线建设需要，组织开发时速 300km 动车组，抓紧设计完成时速 200～250km、编组 16 辆的卧车动车组，逐步形成适应我国铁路客运需求的动车组系列产品，利用时速 200km 动车组的技术平台，开发时速 200km 新型提速客车，在“十一五”期间实现时速 200km 动车组国产化。

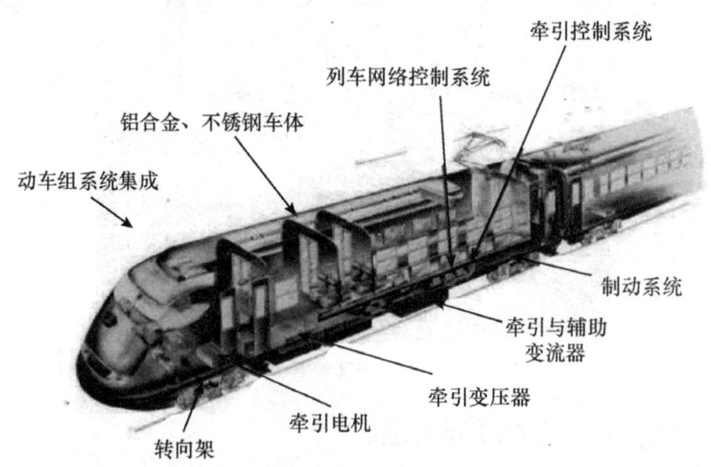

图 5-28　引进动车组的九大关键技术

2. CRH 动车组编号规则

（1）动车组的型号和列车编号构成如下。

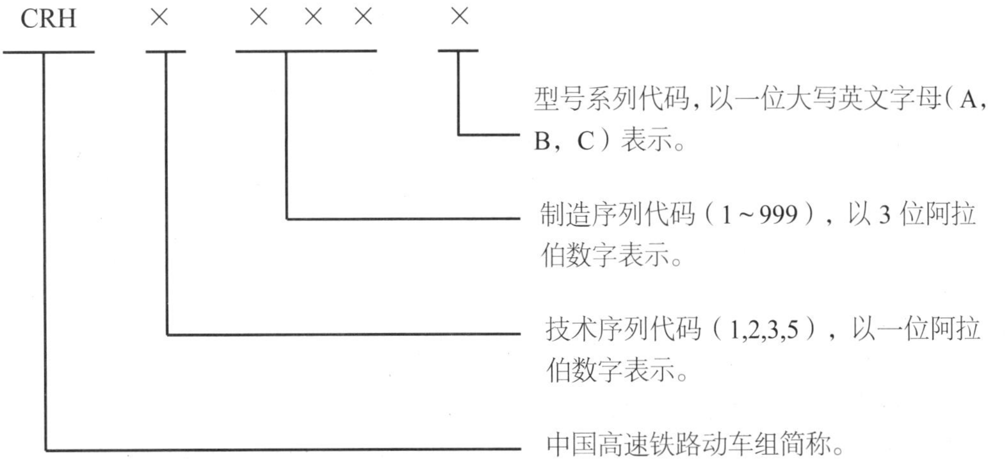

各型动车组的型号系列代码按动车组的速度等级、车种确定，对已有的动车组规定如下。

A—运行速度200km、8辆编组、座车。

B—运营速度275km、8辆编组、座车。

C—运营速度300km、8辆编组、座车。

各型动车组的制造序列代码按不同的技术序列单独编排，顺序由001～999依次排列。

各型动车组的技术序列代码分配为：BSP动车组定为“1”，四方股份动车组定为“2”，唐山车辆有限公司动车组定为“3”，长客股份动车组定为“5”。

例如，CRH2-011A表示：中国高速铁路动车组，四方股份动车组，第11列，运行速度200km、8辆编组、座车。

（2）动车组中车辆的车种和编号构成如下。

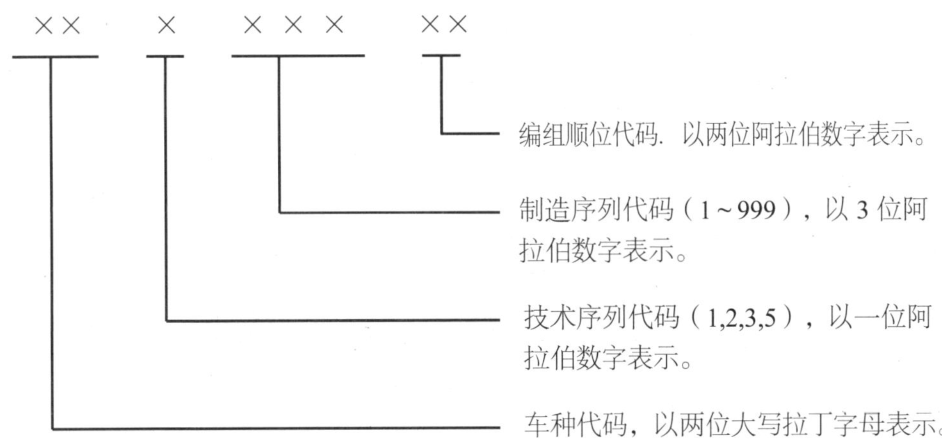

编组顺位代码，由1位头车至2位头车的代码为01，02，…，07，00。

制造序列代码，同动车组。

技术序列代码，同动车组。

车种代码是汉语拼音缩写，如一等座车 ZY、二等座车 ZE、餐车（含酒吧车）CA。

例如，ZE202200表示：二等座车，四方股份动车组，第22列，尾车。

（3）新一代动车组的型号和列车编号构成如下。

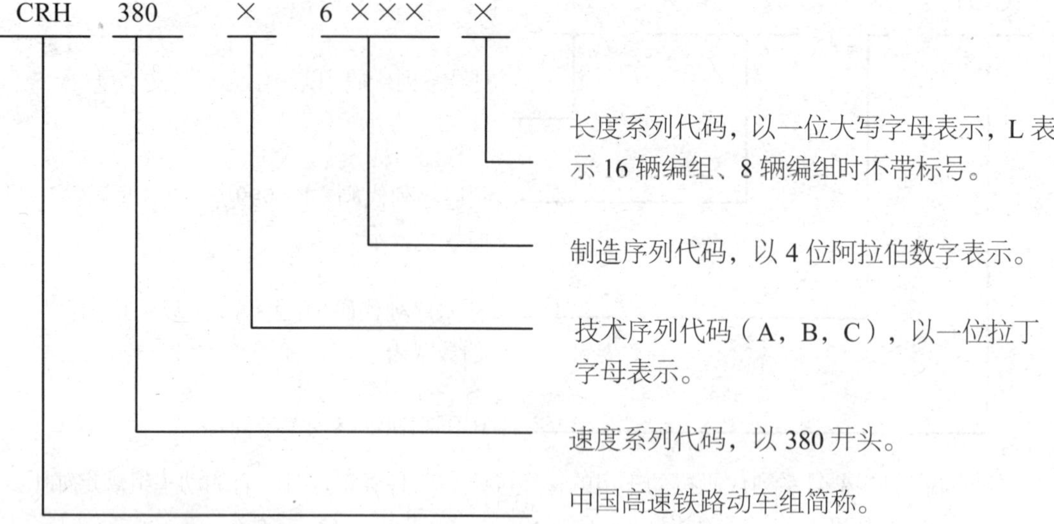

制造序列代码，不同技术平台车组号统一编号，以 6 字打头。各制造厂制造序列号按已签订合同数量以百位间隔分配不同的号段，并按出厂时间顺序编排。具体分配如下所述。

四方股份（140 列 CRH380A）：6001~6140。

长客股份（110 列 CRH380B）：6201~6310。

唐车公司（70 列 CRH380B）：6401~6470。

BSP 公司（80 列 CRH380C）：6601~6680。

技术系列代码，A—四方新一代高速动车组；B—长客/唐山新一代高速动车组；C—BSP 新一代高速动车组。

例如，CRH380A-6001L 表示：中国高速铁路动车组，四方新一代高速动车组，运行速度 380km，四方股份第 1 列，16 辆编组。

（4）新一代动车组中车辆的车种和编号构成如下。

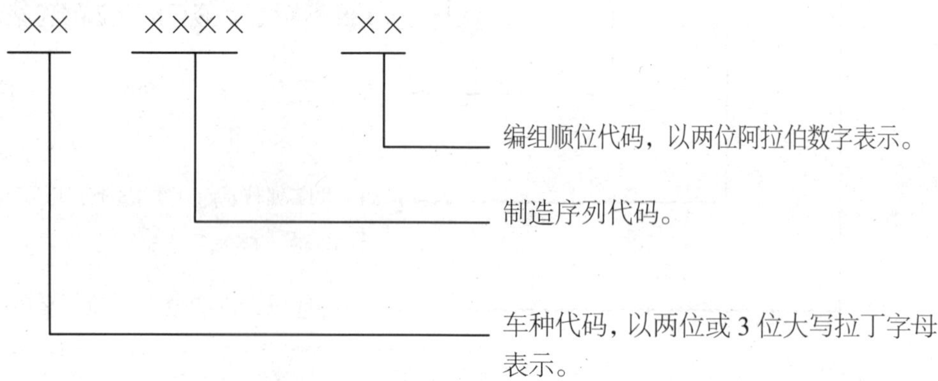

编组顺位代码，由 1 位头车至 2 位头车的代码为 01，02，…，00。

制造序列代码，同新一代动车组。

车种代码是汉语拼音缩写，如一等座车 ZY、二等座车 ZE、16 编组餐车 CA、8 编组座车餐车 ZEC 、16 编组一等座车/观光车 ZYG 、16 编组二等座车/观光车 ZEG。

例如，ZY 600100 表示：一等座车，四方新一代高速动车组，四方股份第 1 列，尾车。

3．传统 CRH 动车组简介

（1）CRH 1 动车组。CRH 1 动车组（见图 5-29）由青岛四方—庞巴迪—鲍尔铁路运输设备有限公司（BSP）提供，国外合作伙伴是庞巴迪运输瑞典 AB（BT）。BSP 动车组是以庞巴迪公司为瑞典国家铁路和地方铁路开发的“Regina”动车组（见图 5-30）为原型车经改变设计而成的。

图 5-29　CRH1 型动车组

图 5-30　Regina 动车组

Regina 动车组为动力分散型动车组，最高运营速度 180～200km/h，轨距 1435mm，车宽 3450mm，编组为 2～3 节车厢，用于网压 15kV 的供电区域。庞巴迪公司自 1998 年 12 月至 2003 年年底相继获得了瑞典国铁和地方铁路公司等用户/运营商的总共 70 列 152 辆的订单。

CRH1 编组结构（见图 5-31）由 8 辆车组成，其中 5 辆动车 3 辆拖车（5M3T），首尾车辆设有司机室，可双向驾驶。全列编组定员 668 人，其中：一等车 144 人，二等车 524 人，5 号车酒吧/餐厅区设站席 9 个，餐席 24 个，设有 2 个残疾人轮椅位和 1 个残疾人卫生间，各车定员设置见表 5-7。

图 5-31　CRH1 编组结构

Mc—驾驶动车　M—中间动车　Tp—带受电弓的拖车　Tb 一带酒吧的拖车

表 5-7　　CRH1 各车定员设置表

顺号	01	02	03	04	05	06	07	00
席别	一等座车	二等座车	二等座车	二等座车	酒吧座车	二等座车	二等座车	一等座车
定员	72	101	101	101	19	101	101	72

（2）CRH2 动车组。CRH2 动车组（见图 5-32）由南车集团四方机车车辆股份有限公司与国外合作伙伴川崎重工提供。四方动车组是以日本新干线 E2-1000 型动车组（见图 5-33）为原型车经改变设计而成的。

图 5-32　CRH2 动车组

图 5-33　E2-1000 型动车组

E2-1000 型动力分散动车组是川崎重工制造的动车组，由 10 辆车组成（8M2T），牵引总功率 9600kW，设计速度 315km/h，运营速度 275km/h，目前已经批量生产了 15 列，分别用于东北新干线、长野新干线和上越新干线。

CRH2 编组结构（见图 5-34）全列编组 8 辆，其中 4 辆动车 4 辆拖车（4M4T）。全列编组定员 610 人，其中：一等车 51 人，二等车 559 人，7 号、0 号车设有残疾人设施，包括残疾人座椅、卫生间和多功能室，5 号车是二等车并设有酒吧/餐厅区，酒吧/餐厅区设站席 4 个，餐席 16 个，各车定员设置见表 5-8。

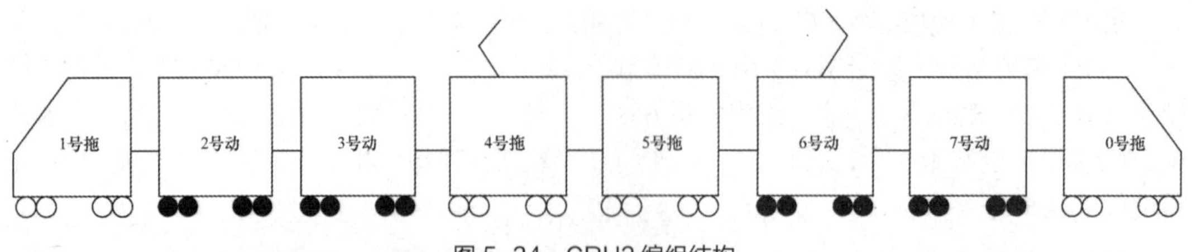

图 5-34　CRH2 编组结构

表 5-8　CRH2 各车定员设置表

顺号	01	02	03	04	05	06	07	00
席别	二等座车	二等座车	二等座车	二等座车	酒吧座车	二等座车	一等座车	二等座车
定员	55	100	85	100	55	100	51	64

（3）CRH3 动车组。CRH3 动车组（见图 5-35）由唐山机车车辆厂与国外合作伙伴西门子提供。唐山工厂是以西门子 Velaro-E 型动车组为原型车经改变设计而成的。

Velaro E 动车组（见图 5-36）是以德国铁路股份公司（DB AG）的 ICE3 为原型车开发研制的，最高运行速度达 350km/h，用于西班牙新建的马德里—巴塞罗那高速铁路，于 2007 年投入运用。由于 ICE 系列动车组是德国国铁的注册商标，所以西门子公司为西班牙提供的动车组定名为 Velaro E，Velaro E 是西门子公司具有自主知识产权的品牌。

CRH3 编组结构（见图 5-37）全列编组 8 辆，其中 4 辆动车 4 辆拖车（4M4T）。全列编组定员 600 人，其中：一等车 56 人，二等车 544 人，4 号车是二等座车与餐车的合造车；1 号、0 号车靠司机室区域设一等座区。部分一等座区设旋转座椅。FC05 设有残疾人座椅，各车定员设置见表 5-9。

图 5-35 CRH3 动车组

图 5-36 Velaro-E 型动车组

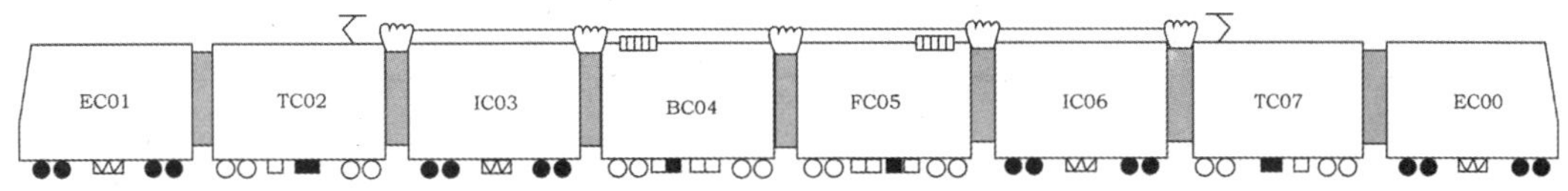

图 5-37 CRH3 编组结构

表 5-9 CRH3 各车定员设置表

顺号	01	02	03	04	05	06	07	00
席别	二等座车	二等座车	二等座车	酒吧座车	一等座车	二等座车	二等座车	二等座车
定员	73	87	87	50	56	87	87	73

（4）CRH5 动车组。CRH5 动车组（见图 5-38）由长春轨道客车股份有限公司与国外合作伙伴阿尔斯通公司提供。长客动车组是以阿尔斯通公司为芬兰国铁 VR 提供的 SM3 动车组为原型车经改变设计而成的。

图 5-38 CRH5 动车组

图 5-39 SM3 型动车组

SM3 型动车组（见图 5-39）由两个牵引单元 6 辆编组构成，是动力分散式摆式电动车组。倾摆系统采用液压作动器。动车组适应芬兰铁路的 1524mm 宽轨，车体宽度 3200mm。每牵引单元采用 4 个牵引电机，体悬方式悬挂，编组牵引功率 4000kW，轮周牵引力 160kN，最高运营速度 220km/h。6 辆编组定员 325 人（包括两个残疾人座席）。阿尔斯通公司自 1995 年起已经为芬兰国铁（VR）生产了 18 列 SM3 动车组。

CRH5 编组结构（见图 5-40）全列编组 8 辆，其中 5 辆动车 3 辆拖车（5M3T）。全列编组 8 辆，定员 622 人，其中：一等车 60 人，二等车 562 人，6 号车是二等车并设有酒吧/餐厅区。酒吧/餐厅区设站席 9 个，餐席 16 个；7 号车设有残疾人设施。包括 1 个可供残疾人使用的座位和 1 个残疾人卫生间，各车定员设置见表 5-10。

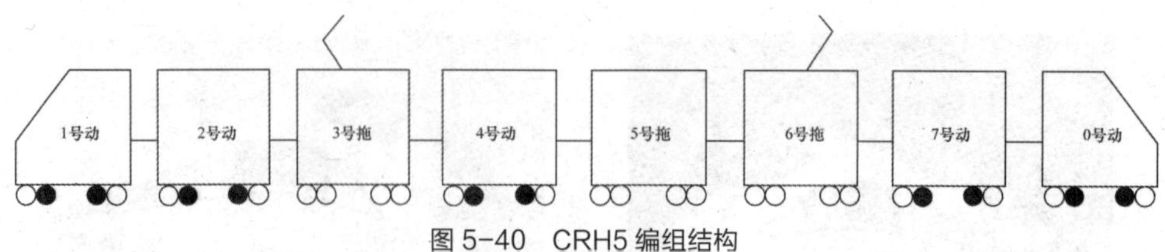

图 5-40 CRH5 编组结构

表 5-10 CRH5 各车定员设置表

顺号	01	02	03	04	05	06	07	00
席别	二等座车	二等座车	二等座车	二等座车	二等座车	酒吧座车	二等座车	一等座车
定员	74	93	93	93	93	42	73	60

（5）CRH 型动车组主要参数见表 5-11。

表 5-11 CRH 型动车组主要参数表

项　　目	CRH1 型	CRH2 型	CRH3 型	CRH5 型
动力配置	5M+3T	4M + 4T	4M + 4T	5M+3T
编组重量（t）	421	359.7	425.08	451.3
车体材质	不锈钢	铝合金	铝合金	铝合金
总牵引功率（kW）	5300	4800	8800	5500
单电机功率（kW）	265	300	550	550
动轴数（根）	20	16	16	10
启动加速度（m/s^2）	>0.6	0.406	0.5	⩾0.5
制动减速度（m/s^2）	0.8	0.747	0.9～1.1	0.79
最高速度（km/h）	200	250	330	250
转向架轴重（t）	⩽16	⩽14	⩽15.69	⩽17
定员（人）	668	610	600	622

（6）CRH 型动车组主要结构尺寸见表 5-12。

表 5-12 CRH 型动车组主要结构尺寸表

项　　目	CRH1 型	CRH2 型	CRH3 型	CRH5 型
头车长度（m）	26.95	25.7	25.86	27.6
中间车长度（m）	26.6	25.0	24.825	25.0
车辆宽度（m）	3.328	3.38	3.265	3.2
车 辆 高（m）	4.04	3.7	3.89	4.27
总长（m）	213.5	201.4	200	211.5
地板面高度（mm）	1250	1300	1250	1270
车钩高（mm）	880	1000	1000	1050
转向架中心距（m）	19	17.5	17.375	19
固定轴距（m）	2.7	2.5	2.5	2.7
转向架轮径（mm）	915～835	860～790	920～860（T） 920～830（M）	890～810

4．国产新型 CRH380 系列动车组

（1）CRH380A 型电力动车组。CRH380A 型电力动车组是铁路总公司为营运新建的高速城际铁路及客运专线，由南车青岛四方机车车辆股份有限公司在 CRH2C（CRH2-300）型电力动车组基础上自主研发的 CRH 系列高速动车组，如图 5-41 所示。

图 5-41　CRH380A 型电力动车组

① CRH380A 列车总数为 40 列，采用 6 动 2 拖（5M3T）的编组方式。列车设有带一等包厢座位的一等座车（ZY）2 辆、二等座车（ZE）3 辆、带观光座的二等座车（ZEG）2 辆和带酒吧的二等座车（ZEC）1 辆。其中一等座采用 2+2 方式布置，二等座为 2+3 布置。除了带酒吧的二等座车、一等包厢座位外，其他车厢所有座位均能旋转。列车设有观光座定员 12 人，一等包座定员 6 人，一等座定员 89 人，二等座定员 373 人，全列定员 480 人。

② 统型 CRH380A 是 2013 年新购置动车组中，根据中国铁路总公司的要求采用根据运营经验和乘客乘坐需求，在各型动车组技术平台上，对列车的车型、定员、旅客服务设施、司机操作设施、列车的主要性能进行统一而设计出来的动车组的设计而衍生出统型 CRH380A。

③ CRH380AL 列车总数为 100 列，采用了 14 动 2 拖（14M2T）的编组方式。列车设有带 VIP 座席的商务车（SW）1 辆、一等座车（ZY）2 辆、二等座车（ZE）10 辆、带观光座的一等座车（ZYG）2 辆和餐车（CA）1 辆。其中一等座采用 2+2 方式布置，二等座为 2+3 布置，商务车和观光座为 1+2 布置。除了带酒吧的二等座车外，其他车厢所有座位均能旋转。前期列车商务座定员 28 人、一等座定员 162 人，二等座定员 838 人，全列定员 1028 人。后期列车商务座定员 26 人、一等座定员 112 人，二等座定员 923 人，全列定员 1061 人。

④ 港铁中国南车电力动车组为港铁将购置的 9 列 8 节车箱列车，将用于行走广深港高速铁路。列车由中国南车集团子公司南车四方公司制造（见图 5-43）。港铁中国南车电力动车组为港铁向南车青岛四方机车车辆订购的以 CRH380A 型电力动车组为设计蓝本的高铁列车。该车将维持原有产品的安全性、可靠性、经济性、舒适性，并且进一步提升产品的碰撞、防火及电磁兼容等性能。

（2）CRH380B 型电力动车组。CRH380B 型电力动车组（见图 5-44）是铁路总公司为营运新建的高速城际铁路及客运专线，由中国北车集团唐山轨道客车有限责任公司、长春轨道客车股份有限公司在 CRH3C 型电力动车组基础上自主研发的 CRH 系列高速动车组（见图 5-44），也是“中国高速列车自主创新联合行动计划”的重点项目之一。

图 5-42　CRH380A 原型车

图 5-43　港铁 CRH380A

图 5-44　CRH380B 型电力动车组

① CRH380B 型动车组列车总数为 66 列，全部由长春轨道客车生产，采用四动四拖（4M4T）的编组方式，牵引功率为 9200kW。

② 统型 CRH380B 型动车组列车总数为 26 列全部由长春轨道客车生产，根据中国铁路总公司的要求采用根据运营经验和乘客乘坐需求，在各型动车组技术平台上，对列车的车型、定员、旅客服务设施、司机操作设施、列车的主要性能进行统一而设计出来的动车组。该型车同样为高寒型，主要为津秦客运专线提供。

③ CRH380BK 由唐山轨道客车或长春轨道客车生产，采用四动四拖（4M4T）的编组方式。该型号为 CRH380B 的非高寒型，主要为京沪高铁、京广高铁等大部分除东北以外的地方使用。虽然借鉴了 CRH3C 型动车组和 CRH380BL 高速动车组再优化设计，但由于编组一样并且列车外形及内部没有任何改变因此可视为 CRH3C 的改进版本。

④ CRH380BL 型动车组列车总数为 115 列，其中 45 列由长春轨道客车生产，另外 70 列由唐山轨道客车生产，采用了八动八拖的编组方式，牵引功率为 18400kW，列车由 1 辆商务车（又称 VIP 座车）、4 辆一等座车、10 辆二等座车和 1 辆餐车组成，其中商务车 28 人，一等座 186 人，二等座 829 人，定员为 1043 人。

（3）CRH380C 型电力动车组。和谐号 CRH380C 型电力动车组（见图 5-45），是中国铁道总公司为营运新建的高速城际铁路及客运专线，由中国北车集团长春轨道客车股份有限公司在 CRH3C、CRH380BL 型电力动车组基础上自主研发的 CRH 系列高速动车组（见图 5-46），和谐号 CRH380C 型电力动车组是继哈大高铁专用的 CRH380B 高寒动车组后，又一款高寒动车组，也是国内首款 16 辆大编组高寒动车。

图 5-45 CRH380C 型电力动车组

图 5-46 CRH380C 和 CRH380BL 车头对比

CRH380C 型动车组与 CRH3C 相比，持续运营时速由 300km 提高至 350km，最高运营时速由 350km 提高到 380km，最高试验时速为 400km 以上，性能优化以提高牵引功率、降低传动比及动车组气动外形减阻为主，而列车舒适度优化方面主要采取提高列车减震性能、车厢降噪、加强车内气压控制等方式。

CRH380CL 型动车组列车总数为 25 列，全部由长春轨道客车生产，采用了八动八拖的编组方式，牵引功率为 18400kW，将采用新头型及基于日立技术的永济牵引系统。列车由 1 辆商务车（又称 VIP 座车）、4 辆一等座车、10 辆二等座车和 1 辆餐车组成，定员为 1015 人。

（4）CRH380D 型电力动车组，是铁道部为营运新建的高速城际铁路及客运专线，由青岛四方庞巴迪基于庞巴迪 Zefiro 车型而研发的 CRH 系列高速动车组。设计标称运行时速为 380km（见图 5-47）。在 2010 年 9 月庞巴迪首度公开展示了最新 ZEFIRO 380 动车组头车的 1：1 全尺寸实体模型，并用互动式三维显示技术展示了车厢内部的设计。2013 年 4 月，在宁杭甬高铁的试验中，跑出最高时速 420km。

图 5-47 CRH380D 型电力动车组

CRH380D 动车组采用动力分散式，每列 8 节编组，共 4 节动车和 4 节拖车（4M4T）。列车可透过两组联挂方式增至 16 节。列车设有一等座/特等座车（ZY）、二等座车（ZE）和带酒吧的二等座车/餐车（ZEC）。其中一等座采用 2+2 方式布置，二等座为 2+3 布置。

2013 年 4 月，CRH380D 高速动车组试跑宁杭甬高铁。CRH380D 试验时最高时速达 420km，车内震动小，噪声低，温度、湿度可自动调节。CRH380D 原定率先运用于 2013 年开通的宁杭客运专线和杭甬客运专线，但后来前往广州南动车基地继续进行测试。

（5）CRH380AM 型电力动车组。中国南车四方股份公司下线，设计时速 500km，在实验室滚动台跑出 605km/h 的速度记录，500km/h 高速列车采用车头与车尾不同的设计，车尾设计沿袭目前 CRH380A 型高速动车组头型，车头设计灵感来源于“剑”，突出尖楔形结构。该列车为 6 辆编组，全部为动力车。该试验列车以 CRH380A 创新成果为基础，以更高速条件下安全、可靠运行为首要目标，围绕提升临界速度、牵引能力，降低阻力等，对系统集成、头型、车体、转向架、牵引、制动等系统进行全面创新，关键技术已实现自主化和产业化。

图 5-48　CRH380AM 型电力动车组

500km/h 高速试验列车，融合以太环网、物联网等技术，风霜雨雪等气候参数直接传输上车，列车的两个头采取了非对称布置，前后车头不同。这也是高速列车试验过程中，第一次采用非对称布置。概念设计、数值仿真分析、风动试验，优化出“剑”与“火箭”的头尾组合，实现了头车降低阻力，尾车升力接近于零的最优技术匹配。

更高速度试验列车沿用目前运营动车组的铝合金空心型材车体，但车体头罩、车内坐椅等设备分别采用了碳纤维、镁合金等新材料，在重量减少的情况下，刚度提高了 22.7%。同时为提升车辆降噪隔音的性能，车内隔音材料采用新型纳米隔音材料。

在目前运行的动车组中，8 节编组的 CRH380A 的牵引功率为 9600kW，16 节编组的 CRH380AL 牵引功率为 20440kW，16 节编组的 CRH380BL 最大牵引功率为 18400kW。而“更高速度试验列车”采用了全新开发的大功率牵引系统，牵引总功率达到 22800kW。

（6）CRH380 系列动车组主要参数见表 5-13。

表 5-13　CRH380 系列主要参数对比

主要参数	CRH380AL	CRH380BL	CRH380CL	CRH380D
最高运营时速	380km/h	380km/h	380km/h	380km/h
列车编组	14M2T	8M8T	8M8T	4M4T
编组定员	480	1005	1015	
牵引功率	9600	18400	19200 kW	
试验最高速	416km/h	487.3km/h	400km/h	
编组长度	403m	399.27m		
车体长度	24.5m	24.825m		
车体宽度	3.38m	3.265m	3.265m	
车体高度	3.7m	3.89m	3.89m	
轴距	2500mm			

续表

主要参数	CRH380AL	CRH380BL	CRH380CL	CRH380D
轨距	1435mm	1435mm	1435mm	1435mm
转向架	无摇枕空气弹簧转向架	CW400/CW400D 型无摇枕空气弹簧转向架	CW400/CW400D 型无摇枕空气弹簧转向架	
供电制式	交流 25kV，50Hz ，架空电缆取电	交流 25 kV，50 Hz ，接触网取电	交流 25 kV，50 Hz ，接触网取电	
制动方式	再生制动、直通式电空制动	再生制动、直通式电空制动	再生制动、直通式电空制动	

5. CRH6 型动车组

CRH6 型城际动车组是为满足中国区域经济快速发展和城市群崛起对城际轨道交通的需求而研制的一种新型运输工具，填补了中国轨道交通客运装备领域的一项空白。CRH6 型电力动车组是由中国南车四方股份公司研发设计，2012 年在青岛下线。作为高速铁路和城市轨道交通的纽带，具有运能大、起停速度快、乘降方便快速、疏通迅捷有效、乘坐舒适、安全可靠、节能环保的特点。城际铁路的推广普及对形成我国轨道交通层次架构，改变国人出行方式，提高旅客周转效率，具有重大意义 。

CRH6 型动车组采用 3 辆、4 辆、6 辆、8 辆、16 辆、20 辆编组、编组长度 201.4m。根据运输距离、站点和乘客群的不同，CRH6 型动车组分为两大类型，运营速度分别为时速 200km 和 160km 两个等级。时速 200km 的 CRH6A 型动车组最高运营速度 250km/h、试验速度 270km/h，以“大站停”的模式运营；而时速 160km 的 CRH6F 型动车组最高运营速度 200km/h、试验速度 220km/h，以站站停模式运营。

（1）CRH6A。CRH6A 车型定员载客量 557 人（座席），超员载客量 1488 人（按每平方米站立 4 人计算）。座位采用 2+2 布置、可调节座椅，局部设茶桌，端部设可翻转座椅；非端段部的车厢座椅编排与欧洲铁路车辆及大部分国铁车厢的软座较常用，全部座椅面向车厢中心的编排。另外 1、3、5、7 号车厢设置卫生间，列车采用真空集便器。值得一提的是，CRH6A-4002 和 CRH6A-4502 中间车厢为 3 门车厢，而其他的 CRH6A 车型均为 2 门车厢。

图 5-49 CRH6A 型电力动车组

（2）CRH6F。CRH6F 车型定员载客量达 1502 人（包括座席及站席，按每平方米站立 4 人计算），超员载客量达 1998 人（包括座席及站席，按每平方米站立 6 人计算）。列车座位同样采用 2+2 布置，但座椅不可调节或翻转；列车在 3、6 号车设卫生间。与 CRH6A 不同，车门采用宽阔的对开塞拉门，每节车辆侧设有 3 个塞拉门（头尾车辆有 2 个，其中一个为驾驶室门）。该车牵引制动性能比 CRH6A 更优、载客量更大，更适合较短站间距的城际线路和站站停模式使用。

图 5-50　CRH6F 型电力动车组

（3）CRH6S。CRH6S 车型定员载客量达 765 人，（包括座席及站席，按每平方米站立 4 人计算），超员载客量达 1322 人，为地铁式座椅；列车在 5 号车厢设残疾人乘坐空间，列车不设洗手间。

图 5-51　CRH6S 型电力动车组

（4）CRH6 型动车组不同车型技术参数对比见表 5-14。

表 5-14 CRH6 型动车组不同车型技术参数对比

主要参数		CRH6A	CRH6F	CRH6S
时速		200km/h	160km/h	140km/h
列车编组		4M4T	4M4T	2M2T
最大载客量	单车	197（中间车）	269（中间车）	337（中间车）
	编组	1488	1998	1322
牵引功率		345kW×16	322kW×16	275kW×16
启动加速度（0~40 km/h）		0.65m/s²	0.8 m/s²	0.8 m/s²
常用制动减速度		≥0. 9	≥1.0	≥1.0
紧急减速度		≥1.12	≥1.20	≥1.20
紧急制动距离		≤1400mm	≤850mm	≤700mm
贯通道通过宽度		1200mm	1200mm	1400mm
客室中间走廊宽度		850mm	850mm	850mm
动车组长度		201.4m	201.4m	94.4m
车体长度		24.5m	24.5m	21.88m
车体宽度		3.3m	3.3m	3.3m
车体高度		3.86m	3.86m	3.86m
车窗尺寸（mm）		1400×900	1400×900	1400×900
司机室长度		4m	4m	3.2m
车门开度		1100mm	1300mm	1300mm
设计轴重		17t	17t	17t
试验速度≥		220 km/h	176 km/h	160 km/h

【巩固练习】

一、填空题

1. 动车组按牵引动力类型分________、________和________3 种类型。
2. 动车组按动力配置方式分________、________两种类型。
3. 动车组按转向架连接方式分为________、________两种类型。
4. 动车组由车体、________ 、________、________、________、________、________、________ 8 部分组成。
5. 轴重是指________。
6. 某动车组的列车编号为 CRH3-021A ，其表示的含义是________ 。
7. 某动车组的车辆代码为 ZE202200，其表示的含义是________。
8. 动车组编组中 Mc 代表________、M 代表________、TP 代表________、Tb 代表________。

二、简答题

1. 动车组的分类方式有哪些？
2. 动车组的基本组成有哪些？各部分的作用是什么？
3. 简述国外动车组的发展史？

4. 简述国内动车组的发展史?
5. 简述 CRH1、CRH2、CRH3、CRH5 型动车组的结构和基本性能参数。
6. 简述 CRH380A、CRH380B、CRH380C、CRH380D 型动车组的结构和基本性能参数。
7. 简述 CRH6A、CRH6F、CRH6S 型动车组的结构和基本性能参数。

三、画图题

详细画出国产 CRH 型动车组的谱系。

PART 6 项目六 铁路车站与枢纽

【项目引入】

随着铁路建设的发展，一个城市往往出现了好几个火车站，比如李小祥学校的所在地株洲就有株洲站、株洲西站、株洲北站、田心车站等火车站，规划建设中的还有长株潭城际高铁若干车站。对于株洲火车站和株洲北站李小祥同学比较熟悉，每次他坐火车出行都是从株洲火车站或者株洲西站出发，但是对株洲北站和田心车站李小祥则非常陌生。面对这些业务、规模、位置不同的车站，李小祥心中存在着许多的疑团：

- 铁路车站是如何定义的，不同的火车站在铁路运输中的作用有什么不同吗？
- 一个城市为什么要设置如此多的车站？车站的设置有什么要求？车站线路如何分配？
- 铁路车站是如何分类的？不同种类的车站设备和业务又有什么区别？
- 铁路枢纽是如何形成，又是如何定义的呢？

作为一名轨道交通相关专业的学生，通过本项目的学习，希望你能帮助李小祥解决心中的疑问。

图6-1　北京西站

【项目分析】

李小祥的疑问基本都是与铁路车站相关的，铁路车站是铁路办理客运与货运的基地，也是铁路系统的一个基层生产单位。在车站上，除办理旅客运输和货物运输的各项作业外，还办理和列车运行有关的各项工作，如列车接发、会让、越行，列车的解体与编组作业，机车的换挂与车辆的检修等。

在铁路线路上修建车站，首先要确定该车站在线网中的作用和地位，不能直接按照多少千米设置一个车站，要按其作用和地位，对车站进行分类设置，使其既能满足生产生活需求，又不会造成运力资源的浪费。铁路相关岗位人员要掌握车站分类、车站的设备和作业以及车站的布置图形设置等。不同类型的车站，为了完成相关的作业任务，还要对车站线路、道岔进行编号，对不同类型车站布置图形、作业流程及作业设备进行分析。

在项目的学习程中，安排了 3 个项目进行分析任务，学习者通过完成项目任务，实现对所学知识的巩固与掌握。

【学习导航】

本项目主要学习铁路车站与枢纽的基本知识，具体如图 6-2 所示。

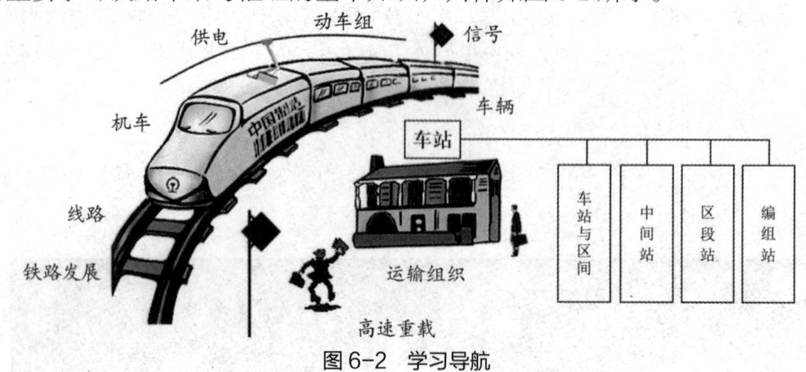

图 6-2　学习导航

学习任务 6-1

查阅相关资料，找一找你户籍所在省的省会城市（直辖市）的车站分布数量及位置，说说各车站的作用、分类及等级等，形成调查报告（建议配上图片等具体说明）并制作成 Word 文档。

【相关知识 1】

6.1　概述

6.1.1　车站的定义及作用

车站把一条铁路线路分成若干个长度不同的站间，车站就成为相邻站间的分界点。车站既是铁路办理客、货运输的基地，又是铁路系统的一个基层生产单位。

作为铁路运输生产基地和对外服务窗口的车站有着广泛的作用。

（1）它是铁路和外部（工农业和城市）联系的纽带。

（2）它是铁路运输业的基层生产单位。在车站上，除了办理旅客与货物运输的各项作业外，还要办理与列车有关的各项作业。例如：列车的接发、会让、越行；列车的解体与编组；机车的换挂与车辆的检修等。

（3）它在铁路运输生产过程中起着重要的作用。它是客货运输的始发、中转和终到作业的地点，是铁路与运输有关的行车、客运、货运、机务、车辆、工务、电务、供电等部门协调地进行生产活动的场所。

（4）它对于贯彻党的方针政策，执行铁路规章制度，充分利用设备能力，提高运输效率，降低运输成本，保证列车运行安全、正点，完成和超额完成铁路运输任务等方面，有着十分重要的作用。

6.1.2　区间、闭塞分区、区段及站界

1．区间

为完成国家运输任务，保证行车安全和必要的通过能力，以满足人们对运输的需要，须通过分界点将一条上千千米的铁路线划分成若干个区段和许多个区间及闭塞分区。车站线路所、自动闭塞区段的通过色灯信号机把铁路正线分隔成为一个一个的段落，这些段落就叫区间，如图 6-3 所示。

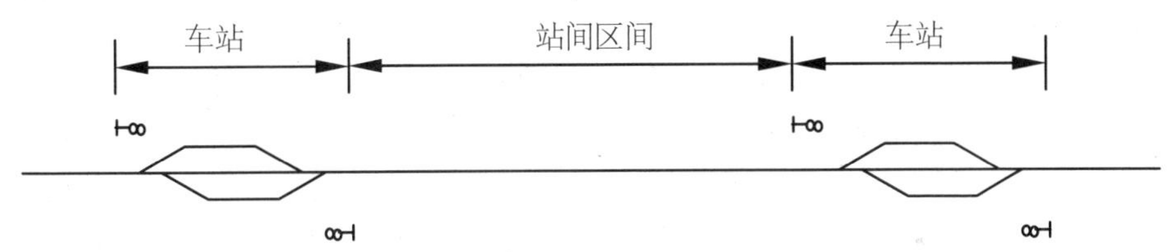

图 6-3　区间示意图

车站与车站之间的段落叫站间区间。

车站与线路所、线路所与线路所之间的段落叫所间区间。

2．闭塞分区

同方向相邻两架通过色灯信号机柱中心线之间或进站（出站）信号机柱与通过色灯信号机柱中心线之间的一段线路空间，称为闭塞分区。

3．区段

区段通常是指两相邻技术站间的铁路线段，它包含了若干个区间和车站，如图 6-4 中甲—乙区段和乙—丙区段，区段的长度一般取决于牵引动力的种类或路网状况。

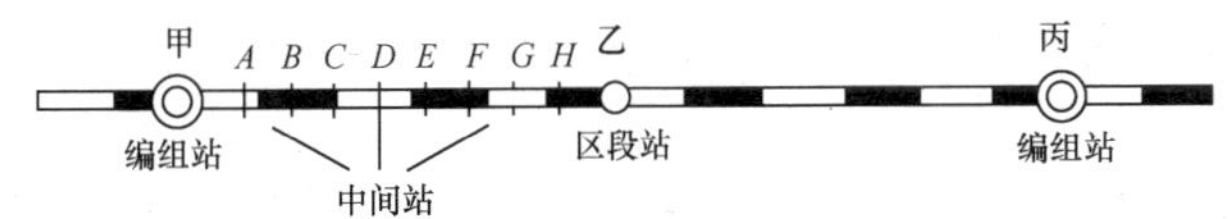

图 6-4　铁路线路示意图

4．站界

为了保证行车安全和分清职责，在车站和它两端所衔接的区间之间应明确规定的界限。在单线铁路，车站的范围是以两端进站信号机机柱中心线为界，外方是区间，内方属于车站。在

双线铁路上，站界是按上下行正线分别确定的。进站一端以进站信号机机柱中心线为界，出站一端则以站界标中心线为界。一般情况下，车站内和列车上的治安、刑事等公安工作的管辖权属于铁路公安机关。区间上与铁路运输安全和铁路生产安全有关的治安、刑事等公安工作也由铁路公安机关管辖。区间上与铁路运输安全和铁路生产安全无关的治安、刑事等公安工作由地方公安机关管辖。

6.1.3 车站的分类

目前，我国铁路网上有大大小小、各式各样的车站几千个。这些车站因所担负的任务量、业务性质和技术作业的类型不同，而有不同的分类。

1．按业务性质分

车站按业务性质分为客运站、货运站和客货运站。

客运站是专门办理旅客运输业务的车站，通常设置在政治、经济、文化中心城市和旅游胜地等有大量旅客集散的地点。它的主要任务是组织旅客安全、迅速、准确、方便上、下车；办理行包、邮件的装卸搬运；组织旅客列车安全、正点到发和客车车底取送；为旅客提供舒适的服务条件。货运站是专门办理货物运输业务的车站，通常设置在大城市，工矿、林区、口岸等有大量货物到发、装卸的地点。主要担当货物列车的始发、终到和有关调车作业、货车装卸、取送作业，以及与货运有关的业务。客货运站是既办理旅客运输业务又办理货物运输业务的车站。铁路网上绝大多数的车站都属于客货运站。

2．按技术作业分

车站按技术作业分为中间站、区段站和编组站。区段站和编组站统称为技术站。

中间站设置在技术站之间的区段内，如图 6-4 中的 A—H 间各站均为中间站。它的主要工作是办理列车的接发、会让和通过作业，摘挂列车的调车和装卸作业。有些中间站还办理市郊列车的折返、补机摘挂、列车技术检查和凉闸、列车的始发和终到等各项作业（只办理接发列车工作的中间站，单线区段称为会让站，双线区段称为越行站）。区段站设置在划分货物列车牵引区段或区段车流集散的地点，如图 6-4 中的乙站。它的主要工作是办理货物列车的中转作业，解体与编组区段、摘挂列车，更换货运机车和乘务人员，进行车辆技术检修和货运检查整理。

编组站设置在大量车流集散的地点，如图 6-4 中的甲站和丙站。它的主要工作是担当大量货物列车的解编作业，编组直达、直通、区段、摘挂列车，更换货运机车和乘务人员，进行车辆技术检修和货运检查整理。

此外，车站还可以按其他一些特征加以区分。例如：位于两铁路局（分局）管辖分界处的车站，称为分界站；位于海河港湾地区的车站，称为港湾站；位于工业企业专用铁道的接轨点或铁路枢纽内工业区附近的车站，称为工业站。在规模较大的车站，根据线群的配置及用途划分成数个车场。按照站内各个车场相互位置配列的不同，车站又可分为横列式、纵列式和混合式等类型。

3．车站等级划分

（1）车站等级。车站按其所担负客货运量和技术作业量的大小及其在政治、经济上和铁路网上所处的地位，划分为特等站和一、二、三、四、五等站。车站等级是确定车站规模、设置和配备定员的依据。

（2）车站等级划分标准。现行的车站等级划分标准，是执行 1980 年铁人字 2184 号《铁路车站等级核定办法（草案）》中的规定，见表 6-1。

表 6-1　　铁路车站等级划分标准

等级	客运方面		货运方面 日平均装卸整车数	编解作业方面 平均办理作业车数
	日上、下车及换乘人数	日行包到发、中转件数		
特等	60000 以上 （20000 以上）	20000 以上 （25000 以上）	750 以上 （400 以上）	6500 以上 （4500 以上）
一等	15000 以上 （8000 以上）	1500 以上 （500 以上）	350 以上 （200 以上）	3000 以上 （2000 以上）
二等	5000 以上 （4000 以上）	500 以上 （300 以上）	200 以上 （100 以上）	1500 以上 （1000 以上）
三等	（2000 以上）	（100 以上）	（50 以上）	（500 以上）
四等	不具备三等条件的车站			
五等	只办理列车会让、越行的会让站与越行站			

注：① 对以单项业务为主的客运站或货运站、编组站，按具备表列三项条件之一划分特、一、二等站。

② 对办理客运业务及货物列车编解等技术作业的综合性车站、按具备表列带括号的 3 项条件中两项划分为特一、二等站。

③ 表中数字，均应为上年度全年实际日均数字。

6.1.4　车站线路种类及线间距

1．车站线路的种类

铁路线路可分为正线、站线、段管线、岔线和特别用途线。其中正线、站线、段管线是属于车站管辖的线路，段管线及岔线是不属于车站管辖而与车站连接的线路。

正线是指连接车站并贯穿或直股伸入车站的线路。

站线按用途可分为下列几种。

（1）到发线，供接发旅客或货物列车的线路。

（2）货物线，供办理货物装卸车使用的线路。

（3）调车线，供列车解体与编组使用的线路。

（4）牵出线，供列车解体、编组及转线等牵出使用的线路。

另外，还有机车走行线、机待线、存车线、检修线等站内指定用途的其他线路。

特别用途线是指安全线和避难线。其中安全线是为防止机车车辆在未开通进路的情况下，越过警冲标而进入其他线路，与其他线路上的机车车辆发生冲突而设置的隔开设备；避难线则是为了防止在陡长坡道上运行的列车因制动失效而失去控制，在区间颠覆或闯入站内与其他机车车辆发生冲突而设置的隔开设备。

段管线是指机务段、车辆段、工务段、电务段专用并由具管理的线路。

2．线间距

线路间距是指两相邻线路中心线之间的距离。在车站内，线路间距应保证列车运行的安全及车站人员进行有关作业的安全和便利，同时还要考虑通行超限货物列车和在两线间装设行车设备的需要。曲线地段的线间距应根据计算进行适当加宽。

表 6-2 常用车站线间距

序号	名称	标准距离（mm）
1	正线间、正线与相邻线间	5000
2	到发线间（包括中间站无站台的旅客列车到发线间）、调车线间	5000
3	次要站线间（换装线除外）	4600
4	相邻两股道均需通行超限货物列车线间装有高柱信号机时	5300
5	相邻两股道只有一股道通行超限货物列车线间装有高柱信号机时	5000
6	牵出线与其相邻线间	6500
7	调车场各线路间	6500
8	调车线间没有制动员室时	7000
9	编组站、区段站最外股调车线与站修线间	8000
10	梯线与其相邻线间	5000
11	货物装卸线与其相邻车场或线路间	6500
12	中间有或预留有电力机车接触网铁塔地位的线路间	6500

注：在区段站和其他人站上，最多每隔 8 条线路应设置一处不小于 6500mm 的线间距，且宜设在两个车场之间。

6.1.5 股道和道岔的编号及股道的有效长

我国铁路采用左侧行车制，并且原则上规定以开往北京的方向为上行方向，背离北京的方向为下行方向。为便于车站作业和对设备的维修管理，站内的线路（或股道）和道岔均应统一编号，且同一车站或同一车场内的线路和道岔均不得有相同的编号。

1．股道编号

站内正线规定用罗马数字编号（Ⅰ，Ⅱ，Ⅲ…），站线用阿拉伯数字编号（1，2，3…）。

（1）单线铁路车站：从靠近站房的线路起，向站房对侧依次顺序编号；位于站房左右或后方的线路，在站房前的线路编完后，再由正线方向起，向远离正线顺序编号，如图 6-5 所示。

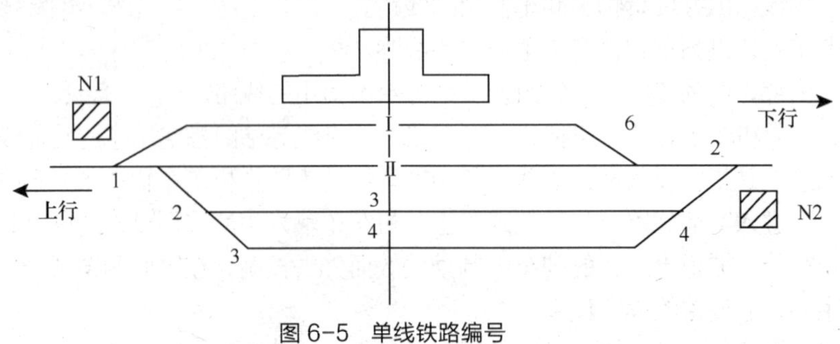

图 6-5 单线铁路编号

（2）双线铁路车站：从正线起按列车运行方向分别向外顺序编号，上行一侧编为双数，下行一侧编为单数，如图 6-6 所示。双线铁路横列式区段站的线路，不宜按列车运行方向分别编号，可比照单线铁路车站的股道编号方法进行编号。

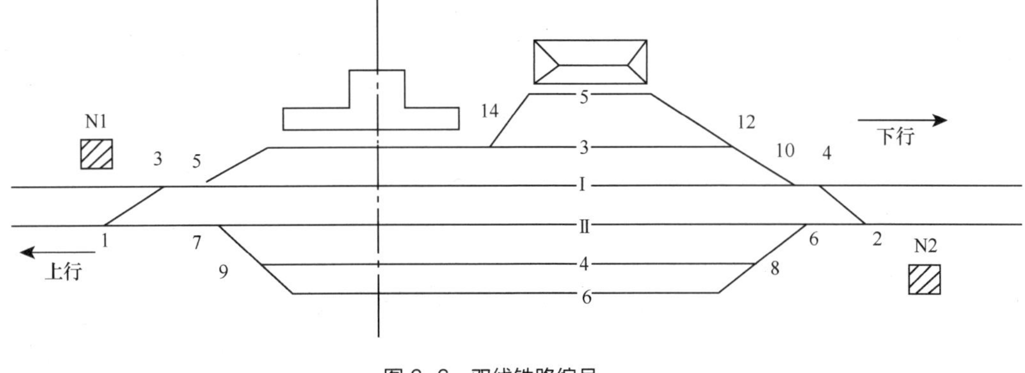

图 6-6　双线铁路编号

（3）尽端式车站：站房位于线路一侧时，从靠近站房的线路起，向远离站房方向顺序编号，如图 6-7（a）所示。站房位于路终端时，应面向终点方向由左侧线路起向右顺序编号，如图 6-7（b）所示。

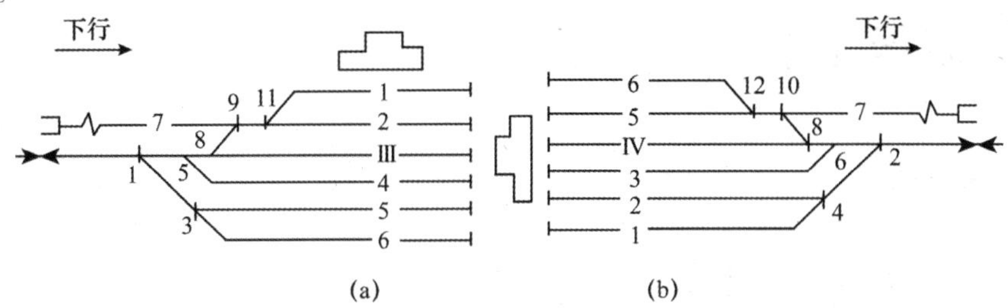

图 6-7　尽端式铁路车站股道、道岔编号

2. 道岔编号

如图 6-5 和图 6-6 所示，站内道岔编号的一般原则如下所述。

（1）从车站两端开始，由外向内、先主（主要进路）后次（次要进路）依次编号。上行列车到达端编为双数，下行列车到达端编为单数。

（2）站内道岔一般以站房中心线划分上、下行区域，若站房远离车站中心时，以车站或车场中心线划分。

如车站一端衔接两个方向以上（有上行亦有下行）时，应按主要方向编号。

（3）每一道岔均应编为单独的号码，对于同一渡线、梯线或交分道岔上的联动道岔，应编为连续的单数或双数。

（4）一个车站有数个车场时，每一车场的道岔应单独编号，道岔号码使用 3 位数字，百位数表示车场号码，十位和个位数表示道岔编号，如Ⅱ场道岔编为 201~299。

一个车场的道岔数在 100 副及以上时，可用千位数继续往下编号。千位数表示车场号码，如Ⅲ场的第 100 副道岔，编为 3100 号。各车场以外的道岔编为 1 ~ 99。

3. 股道的有效长

车站上的每一股道都有全长和有效长之分。股道全长是股道的实际长度，即是指股道一端的道岔基本轨接头至另一端的道岔基本轨接头的长度（如为尽头线则为至车挡的距离），如图 6-8 所示。确定股道全长，主要是为了设计时便于估计造价，比较设计方案。在铁路行车中不能根据股道全长来考虑该股道可以容纳的车数，否则会影响邻线行车，危及行车安全。因此，股道的容车数是根据股道的有效长确定的。股道有效长是指股道全长范围内可以停留机车车辆而不妨碍信号显示、道岔转换、邻线行车的部分。

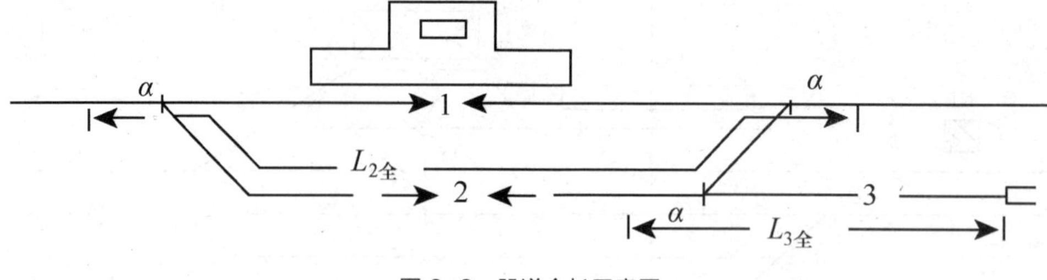

图 6-8 股道全长示意图

学习任务 6-2

查阅相关资料，对所在地域铁路中间站、区段站及编组站的分布情况进行调查，并分析比较各种类型车站的设备及作业异同，制作成 Word 文档。

【相关知识 2】

6.2 中间站

6.2.1 中间站的作用及分布

铁路线划分成若干牵引区段，每一牵引区段中又设有不少车站。这些在铁路区段内设有配线的中间分界点，称为中间站。它的主要任务就是调整列车运行，办理列车的通过、会让、越行等任务，并办理客、货运业务，以达到提高铁路通过能力，保证行车安全，更好地为工农业生产和人民生活服务的目的。

中间站的规模虽然较小，但数量很多，遍布于铁路沿线。全路 5000 多个车站中，中间站约占 90%。中间站不但数量多，而且担负的客货运量很大，其中装卸作业量约占全路总装卸量的 40%。因此，中间站在沟通城乡物资交流、发展工农业生产方面都起着十分重要的作用。

6.2.2 会让站和越行站

在我国铁路线上，主要用来提高线路通过能力而设置的车站，称为会让站和越行站。根据《技规》规定，会让站与越行站均包括在中间站之内。

1．会让站

会让站设在单线铁路上，主要办理列车的到发与会让，也办理少量的客货运业务。因此会让站应铺设到发线、旅客乘降设备，并设置信号及通信设备、技术办公用房，但没有专门的货运设备。在会让站上，既可以实现会车，也可以实现越行。先到的列车在本站停车，等待反方向的列车到达本站，两列车互相交会，叫做会车；先到列车在本站停车，等待后一个同方向列车通过本站或到达本站停车后先开，叫做越行。

2．越行站

越行站设在双线铁路上，主要办理同方向列车的越行业务。因此越行站应设有到发线、旅客乘降设备、信号及通信设备、技术办公房屋等。

6.2.3 中间站的作业和设备

1．中间站的作业

（1）列车的到发、通过、会让和越行。

（2）旅客的乘降和行李、包裹的承运、保管、装卸及交付。

（3）货物的承运、保管、装卸与交付。

（4）摘挂列车车辆摘挂和到货场或专用线取送车辆的调车作业。

此外，有的中间站如有工业企业线接轨或加力牵引起终点以及机车折返站时，还需要办理工业企业线的取送车、补机的摘挂、待班和机车整备等作业。

2．中间站的主要设备

为了完成以上作业，中间站应设有以下设备：

（1）列车到发线、货物装卸线，必要时还应设有牵出线和调车线等。

（2）为旅客服务的站房、站台、站台间的跨线设备（天桥、地道或平过道）和雨棚等。

（3）为货运服务的货物站台、仓库、雨棚、堆放场、装卸机械及货运办公房屋等。

（4）信号及通信设备。

此外，个别中间站根据作业需要还设有机车整备及列车检修等设备。

6.2.4 中间站的布置图型

中间站布置图按到发线的相互位置，主要分为横列式和纵列示两种。

1．横列式中间站布置图

横列式中间站布置的特点是到发线沿正线横行排列。这种布置图具有站坪长度短，工程投资省；设备布置紧凑，便于管理；到发线使用灵活等优点。因此，在中间站上广泛采用此种布置图，如图 6-9 和图 6-10 所示。

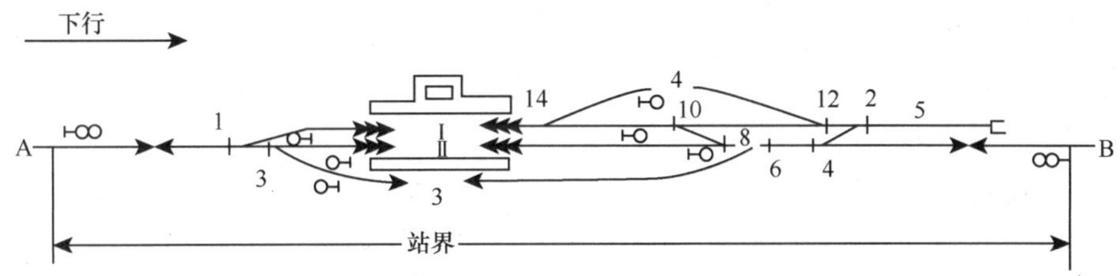

图 6-9 单线铁路中间站布置图

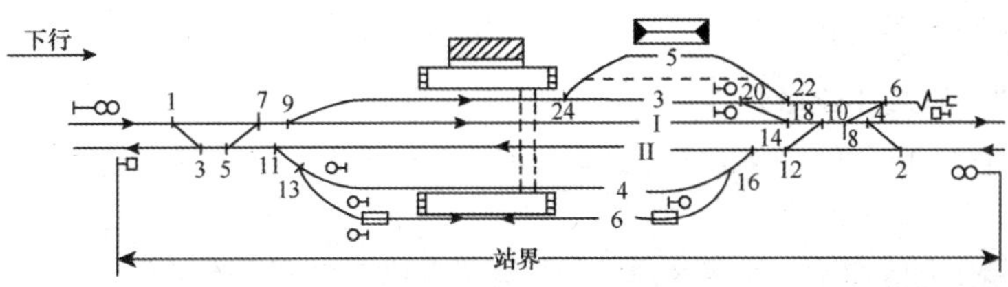

图 6-10 双线铁路中间站布置图

2．纵列式中间站布置图

纵列式中间站布置图的特点是到发线沿正线纵向排列，通常逆运转方向错移一个货物列车到发线的有效长度。纵列式中间站布置图有利于组织列车不停车会车，提高区间通过能力；适应重载列车到发的需要；便于车站值班员与司机交接行车凭证。但是这种布置图站坪长度长、工程投资大，且增加了中间咽喉，车站定员多，管理也不方便；车站值班员瞭望信号确认进路不方便，车长与值班员联系工作走行距离长。因此这种布置图利少弊多，故一般只在山区因地势陡窄或需组织不停车会让才采用，如图 6-11 所示。

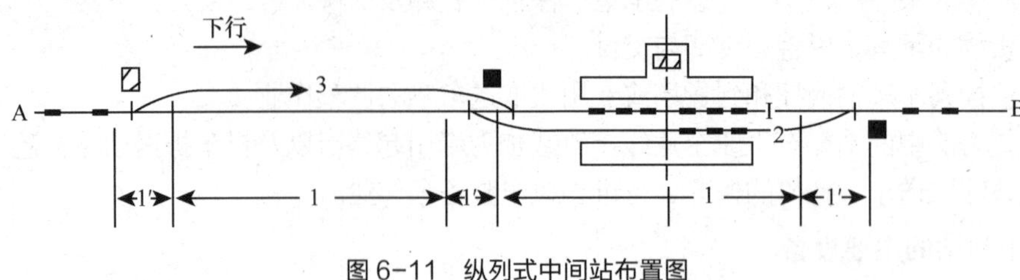

图 6-11　纵列式中间站布置图

6.3　区段站

6.3.1　区段站的任务和分布

区段站是设于铁路网上相邻牵引区段分界处的车站，它的主要任务是为邻接的铁路区段供应及整备机车或更换机车乘务组，并为无改编中转货物列车办理规定的技术作业。此外，还办理一定数量的货物列车解编作业及客、货运业务。在设备条件具备时，还进行机车、车辆的检修业务。

区段站位于铁路网上各牵引区段的分界处，其设置位置由下列因素决定：

1．机车牵引区段的长度

这是确定区段站设置地点的主要依据。机车牵引区段的长度和机车的种类及其运用方式、行车速度以及机车乘务组的连续工作时间等密切相关。

2．铁路网规划

根据铁路网规划所确定的该区段站在路网中的位置和作用、线路引入方向的数目、与相邻区段站（或编组站）的分工及合理组织车流等因素，来确定区段站的规模及位置。

3．地区及城镇发展规划

区段站位置应与城镇规划相配合，并应尽量靠近城镇。这样，既可以为居民的旅行和托运货物提供便利条件，又有利于解决铁路职工的生活供应、医疗、教育及文化生活等。

6.3.2　区段站的分类

按区段站不同的特征进行分类，有助于合理确定各项设备的数量、规模及布置形式。

1．按作业性质及作业量分

（1）无解编作业区段站。这种区段站只办理无改编中转列车有关作业，没有列车改编任务，或仅担任摘挂列车的整编作业。

（2）有解编作业区段站。这种区段站除办理无改编中转列车有关作业外，还担任区段、摘挂列车和少量直通、直达列车的解编作业。

2．按图形分

（1）横列式区段站。这种区段站是上、下行到发场平行布置在正线一侧，调车场在到发场的一侧。

（2）纵列式区段站。这种区段站是上、下行到发场分设在正线两侧，并逆运行方向全部错移，在其中一个到发场一侧，设一个双方向共用的调车场。

（3）客货纵列式区段站。这种区段站是客运运转设备（主要指旅客列车到发场）与货运运转设备（主要指货物列车到发场）纵向配列。

6.3.3　区段站的作业和设备

1．区段站的作业

（1）客运作业：与中间站大致一样，包括旅客乘降，行李包裹承运、保管、装卸与交付，但数量大。

（2）货运作业：与中间站大致一样，包括货物承运、保管、装卸与交付，但作业量大。

（3）运转作业。

① 有关旅客列车运转的技术作业，包括车列技术检查与修理，有时还要更换机车等。

② 有关货物列车运转的技术作业，包括车列技术检查及货运检查，更换机车及列车乘务组，编组和解体区段和沿零拖拉列车，以及办理向货物、工业企业线取送车作业等。

（4）机车业务：以更换货物列车机车和乘务组为主，以及机车的整备、修理及检查等。

（5）车辆业务：办理列车的技术检查和车辆的修理（摘车修和不摘车修）业务。

由上述可知，区段站所办理的作业，无论从数量上或种类上，都远较中间站繁多。

2．区段站的主要设备

为了保证上述作业的完成，在区段站上设有以下各类设备。

（1）客运业务设备：主要有旅客站房、站台、雨棚及跨越线路设备等。

（2）货运业务设备：货场及有关设备。如卸车线、货物站台、仓库及装卸机械等。

（3）运转设备

① 旅客列车到发线。

② 货物列车到发线、调车线、牵出线（有时设简易驼峰），机车走行线等。

（4）机务设备：机务段或机务折返段。在机务段所在的区段站上，如采用循环运转制时，在到发场应设有机车整备设备。采用长交路轮乘制时可设置机车运用段或换乘点。

（5）车辆设备：包括车辆段、列车检修所和站修所等。

除上述设备外，还有信号、通信、照明、办公房等设备。

6.3.4　区段站布置图

区段站五项主要设备合理布置，可以从区段站的布置图形上看出。由于地形、城市规划、运量及运输性质、正线数目等因素的影响，可以形成多种多样的布置图型。区段站图型的选择，是一项重要而复杂的工作。图型的选择应讲求经济效益，满足运输需要，节省工程投资，便于管理，有利于铁路、城市 和工农业生产等的发展。

区段站常见的布置有横列式、纵列式及客货纵列式 3 类。

1．横列式区段站布置图型

这种区段站是上、下行到发场平行布置在正线一侧，调车场并列于到发场的外侧，如图 6-12 所示。

现以单线铁路横列式区段站为例（见图 6-12），说明列车及机车车辆在区段站内的作业程序。图中Ⅱ道是正线；1、Ⅱ、3 道是旅客列车到发线，在必要时也可以接发货物列车；4、6、7 道是货物列车到发线，车站到发线的布置，可以保证上、下行两个方向同时接发列车；5 道是机车走行线，下行出发和到达的货物列车机车，可经由 5 道出入段；8~11 道是调车线，其两端均设有牵出线，并设有一个简易驼峰，以保证解体、编组及取送车辆等调车作业的顺利进行。

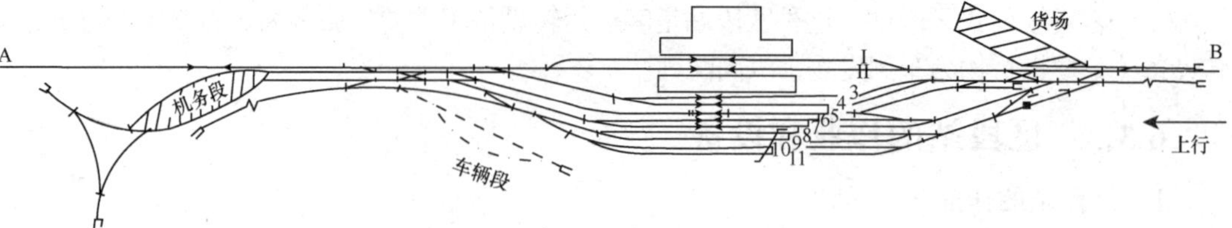

图 6-12　单线横列式区段站布置图

通过旅客列车自 A 方向接入靠站台的到发线后，一般不需要换挂机车，旅客乘降及行李、包裹装卸完毕，即可向 B 方向发车。

无改编中转货物列车自 A 方向接入到发场后，机车人段，车列进行技术作业，然后换挂机车向 B 方向出发。到达解体货物列车自 A 方向接入到发场后，机车入段，车列经技术检查，由调车机车拉至牵出线解体，车列解体后，车辆在调车场集结待编或待送。

自编始发货物列车的车流，在调车场集结成列，经过编组作业由调车机车转至到发场进行技术检查等作业，挂上机车后出发。

车列解体后，本站货物作业车在调车场内集结成组，由调车机车送往货场（或工业企业专用线）。装卸完毕的车辆，又由调车机车自货场（或工业企业专用线）取回至调车场，编入车列内。这种车辆取送作业的次数一般不多。

站修所（或车辆段）扣修的车辆，亦由调车机车自调车场送至站修所（或车辆段），修竣的车辆又自作业地点取回至调车场。这种车辆取送次数更少。

横列式区段站布置图的主要优点是布置紧凑，站坪长度短；占地少，设备集中，管理方便；作业灵活性大；对地形适应性强，并便于进一步发展。其缺点是，一个方向的列车机车出入段走行距离长，对于站房同侧的货场取送车作业与正线有交叉干扰。

对于双线铁路横列式区段站，若运量较大且旅客列车对数较多时，则在车站两端咽喉区产生的上、下行客、货列车的到发进路交叉就显得相当突出，成为双线横列式区段站布图的主要矛盾，将严重地影响车站的行车安全和通过能力。要根本解决这一矛盾，就需要变更到发场与正线的相互配置位置，如采用纵列式布置。

2．纵列式区段站布置图型

这种区段站是上、下行到发场分设在正线两侧，并逆运转方向全部错移，在其中一个到发场一侧，设一个双方向共用的调车场，如图 6-13 所示。

纵列式区段站布置图的优点是作业的交叉干扰较横列式少；机车出入段走行距离短；如机车采用循环运转制时，设于到发线上的整备设备布置比较集中；与站房同侧的支线或工业企业专用线接轨也比较方便。其缺点是站坪长度长，占地面积大；设备分散，投资大，定员较多，管理不便；一个方向的货物列车机车出入段要横切正线等。因此，这种布置图多采用循环运转制交路或机车无需进段整备，以便充分发挥其优越性。

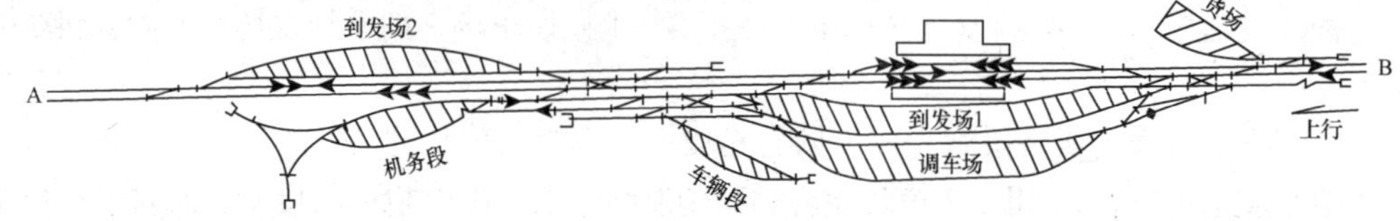

图 6-13　双线纵列式区段站布置图

3．客货纵列式区段站布置图型

这种区段站是客运运转设备（主要指旅客列车到发场）与货运运转设备（主要指货物列车到发场）纵向配列，如图 6-14 所示。

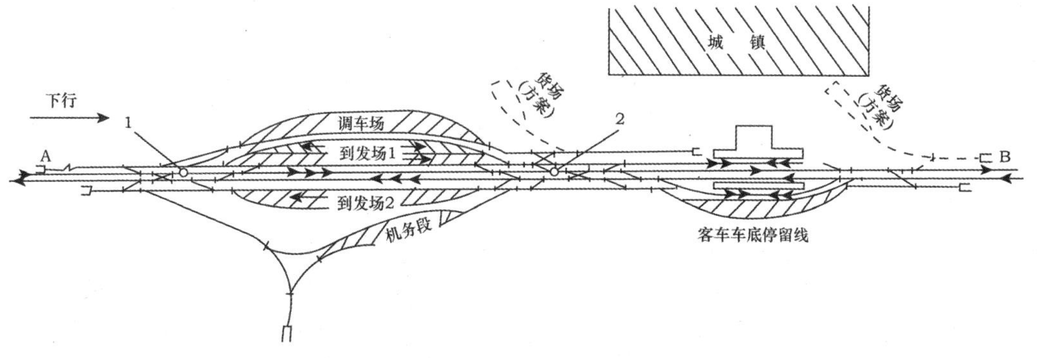

图 6-14 双线客货纵列式区段站布置图

客货纵列式区段站布置图往往是在改建时逐步发展形成的。由于客货两场分设并专用，客货作业相互干扰少，客货运转设备分别集中，管理方便。此外，货场、调车场布置在城镇一侧，有利于货场取送车、工业企业专用线的接轨。但机务段的位置往往不容易与客、货运车场很好配合，带来一定的交叉干扰。

6.4 编组站

6.4.1 编组站的任务和分布

1．编组站的任务

编组站是在铁路网上办理货物列车解体、编组作业，并为此设有比较完善的调车设备的车站。它的主要任务是根据列车编组计划的要求，大量办理各种货物列车的解体与编组作业，并按照运行图规定的时刻正点接发车。此外，编组站还担负着组织和取送本地区车流（小运转列车）、供应列车动力（机车）、整备检修机车及车辆的日常技术保养等任务。

2．编组站的分布

在铁路网上，编组站是铁路运输的重要生产基地，办理大量的货物列车的解体和编组作业，故有“货物列车制造工厂”之称。编组站拥有的技术设备较多，作业量较大且作业过程较复杂，车辆在站的停留时间也较长，这些都直接影响着铁路运输生产指标。因此，编组站在铁路网中的布局是否合理、编组站的工作组织、技术设备是否完善与先进，对加速机车车辆周转、顺利完成货物运输任务、降低运输成本等都具有十分重要的意义。

从我国铁路目前的编组站分布情况看，其设置一般遵循以下原则。

（1）编组站一般应设置在有大宗货流集散的地点（如大中城市、大工矿企业中心或大港湾地区等），以加速货物的送达，促进工农业生产的发展。

（2）编组站应设置在车流的集散地点（如铁路干线的交叉点、牵引重量的变更地点，或由于轨距不同需要大量换装的地点），一般在车流集中的条件下加速中转作业。

（3）根据国防需要以及工农业生产和路网的发展等来选择编组站的位置。

6.4.2 编组站的分类

根据编组站在路网中的位置、作用和所承担的作业量，可分为路网性编组站、区域性编组站和地方性编组站。

1. 路网性编组站

路网性编组站位于路网、枢纽地区的重要地点，承担较多中转车流改编作业，编组大量技术直达和直通列车，一般设有单向纵列式、双向纵列式或混合式的车场，其驼峰设有半自动或自动控制设备。

2. 区域性编组站

区域性编组站一般位于铁路干线交会的重要地点，承担较多中转车流改编作业，编组较多直通和技术直达列车，一般设有单向混合式、纵列式或双向混合式的车场，其驼峰设有半自动或自动控制设备。

3. 地方性编组站

地方性编组站一般是位于铁路干支线交会处，铁路枢纽地区或大宗车流集散的港口、工业区，承担中转、地方车流改编作业，一般设有单向混合式、横列式布置的车场，其驼峰设有半自动或其他控制设备。

6.4.3 编组站作业和设备

1. 编组站的作业

根据编组站在路网和枢纽内的作用和所承担的任务以及其作业对象，编组站主要办理以下几项作业。

（1）改编中转货物列车作业。改编中转货物列车作业包括解体列车的到达作业和解体作业，始发列车的集结、编组作业和出发作业。

这些作业是在车站不同的地点，利用不同的设备办理的。改编中转货物列车作业是编组站最主要的作业，作业时间比较长，要占用编组站的大部分设备。因此，保证该项作业的流水性是编组站设计的关键。

（2）无改编中转货物列车作业。无改编中转货物列车作业比较简单，内容少且时间短，地点仅限于到发场或通过车场，主要是换挂机车和列车技术检查作业。因此，合理配置机务段、通过车场和机走线的位置是缩短该项作业时间的关键。

（3）部分改编中转货物列车作业。部分改编中转货物列车除进行无改编中转货物列车的作业外，有时还要变更列车重量、变更列车运行方向或进行成组甩挂等少量调车作业，一般在到发场或通过车场进行。因此，保证部分改编中转货物列车作业的顺利进行是编组站通过车场设计必须考虑的问题之一。

（4）本站作业车的作业。本站作业车（地方作业车）是指到达本枢纽或本站货场及工业企业线进行货物装卸或倒装的车辆，其作业过程较有调中转车增加了送车、装卸和取车等内容，其中重点是取送车作业。本站作业车的取送有编开枢纽小运转列车和调车取送两种方式。一般而言，当编组站设有货场并有工业企业线连接且货运量较大时，固定配属专用调机，担当取送作业。当本站货运量很小，枢纽内货运站运量较大且装卸车作业点多而分散时，主要采取枢纽小运转列车进行取送。因此，尽量避免从调车场取送车与其他作业的交叉干扰是布置货运设备时应注意的问题。

（5）机务作业。编组站的机务作业和区段站一样，包括机车出段、入段、段内整备及检修作业。保证机车顺利出入段、缩短机车出入段的走行距离是布置机务段、机车走行线和机车出入段线应注意的重要问题。

（6）车辆检修作业。编组站的车辆作业包括列车技术检查及不摘车的经常维修、轴箱及制动装置的经常保养，摘车的经常维修，货车的段修 3 类。

第一类是列车技术作业过程中的重要内容，在到发线上进行。

第二类是货车的站修，车辆破损程度较为严重时需摘车倒装后送往站修线或车辆段修理。

第三类段修是按车辆使用规定期限，定期入车辆段进行检修作业，有大修、中修、年修之分。

（7）其他作业。根据当地需要，编组站有时还需办理以下作业。

① 客运作业，包括旅客乘降及换乘。

② 货运作业，包括货物装卸、换装，保温车加冰、加盐，牲畜车上水、除粪便，鱼苗车换水等。

③ 军运列车供应作业。

为减少对编组站解编作业的干扰，确保主要任务的完成，应尽量不在编组站上办理或少办理客、货运业务。

2．编组站的主要设备

为完成以上各项作业，编组站应设置以下设备。

（1）调车设备。调车设备是编组站的核心设备，包括调车驼峰、调车场（线）、牵出线等几部分。当区段车流较大时，可设置专门的辅助调车场。

（2）行车设备。行车设备指办理接发货物列车作业的到发线。为保证各衔接方向列车同时到发，避免与其他作业进路的交叉干扰，一般应将上、下行到发线分别设置。编组站作业量较大时，应将到达场与出发场分开，以提高作业的流水性。为加速无改编中转列车作业，减少对其他作业的干扰，有时需单独设置通过车场（直通场）。

（3）机务设备。机务设备是指用以对机车进行各项整备和修理作业的线路和设备。编组站一般均设机务段，而且规模较大。机务段位置应根据编组站主要车场的配置形式，结合地形、地质和风向等条件确定。路网性的双向编组站，为减少机车出入段的走行距离及与其他作业的交叉干扰，可考虑增设第二套整备设备。

（4）车辆设备。车辆设备是指供到发的车辆进行检查和修理的设备。用于日常检修的列检所通常设在到达场、出发场和到发场的适当地点，以方便与车站运转部门的联系。站修所按每昼夜摘车修理量分 10 辆以下、 10 ～ 20 辆、 20 ～ 30 辆三种标准设计，一般在调车场的最外侧设有 1 ～ 2 股站修线。车辆段的检修能力应根据全路分配的车辆检修任务确定，其在站内的位置应从取送便利、联系方便（与调车场、站修所、倒装站台、牵出线）以及不影响车站及本段发展三方面综合考虑。

（5）货运设备。

① 整倒装设备。每昼夜办理装载不良或车辆破损的整倒装作业量较大时，为加速车辆周转，在调车场内车辆检修设备的一侧设置相应的整倒装设备，配线连通驼峰和站修线。作业量较小时，为节省投资，此项作业送往附近货场办理。

② 加冰设备。根据全路分配的仟务量，有些编组站上应设置加冰所，供保温车进行加冰作业。一般设在调车场附近。

③ 牲畜、鱼苗车的上水换水设备。因列车在编组站的到达场停留时间较长，给水栓一般设

在到达线间。

④ 货场。兼办货运业务的编组站需设置货场，需要办理零担中转车作业时还应设置零担中转货场。为减少对车站各项作业的干扰，货场（或工业企业线）最好不要在编组站接轨，如必须在站接轨时，其衔接方式应视货场到发车流性质及车站布置图形等因素确定，一般不宜靠近机务段的咽喉区，而在调车场尾部接轨，以便于取送。

（6）其他设备。

① 客运设备。编组站的客运业务很少，一般利用正线办理客车到发（通过）。旅客列车较多时，也可以设置 1~2 条到发线及 1~2 个旅客站台。

② 站内外连接线路设备。如进出站线路、站内联络线和机车走行线等。

此外，编组站还必须具有信联闭、通讯和照明等设备。

6.4.4 区段站和编组站的区别

编组站和区段站同属技术站，它们办理的作业内容有许多相同之处，但在作业的数量和性质上有着明显区别。在运转作业方面，区段站以办理无改编中转货物列车为主，少量办理区段、摘挂列车的改编作业；而编组站以办理改编中转货物列车为主，大量编解包括小运转列车在内的各种货物列车，且改编的列车多数是直通和直达列车。在客货运方面，区段站具有一定规模的作业量；而对位于大城市郊区的编组站，由于其所在城市一般都设有配套的客货运车站，故客货运业务很少或没有。在机车及车辆作业方面，区段站与编组站基本一样，但编组站的作业量要比区段站大得多。

从设备种类来看，编组站与区段站基本一样。由于编组站的客货运业务很少或没有，故一般不设专门的客货运设备；而在货物运转设备方面，作为编组站主要设备的调车场、驼峰、牵出线等调车设备，其规模和能力往往要比区段站大得多，也先进得多，以满足大量解编作业的需求。

6.4.5 编组站布置图

编组站的主要工作是进行列车的解编作业，而列车的到达、解体、集结、编组和出发等一系列作业过程，又是在编组站的各个车场上完成的。因此，到达场、调车场、出发场就成为列车改编作业的主要场地。调车设备是编组站的核心设备。调车设备的数量与规模及各车场的相互位置，就构成了编组站不同形式的布置图。

1．按照调车设备的套数及调车驼峰方向分类

（1）单向编组站。只有一个调车场，上、下行合用一套调车设备（包括驼峰、调车场、牵出线），其驼峰调车方向一般顺主要改编车辆运行方向（也称顺向）。

（2）双向编组站。有两个调车场，上、下行各有套调车设备。一般情况下，两系统的调车驼峰应朝向各自上行和下行调车方向。

2．按照每一套系统内车场的相互位置和数目分类

（1）横列式编组站：上、下行到发场与调车场并列布置。

（2）纵列式编组站：到达场、调车场、出发场等主要车场顺序纵向排列。

（3）混合式编组站：到达场与调车场纵列，出发场与调车场并（横）列。

3．主要的编组站类型

我国编组站布置的基本类型，归纳起来有六种：单向横列式、单向纵列式、单向混合式、双向横列式、双向纵列式、双向混合式，其他类型都是在这些类型的基础上派生的。

我国铁路现场对编组站图型在习惯上都称为“几级几场”。“级”是指同一调车系统中到达场、调车场、发车场纵向排列数，一级式就是车场横列，二级式就是指到达场、调车场纵列，而三级式就是到达场、调车场、发出场顺序纵列。“场”是指车场，车站有几个场就叫做几场。例如“一级三场”、“三级三场”或是“三级六场”等。

（1）单向一级三场横列式编组站布置图如图 6-15 所示。其布置特点如下所述。

① 两到发场分设在调车场两侧，三场横列，避免了列车到发与车列牵出或转线作业进路间的交叉。

② 正线外包，消除了横列式区段站图形的客、货到发进路交叉。

③ 上、下行通过车场设在到发场外侧，无改编中转列车接发与改编列车转线互不干扰，且与尾部牵出线连通，便于进行成组甩挂和坐编作业。为了增加线路使用的机动灵活性，减少定员，节省开支，常将通过车场和到发场合并在一起，但在使用上，仍尽量将无改编中转列车接在靠近正线的车场外侧线路，以保持上述优点。

④ 机务段设在接发列车较多方向的到发场出口咽喉处，以方便该方向列车本务机车及时出入段。另一方向列车的本务机车需经机走线由机务段另一端出入段。这样，可减少机车出入段与其他作业进路的交叉干扰，并使各方向机车在站内的总走行距离最小。

⑤ 车辆段设在调车场尾部正线外侧，便于利用尾部调机取送检修车。站修所一般设在调车场外侧的线路上。

⑥ 调车场头尾各设两条牵出线，驼峰的位置应根据主要改编车流方向、地形、风向以及进一步发展条件确定。

⑦ 两到发场与调车场之间通过 4 条场间联络线连接。

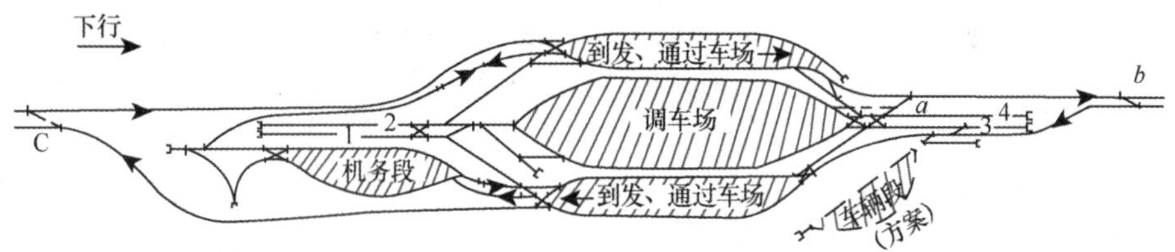

图 6-15 单向一级三场横列式编组站布置图

（2）单向三级三场纵列式编组站布置图如图 6-16 所示。

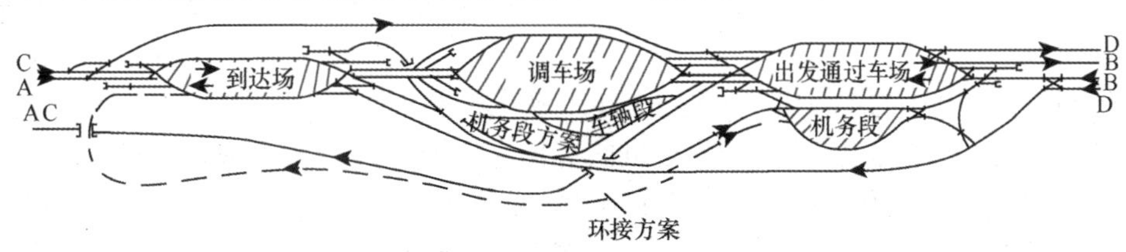

图 6-16 单向三级三场纵列式编组站布置图

其布置特点如下所述。

① 所有衔接方向到达的改编列车均接入一个共用的峰前到达场，全部解编作业集中在共用的调车场上办理，发往各方向的自编始发列车也集中在一个共用的出发场上作业。

② 通过车场一般设在出发场外侧。无改编中转列车运行顺直，本务机车出（入）段便捷，便于利用尾部牵出线和调机进行甩挂作业，可以和出发场的车列共用列检设备，线路布置紧凑，互换性强，可增加线路使用的灵活性。

若无改编中转列车有甩无挂，且机务段位于到达场一侧时，通过车场也可设在到达场外侧。

这样布置虽然增加列检所造价，但当改编列车密集到达时，有利于线路调剂使用，可提高编组站作业的可靠性。

当上、下行改编车流比较均衡且机务段设在调车场一侧，或者驼峰采用双溜放作业时，通过车场采用混合布置，即重车流方向通过车场与到达场并列，空车流方向通过车场与出发场并列较为合理。

③ 机务段设在出发场附近反向通过车场的外侧。这样，大多数本务机车出入段均比较便捷，尤其便于出发列车及时挂机车，以保证列车正点出发。为减少与其他作业干扰、不妨碍驼峰作业，三级三场编组站均设置峰下跨线桥，顺向到达机车可通过峰下机走线入段。反向到达机车则需通过到达场内专用机车走行线方能入段，走行距离较长，有时会对推峰作业造成干扰。

机务段的位置与通过车场、进出站线路布置密切相关。如果通过车场设在到达场外侧，机务段可设在到达场反驼峰方向一侧，既便于机车出入段，又不会影响车站发展为双向编组站。当采用环接环发（或反发）进路布置时，如果通过车场位于出发场旁侧，从机车出入段走行距离和对站内作业的交叉干扰来比较，机务段应设在调车场反驼峰方向的一侧（图 6-16 虚线所示）。其缺点是占地较多，不利于发展为双向站型。

④ 车辆段布置在调车场旁侧，既可利用空地又不妨碍发展，并且便于利用尾部牵出线进行车辆取送作业。

国外编组站采用电力和内燃牵引时，由于机车、车辆的整备和修理设备逐步实现机械化和自动化，车辆段往往与机务段布置在一起。虽然该位置不一定能照顾到取送车的便利，但有利于共用机械修配、动力供应、管道等生产设备和生活设施，可节约用地，降低管理费用。因此，如果新建编组站具备共用设备的有利条件时，也可考虑将车辆段和机务段联合设置在同一地点。

⑤ 正线外包，到发进路立交疏解。由于三级三场编组站解编能力较大，为使各部分能力协调一致，并为行车安全创造条件，反向改编列车的到发进路一般采用正线外包，立交疏解布置。

（3）单向二级四场混合式编组站如图 6-17 所示。其布置特点如下所述。

① 共用到达场与调车场纵列配置，车列解体时不需牵出作业。

② 上、下行通过车场分别设在两个出发场的外侧。通过车场与出发场既可共用列检设备，又可增加线路使用的机动灵活性，而且也便于利用调车场尾部牵出线进行成组甩挂或坐编作业。

③ 如果没有其他条件限制，机务段一般设在到达场旁反驼峰方向（以下简称反向）一侧。除顺驼峰方向（以下简称顺向）无改编中转列车和自编始发列车外，其他大部分本务机车出入段均比较便捷。

反向到达解体列车的本务机车经到达场入口咽喉入段。反向无改编中转列车和自编始发列车的本务机车经由反向出发场与机务段之间的机车走行线出入段，径路便利且顺直。

④ 车辆段位置与一级三场相同，设在调车场尾部适当地点。

⑤ 在到达场与调车场之间，设有中小能力驼峰，一般实行双推单溜作业方式。调车场尾部设 2 条牵出线，通常配备 2 台调机。

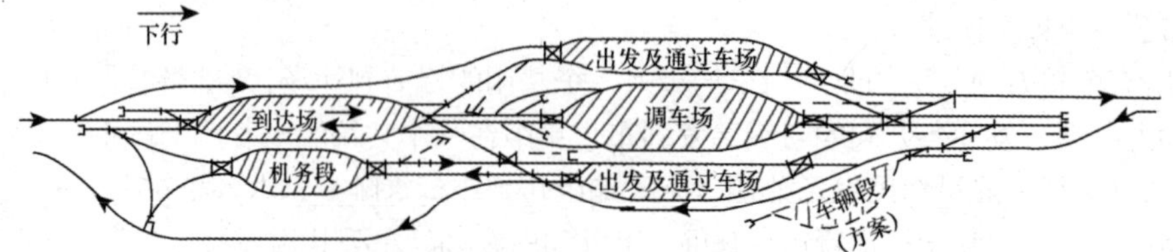

图 6-17　单向二级四场混合式编组站布置图

6.4.6 调车设备

调车工作是铁路运输生产过程的重要组成部分，是车站完成工作任务的重要环节之一，对技术站（尤其是编组站）来说则是非常重要的生产活动。为提高调车作业效率，保证调车作业的安全，车站需要设置较为完善的调车设备，牵出线和驼峰是车站的主要调车设备。

平面牵出线是车站的基本调车设备，基本上是设于平道上。调车时，车辆溜放的动力是调车机车的推力。牵出线一般设于调车场尾部，适合于车列的编组、转线、车辆的摘挂、取送等调车作业。

驼峰是专门用来解体溜放车辆的一种调车设备。调车时，车辆溜放的动力是以其本身的重力为主，调车机车的推力为辅。驼峰一般设于调车场头部，适合于车列的解体作业。

平面牵出线和驼峰纵断面比较如图 6-18 所示。

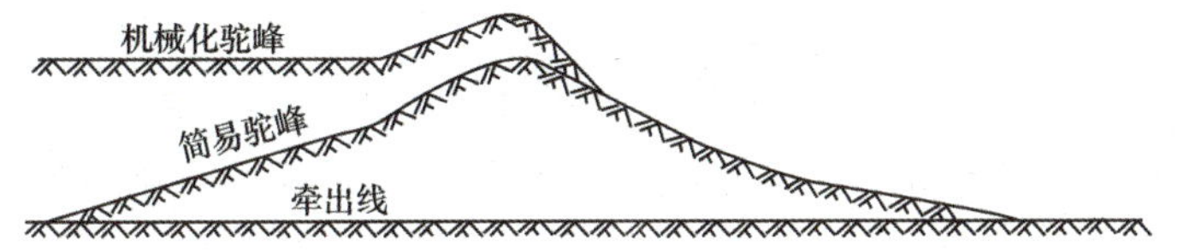

图 6-18 驼峰与牵出线纵断面比较图

下面着重介绍驼峰这种调车设备。

1．驼峰的分类

驼峰按日均解体作业量分为 3 类：大能力驼峰、中能力驼峰、小能力驼峰。

（1）大能力驼峰。大能力驼峰日均解体车数 4000 辆以上，调车线不少于 30 条，设两条溜放线，应设有推峰机车遥控、钩车溜放速度和溜放进路自动控制系统，建在路网性和区域性编组站上。

（2）中能力驼峰。中能力驼峰日均解体车数 2000～4000 辆，调车线在 16 条以上，设 1～2 条溜放线，且设有推峰机车遥控、钩车溜放速度和溜放进路自动控制系统，建在区域性或路网性编组站上。

（3）小能力驼峰。小能力驼峰日均解体车数 2000 辆以下，调车线 5～16 条，且设置溜放进路自动控制系统、推峰机车信号，有条件时可采用推峰机车遥控系统、钩车溜放速度自动或半自动控制系统。

根据技术设备的不同，驼峰还可分为简易驼峰、非机械化驼峰、机械化驼峰、半自动化驼峰和自动化驼峰。

2．驼峰的组成

驼峰的范围是指峰前到达场（在不设峰前到达场时为牵出线）与调车场之间的一部分线段，如图 6-19 所示，包括推送部分、溜放部分和峰顶平台。

（1）推送部分。推送部分是指经由驼峰解体的车列第一钩车位于峰顶平台始端时，车列全长所在的线路范围。设置这一部分的目的是为了使车辆得到必要的位能，并使车钩压紧，便于提钩。

（2）溜放部分。溜放部分是指由峰顶（峰顶平台与溜放部分的变坡点）到计算点的线路范围，这个长度也叫做驼峰计算长度。驼峰调车场的调速制式不同，计算点的位置也不同。简易驼峰和非机械化驼峰为调车线警冲标内方 50m，机械化驼峰为调车线警冲标内方 100m，半自动化和自动化驼峰为打靶区末端。

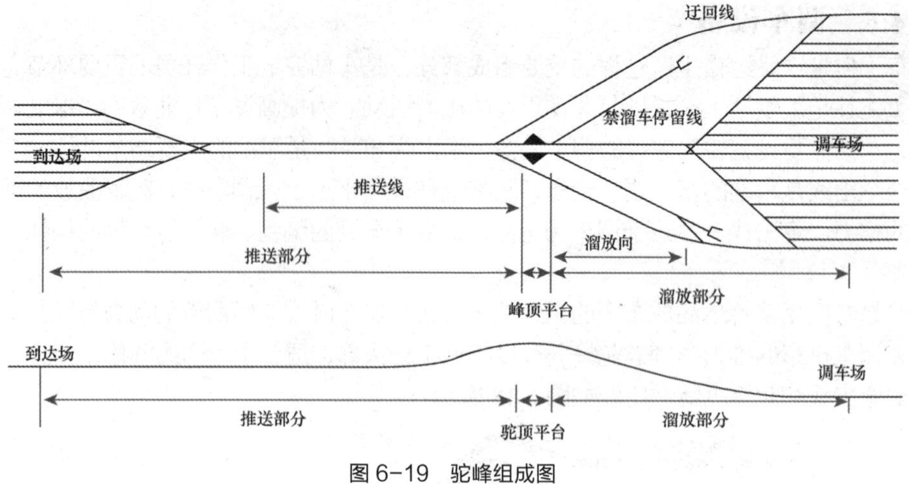

图 6-19 驼峰组成图

（3）峰顶平台。峰顶平台是指驼峰推送部分与溜放部分的连接部分，设置的一段平坦地段。

3. 驼峰调速工具

驼峰调车场调速工具是提高驼峰的改编能力，保证作业安全所必不可少的设备。用调速工具来调控溜放车辆的速度按其在驼峰调车中的作用可分为间隔制动和目的制动。

（1）间隔制动。间隔制动保证前后溜放钩车间有足够的间隔距离。该距离能确保安全转换道岔和减速器，并防止前后钩车进入相邻线路时在警冲标处的侧面冲突。

（2）目的制动。目的制动保证各钩车能溜到调车场指定地点或与停留车辆安全连挂，避免超速连挂和过大的“天窗”。

目前，我国铁路驼峰调车中常用的调速工具有铁鞋、车辆减速器、减速顶等。

①铁鞋。铁鞋对溜放车辆的制动，是使溜放车辆的车轮压上铁鞋，迫使铁鞋在钢轨上滑行产生制动力。

②车辆减速器。目前，我国铁路采用的减速器主要有以下两种：

● 非重力式减速器，利用压缩空气作为动力，由钢轨两侧的制动夹板挤压车轮进行制动。图 3-19 所示为它的构造及工作原理简图。当需要对车辆进行制动时，操纵制动按钮，使压缩空气进入气缸，活塞 5 和杠杆 4 的末端就被压向下方，而缸体 6 连同杠杆 3 的末端则上升。这样，由于两杠杆末端分开，使夹板 1 合拢而挤压车轮实现制动。

● 重力式减速器，主要借助于车辆自身的重量使制动夹板产生对车轮的压力而进行制动。这种减速器类型很多，我国铁路采用比较普遍的一种叫双轨条油压重力式减速器。

重力式减速器与非重力式减速器比较，其优点主要在于制动力的大小可由被制动车辆的自重大小而自动调节，不需再设置测重设备，也不需要空压和储风设备，成本较低。

● 减速顶。减速顶由吸能帽和壳体（外壳、活塞组合件、密封组合件和止冲装置）等部分组成。减速顶安装在钢轨一侧，吸能帽斜对轮缘部分。

减速顶是一种不需要外部能源的、可以自动控制车辆溜放速度的调速工具。当车辆的走行速度低于减速顶的临界速度（事先设定的速度）时，减速顶不起减速作用；当车辆走行速度高于减速顶的临界速度时，则减速顶对车辆产生减速作用。

减速顶的优点在于灵敏度高，性能良好、维修简便，是一种较好的调速工具。目前我国铁路已在众多编组站上采用。

6.4.7 编组站综合自动化

编组站在铁路运输过程中担负着大量货物列车的解编作业。随着国民经济的迅速发展，铁路网的不断扩大，编组站的任务也日趋复杂，在技术设备和作业组织上都迫切需要不断地提高和更新，实现编组站作业综合自动化就成为了各国不断努力与完善的目标。

作为编组站现代化主要内容和重要标志的驼峰自动化，是强化铁路编组站最有效的措施之一。驼峰调车作业的自动化，不仅能提高驼峰作业效率和编组站的改编能力，而且能保证作业安全，改善劳动条件和减轻劳动强度。

驼峰自动化主要包括：车辆溜放速度的自动调节和自动控制；车辆溜放进路的自动选排和自动控制；驼峰机车推送速度的自动调节和自动控制；摘解制动软管和提钩作业的自动化等。其中，最主要和最关键的是车辆溜放速度的自动控制，它是驼峰自动化的核心内容。

编组站综合自动化系统，包括从列车到达至列车出发的全部站内作业过程的自动化以及货车信息的收集、作业计划的编制和传递的自动化等。整个系统可分为两大部分：作业控制系统和信息处理系统。作业控制系统是利用电子计算机通过基础设备（如站场、信号、机车设备、测重、测长、测速、测阻及调速工具等）对列车到达、出发和调车作业的进路以及推峰解体的调机速度和车辆溜放速度等进行实时控制的系统。信息处理系统的任务就是利用计算机编制车站的各种计划，并将这些计划进行传递和下达。同时，要对站内货车进行实时跟踪记录，随时将站内各股道上的现在车信息及作业结果，储存到计算机的相应文件内，以供随时取用。另外，还要通过电传设备与相邻技术站进行列车到达和出发的预报资料交换以及填制货车的有关报表并进行整理和统计分析等。

从国内外铁路运营的实践来看，编组站作业的综合自动化，能使编组站的工作条件得到大大的改善，作业效率、作业安全和工作质量得以大幅度提高，这对于加强编组站的生产能力，全面提高编组站的运营管理水平均有显著效果。如果再能通过信息传输网将其与全路电子计算中心连接起来，将为实现整个铁路运输管理自动化创造条件。因而，它是铁路运输现代化的标志之一，也是我国铁路编组站的发展方向。

学习任务 6-3

查阅相关资料，对所在地域铁路枢纽在路网中的意义、铁路枢纽设备和铁路枢纽的布置图进行调查分析，形成调查报告并制作成 Word 文档。

【相关知识 3】

6.5 铁路枢纽

6.5.1 铁路枢纽的意义

在铁路干、支线的交叉点或衔接地点（3 个及以上方向交叉衔接），由各种铁路线路、专业车站或客货联合车站以及其他为运输服务的有关设备组成的总体称为铁路枢纽，如图 6-20 所示。枢纽各站既有分工又有联系，共同担负着枢纽地区的铁路运输任务。

铁路枢纽是铁路网的主要组成部分。它既是客货流从一条铁路转运到各接轨铁路的中转地区，又是城市、工业区客货到发和联运的地区。它除了办理枢纽内各种车站的有关作业外，在货运业务方面还办理货物的承运、装卸、发送和保管等业务，在客运业务方面办理直通、管内和市郊旅客列车作业，在货物运转方面办理无调中转和改编列车的转线作业和小运转列车作业。此外，它还是组织车流交换、进行机车车辆检修作业、调整列车运行和供应列车牵引动力的重要据点。

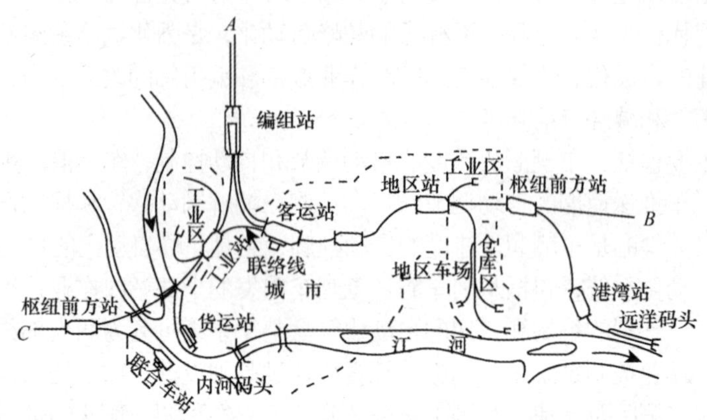

图 6-20 铁路枢纽布置图

铁路枢纽是由于铁路网以及城市和工业的建设和发展等原因逐渐形成和发展起来的。它的形成和发展不但涉及的范围广泛，而且还各有其历史特点。一般来说，铁路枢纽选择在大、中工业城市所在的地区。同时，建成枢纽的地区又会促进所在地区的经济发展，形成新的工业城市。目前，我国铁路已经新建和扩建起来的大、中型铁路枢纽有哈尔滨、沈阳、锦州、北京、天津、上海、徐州、郑州、武汉、西安、兰州、石家庄、包头、太原、成都、南京、蚌埠、柳州等。这些铁路枢纽在铁路网上处于相当重要的位置，它们对提高铁路运输通过能力，加速机车车辆周转，促进工农业生产的发展和社会主义现代化建设以及改革开放等发挥了极其重要的作用。

6.5.2 铁路枢纽的设备

铁路枢纽为了完成所担负的各种复杂而繁重的运输任务，在枢纽内一般应具有下列一些设备。

（1）车站，包括编组站、货运站（综合性或专业性货运站），客运站、工业站、港湾站等。

（2）铁路线路，包括引入正线、联络线、迂回线、环线、专用线等。

（3）疏解设备，包括线路所，铁路线路与铁路线路的平面和立体疏解设备，铁路线路与城市道路的交叉设备（如道口和立交桥）。

（4）其他设备，包括机务段、车辆段和客车整备所等。

上述部分或全部技术设备，应在分析枢纽内车流的基础上，结合既有铁路现状和地理、工程条件等因素，密切配合城市规划和工农业建设进行全面规划，分期发展。

6.5.3 铁路枢纽的类型及布置图形

1. 铁路枢纽分类

铁路枢纽按其在路网上的地位和作用可分为路网性铁路枢纽、区域性铁路枢纽和地方性铁路枢纽。

路网性铁路枢纽一般都位于铁路干线交叉或衔接的铁路网点上的具有重要政治和经济地位的大、中工业城市。它的设备规模和能力都很大，所承担的客、货运量和车流组织涉及整个铁路网，如沈阳、北京、郑州等枢纽。

区域性铁路枢纽一般都位于铁路干线和支线交叉或衔接的铁路网点上的中、小工业型城市。它的设备规模和能力仅次于路网性铁路枢纽，所承担的客、货运量和车流组织主要为一定的区域范围服务，如太原、蚌埠、柳州等枢纽。

地方性铁路枢纽一般都位于铁路网端或大工业企业和水陆联运地区，它的设备规模和能力较小，所承担的客、货运量和车流组织主要为某一大港湾或工业区等地方服务。如秦皇岛属港湾铁路枢纽、大同属工业铁路枢纽等。

2．铁路枢纽图型

根据枢纽范围内专业车站和铁路线路在总图结构上的特征，并结合一定的车流条件，可有多种形式的枢纽图型，如一站枢纽（见图 6-21）、放射式枢纽、三角形枢纽、十字形枢纽、顺列式枢纽、并列式枢纽、环形枢纽（见图 6-22）、混合型枢纽、尽端式枢纽等。

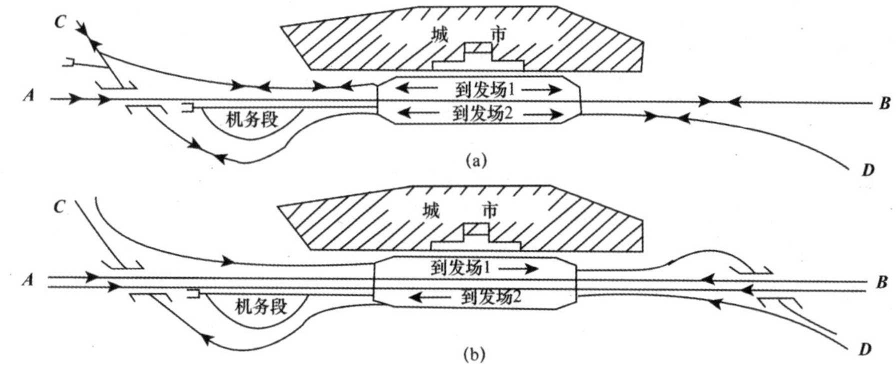

图 6-21 一站铁路枢纽布置图

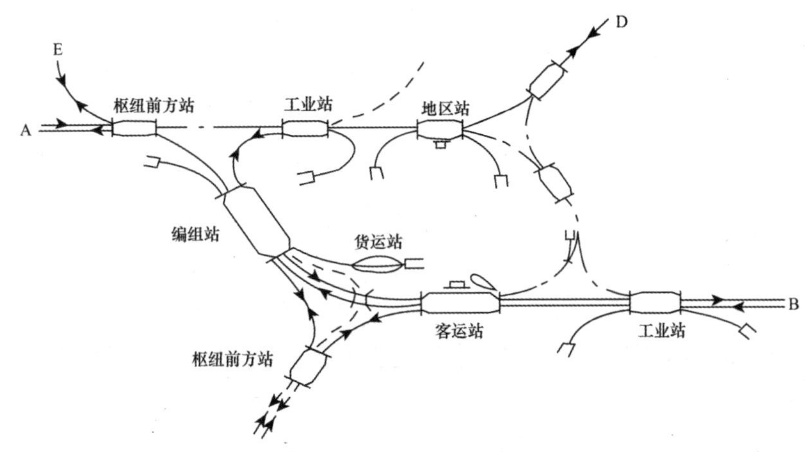

图 6-22 环形枢纽布置图

【巩固练习】

一、填空题

1. 车站是办理________与________的基地。
2. 铁路上每隔________km 左右就设一个车站或________。

3. 区间有________和________之分。

4.两相邻技术站之间的线段叫________。

5.自动闭塞区间，相邻色灯信号机的线路空间称为________。

6.单线铁路上车站的范围是以________为界，外方是________，内方________是________。

7. 双线铁路上，车站的范围是________分别确定的，进站的一端以________为界，出站一端以________为界。

8. ________和________属于特殊用途的线路。

9. 车站按照所负担的任务量可分为__________、__________、__________、________、________、________ 6个等级。

10. 车站线路分为正线、________、________、________、________。

11. 按技术作业分，车站可分为________、________和________ 3种。

12. 按业务性质分，车站又可分为________、________和________ 3种。

13. 铁路枢纽按其在路网上的地位和作用分为________、________和________ 3种。

14. 中间站的主要作业有________、________、________和________等。

15. 中间站的主要设备有________、________、________和________等。

16. 我国铁路采用________侧行车，并原则上规定开往北京方向为________行。

17. 股道有效长是指在线路全长范围内可停留机车车辆而不妨碍________、________、________的线路最长部分。

18. 牵引列车的机车应停于出站信号机的________方，以保证行车安全。

19. 我国铁路目前采用的货物列车到发线有效长主要有____________、________、________、________、________和大于________ m 6种标准。

20. 区段站的主要作业有______________、______________、______________、__________和__________ 5项。

21. 区段站的主要设备有__________、__________、__________、__________、________和________等。

22. 编组站是在路网上办理货物列车的________和________作业，并为此而设有一套完善的________设备的车站。

23. 编组站按车场配列位置的基本图型主要有___________、___________和________ 3种。

24. 按所使用设备的不同，调车工作可分为________和________两种。

25. 铁路驼峰的组成包括________、________和________ 3部分。

二、判断题

1. 相邻两技术站之间的距离叫区间。（　）

2. 牵出线是站线。（　）

3. 专用线是站线。（　）

4. 双线铁路车站内的线路下行编双号。（　）

5. 站内道岔是以站舍中心线作为划分单数号和双数号分界线的。（　）

6. 区段站不能办理解编作业。（　）

7. 调车场、到达场、出发场纵向排列称为一级三场。（　）

8. 编组站主要是采用驼峰调车。（　）

9. 车辆溜放速度的自动化是驼峰自动化的核心。（　）

10. 有的铁路枢纽不位于两条及以上干线交叉的地方。（　）

11. 设在到发线之间所有设备的宽度，都对线间距有影响。（　）

12. 中间站一般都采用横列式布置，其具有站坪长度短，工程投资少，在紧迫导线地段可缩短线路长度等特点。（　）

13. 会让站设置在双线铁路上，主要办理列车的到发、会车和让车，也办理少量的客货运业务。（　）

14. 双线铁路中间站一般应设两条到发线。（　）

15. 越行站设置在单线铁路上，它主要办理同方向列车的越行，必要时办理反方向列车的转线，也办理少量的客货运业务。（　）

16. 旅客列车到发线应紧靠正线。（　）

17. 旅客站房应与城镇设于同一侧。（　）

18. 货物列车到发线应紧靠站台。（　）

三、简答题

1. 车站的线路分哪些种类?分别用于何种作业?

2. 试述车站的作用与分类。

3. 车站股道编号的原则和规定是什么?

4. 什么是编组站?主要任务有哪些?

PART 7 项目七 铁路信号与通信设备

【项目引入】

火车作为一种交通运输工具，是现代人生活当中不可或缺的一部分，它安全、舒适、快速、便捷，受天气的影响小。我们在乘坐火车的过程中，是不是经常会有一些疑惑：

- 进站的时候，在众多的线路当中，火车为何能准确无误地驶入目的站台？火车会不会有走错路的时候？
- 铁路沿线立着或高或矮的信号机（见图 7-1），它们点着不同颜色的灯光，这些信号机究竟代表什么含义，谁来控制信号灯的变化与显示呢？
- 高速运行的列车，司机能看清楚铁路沿线的信号吗？
- 司机如何判断自己与前车的距离呢？如何能确保不会与前面的列车相撞呢？
- 为什么运行中的列车速度会时快时慢呢？
- 铁路线上飞驰着数量众多的火车，谁在指挥它们有序运行？

学习完铁路信号与通信设备部分的内容后，相信您能对这些疑问给出正确的回答了。

图 7－1 铁路信号

【项目分析】

铁路信号设备是组织指挥列车运行，保证行车安全，提高运输效率，改善行车人员劳动条件的关键设施；同时也是铁路主要技术装备之一，其装备水平和技术水准是铁路现代化的重要标志。

铁路信号三大基础设备为信号机、转辙机及轨道电路，它们三者之间既相互联系又相互制约，是车站联锁系统的主要设备。列车进站后停靠哪个站台哪条股道，主要由车站联锁系统进行安排列车进站的路径（专业名称叫进路）。在站台上往车站进出口处看到的信号机主要是出站信号机（有些出站信号机兼调车信号功能）和一些调车信号机；此外，还有进站信号机、进路信号机等。这些信号机的灯光显示对列车的运行速度都有严格规定，有些信号机的显示还与道岔的位置有关系。当列车在区间的运行速度超过一定速度时，司机瞭望地面信号机的显示有困难，为了保证行车安全，必须在机车上安装机车信号。机车信号的作用主要是复示地面信号机的信号，为司机提供行车的指令。机车信号与自动停车装置、列车无线调度电话一起被称为机车三大件。机车三大件与列车运行监控器为机车的主要技术装备。列车在区间行车主要靠闭塞技术。闭塞技术是用来保证区间行车安全、提高运营效率的信号技术，它的发展主要经历了人工闭塞、半自动闭塞、自动闭塞及移动闭塞等阶段，目前在双线铁路上大都采用自动闭塞技术，单线铁路主要还是采用半自动闭塞技术。在区间行车时，如果司机通过机车信号知道了前方信号机显示黄灯，就必须减速行车；如果前方信号机显示红灯就必须采取停车措施，保证列车停止在红灯信号机之前。这就可以解释为何您乘坐的列车会时快时慢，时开时停。

铁路运输是一个在运输生产上实行高度集中与统一指挥的庞大的综合性企业，它的各个部门、单位分布在全国辽阔的土地上。为了有效地指挥列车运行，发布有关命令，以及路内各业务部门、单位职工密切配合与协同作业，将铁路各级机构联系成一个整体，从而保证行车安全，提高运输能力和工作效率。为此必须设置一整套完善、先进的铁路通信设备。对于列车司机而言，驾驶的列车无论是在车站还是在渺无人烟的区间，司机都必须通过无线调度电话与调度保持不间断的联系，时刻接收调度发来的遥控指令并遵照执行。

铁路信号设备按照具体的用途又可分为如下几类。

（1）铁路信号设备：用于向有关行车和调车工作人员发出指示和命令。信号就是命令。

（2）联锁设备：用于保证站内行车和调车工作的安全和提高车站的通过能力。

（3）闭塞设备：用于保证列车在区间内运行的安全和提高区间的通过能力。

同样铁路专用通信设备按用途分主要有：列车调度电话、无线调度电话、专用电话系统、地区电话、局线和干线长途电话和电报、列车确报电报和电话、铁路站场通信系统。

本项目主要学习铁路信号与通信的基本知识，包括铁路信号的作用与分类、信号的显示含义、车站联锁设备、区间闭塞设备、列车行车调度、列车自动运行控制以及铁路通信设备等知识。在本项目学习过程中，共设置了 2 个任务。

【学习导航】

本项目主要学习铁路信号的基本知识，如图 7-2 所示。

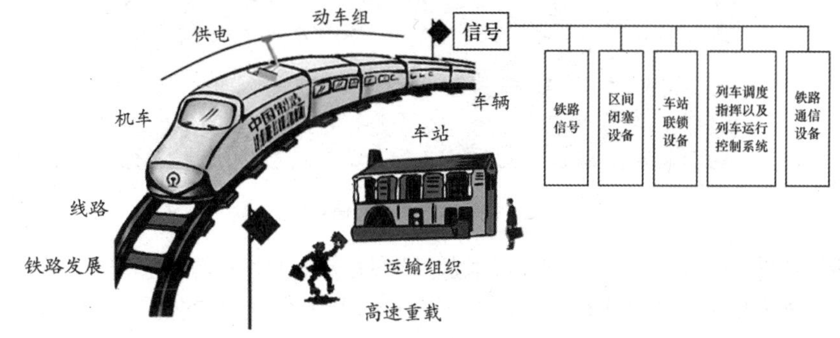

图 7-2　学习导航

学习任务 7-1

对你所熟悉的某个车站的进站及出站信号机、进路信号机、调车信号机及信号标志的设置地点、作用及灯光显示的含义进行实地调查，并书写调查报告。

【相关知识】

7.1 铁路信号与通信设备的作用

铁路信号设备包括铁路信号、联锁、闭塞、调度集中、机车信号等设备。其主要作用是保证行车、调车工作的安全和提高铁路通过能力，对增加铁路运输经济效益、改善铁路职工劳动条件也起着重要作用。

铁路通信设备是铁路经营管理的信息系统，它对组织铁路运输、指挥列车运行、确保铁路各部门之间联络和为旅客提供各种服务方面发挥着重要作用。

7.2 铁路信号

7.2.1 铁路信号的分类

铁路信号是由信号设备，如信号机、表示器和标志，发出的信息，可从多个角度进行分类。

1．按人的生理感觉分类

按人的生理感觉分，铁路信号可分为视觉信号（见图 7-3）和听觉信号两大类。

视觉信号是以物体或灯光的颜色、形状、位置、闪光、数目或数码显示等特征表示的信号。如信号机、信号牌、机车信号、信号旗、灯光、火炬（一种在风雨天都能点燃并发出火光的视觉信号，司机发现火炬信号的火光时应立即停车）等。

图 7-3 视觉信号（地面信号机）

听觉信号是以不同器具发出的音响的强度、频率和音响的长短等特征表示的信号。如号角、口笛、响墩（外形扁圆内装有炸药的听觉信号，防护时，将其放在钢轨上，当车轮压上后会发出爆炸声，要求司机立即停车）、机车鸣笛等。

2. 按信号的固定形式分类

按信号的固定形式有固定信号（见图 7-4 和图 7-5）、移动信号和手信号 3 种。

图 7-4 进站信号机

图 7-5 通过信号机

固定信号是铁路信号设备的重要组成部分，包括固定于地面的信号和固定在机车上的信号。在我国铁路上，依据信号的含义，固定信号可分为以下 3 类。

（1）要求停车的信号（一般称为“禁止信号”或“停车信号”）。

（2）要求注意或减速运行的信号。

（3）准许按规定速度运行的信号（2 与 3 合称为“进行信号”或“允许信号”）

最常见的视觉固定信号的基本颜色及其基本意义如下所述，如图 7-6 所示。

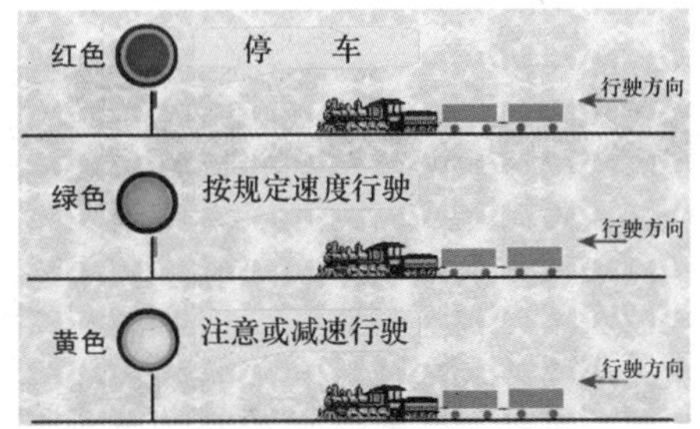

图 7-6 3 种基本颜色的含义

① 红色：要求停车。

② 黄色：要求注意或降低速度。

③ 绿色：按规定速度运行。

此外，铁路信号还用两种辅助颜色，即蓝色和月白色，主要用于指挥调车作业，其含义为如下所述。

蓝色：禁止调车。

月白色：允许调车。

移动信号是当线路上出现临时性障碍或进行施工，要求列车停车或减速时，需按照规定设置移动信号，安放响墩、火炬或用手信号进行防护，以保证行车安全。

手信号（见图 7-7）是有关行车人员用手持信号旗或信号灯做出各种规定动作来表示停车、减速、发车、通过、引导等信号。

图 7-7 手信号

7.2.2 铁路固定信号机

1．类型

在所有铁路信号中，由固定信号机发出的视觉信号是最常见、最主要的信号。固定信号机按构造和显示方式不同可以分为臂板信号机、色灯信号机和机车信号机。

2．设置要求

（1）色灯信号机的设置方位。我国铁路采用左侧行车制，机车司机在驾驶室内的位置统一设在左侧，如图 7-8 所示。为了便于司机瞭望信号，因此规定所有色灯信号机均应设在线路的列车运行方向的左侧。

图 7-8 左侧行车

（2）限界的要求。在线路旁设置的信号机，均不得侵入建筑接近限界。在准许接发或通过超限货物列车的线路旁设置的信号机，不得侵入超限限界。

如两线路之间距离不足以装设信号机时，可以采用信号桥或信号托架。装设在信号桥或信号托架上的信号机，可以在线路的左侧，也可以在其所属线路的中心线上空。

（3）特殊情况下的设置方位与注意事项。在特殊情况下，如线路左侧没有装设信号机的条件或因曲线、隧道、桥梁等影响，不适宜设置信号桥或信号托架，而将信号机设置在右侧比设置在左侧的显示状况较好，对行车更为有利时，经铁路局批准，信号机也可以设于右侧。

在右侧设置信号机时，还应考虑是否有被邻线列车误认或被邻线列车挡住视线看不到信号的可能性，应当避开这种可能的地点。

（4）设置流程。信号机设置的地点，对信号显示距离的远近，对司机确认信号和行车安全等都有极大的关系，所以设置信号的地点，要由电务（设计和施工）部门会同车务、机务等有关部门，共同研究确定，经铁路局批准。在确定信号机装设地点时，应全面考虑以下几点。

① 信号显示距离满足《技规》要求。

② 不至于被误认为邻线的信号机。

③ 尽量避免设在停车后起动困难的上坡道，或难以停车的下坡道上。

④ 自动闭塞区段还要考虑不影响列车间隔时间。

不同用途的色灯信号机，设置的具体位置也存在一定区别。

3．常见的固定信号机

（1）进站信号机。进站信号机的作用主要用来防护车站。具体地说，就是用来防护接车进路。

为防护车站，指示列车可否由区间进入车站而设置进站信号机。进站信号机设于车站入口距进站道岔尖轨尖端（顺向为警冲标）不少于50m的地点，根据调车作业和制动距离的需要，有时外移至400m以内。

进站色灯信号机有黄、绿、红、黄、白5个色灯，其灯光的含义与区段采用的闭塞制式有关，详见表7-1。

表7-1　　　　铁路主要信号机的显示意义

信号名称		色灯信号机	信号显示	信号显示意义
进站信号机	半自动闭塞、三显示自动闭塞			准许列车按规定速度经正线通过车站，表示出站及进路信号机在开放状态，进路上的道岔均开通直向位置
				准许列车经道岔直向位置，进入站内正线准备停车
				准许列车经道岔侧向位置，进入站内准备停车
				准许列车经过18号及其以上道岔侧向位置，进入站内越过次架已经开放的信号机，且该信号机所防护的进路，经道岔的直向位置或18号及其以上道岔的侧向位置
				不准列车超过该信号机
				准许列车经道岔直向位置，进入站内越过次架已经开放的接车进路信号机准备停车
				准许列车在该信号机前方不停车，以不超过20公里/小时速度进站或通过接车进路，并须准备随时停车

续表

信号名称		色灯信号机	信号显示	信号显示意义
进站信号机	四显示自动闭塞			准许列车按规定速度经道岔直向位置进入或通过车站，表示运行前方至少有3个闭塞分区空闲
进站信号机	四显示自动闭塞			准许列车按限速要求越过该信号机，经道岔直向位置进入站内正线准备停车
进站信号机	四显示自动闭塞			准许列车按限速要求越过该信号机，经道岔侧向位置进入站内准备停车
进站信号机	四显示自动闭塞			准许列车经过18号及其以上道岔侧向位置，进入站内越过次架已经开放的信号机，且该信号机所防护的进路，经道岔的直向位置或18号及其以上道岔的侧向位置
进站信号机	四显示自动闭塞			不准列车越过该信号机
进站信号机	四显示自动闭塞			准许列车按规定速度越过该信号机，经道岔直向位置进入站内，表示次架信号机已经开放一个黄灯
进站信号机	四显示自动闭塞			准许列车在该信号机前方不停车，以不超过20公里/小时速度进站或通过接车进路，并须准备随时停车
出站信号机	三显示自动闭塞			准许列车由车站出发，表示运行前方至少有两个闭塞分区空闲
出站信号机	三显示自动闭塞			准许列车由车站出发，表示运行前方至少有一个闭塞分区空闲
出站信号机	三显示自动闭塞			不准列车越过该信号机
出站信号机	三显示自动闭塞			准许列车由车站出发，开往半自动闭塞区间
出站信号机	三显示自动闭塞			兼作调车信号机时，准许越过该信号机调车
出站信号机	四显示自动闭塞			准许列车由车站出发，表示运行前方至少有3个闭塞分区空闲
出站信号机	四显示自动闭塞			准许列车由车站出发，表示运行前方有两个闭塞分区空闲
出站信号机	四显示自动闭塞			准许列车由车站出发，表示运行前方有一个闭塞分区空闲
出站信号机	四显示自动闭塞			不准列车越过该信号机
出站信号机	四显示自动闭塞			准许列车由车站出发，开往半自动闭塞区间
出站信号机	四显示自动闭塞			兼作调车信号机时，准许越过该信号机调车

续表

信号名称		色灯信号机	信号显示	信号显示意义
出站信号机	半自动闭塞			准许列车由车站出发
				不准列车越过该信号机
				准许列车由车站出发，开往次要线路
				兼作调车信号机时，准许越过该信号机调车
进路信号机	接车进路信号机			显示与进站信号机相同 兼作调车信号机时，点亮一个月白色灯光，准许越过该信号机调车
	发车进路信号机			准许列车由车站经正线出发，表示出站和进路信号机均在开放状态
				准许列车运行到次架信号机之前准备停车
				表示该信号机列车运行前方至少有一架进路信号机在开放状态
				不准列车越过该信号机
				兼作调车信号机时，准许越过该信号机调车
通过信号机	三显示自动闭塞			准许列车按规定速度运行，表示运行前方至少有两个闭塞分区空闲
				要求列车注意运行，表示运行前方有一个闭塞分区空闲
				列车应在该信号机前停车
				容许信号显示一个蓝灯，准许列车在通过信号机显示红灯的情况下不停车，以不超过 20 公里/小时的速度通过，运行到次架通过信号机，并随时准备停车
	四显示自动闭塞			准许列车按规定速度运行，表示运行前方至少有 3 个闭塞分区空闲
				准许列车按规定速度运行，要求注意准备减速，表示运行前方有两个闭塞分区空闲
				要求列车减速运行，按规定限速要求越过该信号机，表示运行前方有一个闭塞分区空闲
				列车应在该信号机前停车
				容许信号显示一个蓝灯，准许列车在通过信号机显示红灯的情况下不停车，以不超过 20 公里/小时的速度通过，运行到次架通过信号机，并随时准备停车

续表

信号名称		色灯信号机	信号显示	信号显示意义
通过信号机	半自动闭塞			准许列车按规定速度运行
				不准许列车越过该信号机
遮断信号				不准列车越过信号机
			无显示	不着灯时，不起信号作用
预告信号				表示主体信号机在开放状态
				表示主体信号机在关闭状态
				表示遮断信号机显示红色灯光
			无显示	不着灯时，不起信号作用
调车信号机				准许越过该信号机调车
				装有平面溜放调车区集中联锁设备时，准许溜放调车
				不准越过信号机调车
驼峰信号机				准许机车车辆按规定速度向驼峰推进
				指示机车车辆加速向驼峰推进
				指示机车车辆减速向驼峰推进
				不准许机车车辆越过该信号机或指示机车车辆停止作业
				指示机车车辆自驼峰退回
				指示机车到峰下
				指示机车车辆去禁溜线

图例：黄灯　绿灯　红灯　白灯　蓝灯　着灯　闪光

（2）出站信号机。为防护区间，指示列车可否由车站进入区间而设置出站信号机，如图 7-9 所示。出站信号机设于发车线警冲标内方。出站色灯信号机一般由绿、红两个色灯组成。

① 出站信号机的作用。

● 在人工闭塞区间，指示列车可否发车，保证发车进路上的道岔位置正确，进路上无车，没有建立敌对进路，进路已经锁好，运行安全。

● 在半自动闭塞区间，指示列车可否占用区间，保证进路和区间无车，进路上的道岔位置正确，没有建立敌对进路，进路已经锁好，运行安全。

图 7-9 出站信号机

● 在自动闭塞区间，指示列车可否占用站外的第一个闭塞分区，保证进路和第一个闭塞分区空闲，进路上道岔位置正确，没有建立敌对进路，进路已经锁好，运行安全。

② 出站信号机信号显示的含义。

● 在非自动闭塞区段，出站信号机有高柱、矮柱之分，显示红、绿两色。不同的显示组合表示不同的含义，见表 7-1。

在自动闭塞区段，出站信号机各种信号显示的含义见表 7-1。

③ 信号显示距离。总体要求，出站信号机显示距离不小于 400m。

其中，高柱出站信号机显示距离不小于 800m，矮柱信号机显示距离不小于 200m（在困难条件下）。

出站信号机设置如图 7-10 所示。

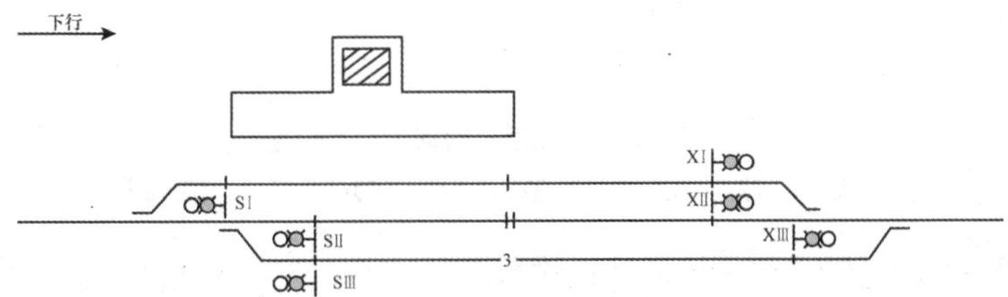

图 7-10 出站信号机的设置与标号

○—绿灯 ⊗—红灯亮

（3）进路信号机。

① 进路信号机的作用。一个车站有几个车场时，需要设置进路信号机，以指示列车能否从一个车场转线到另一个车场，如图 7-11 所示。

正线上的进路信号机和进站信号机的防护长度一样，其防护区段的长度应等于或大于 1200m。

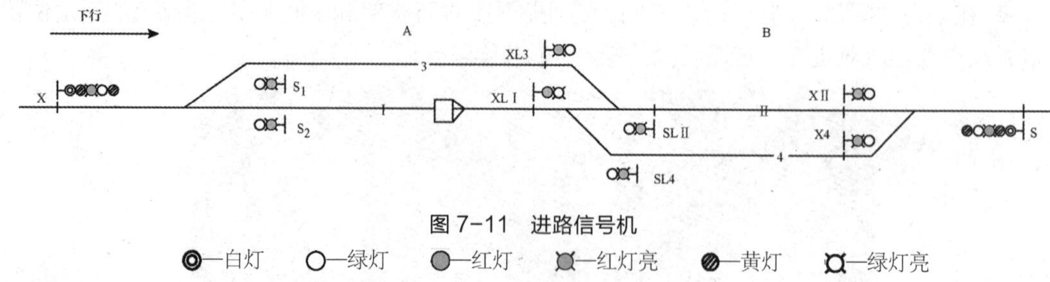

图 7-11　进路信号机

◎—白灯　○—绿灯　●—红灯　⊗—红灯亮　⊘—黄灯　⊗—绿灯亮

② 进路信号机的分类。进路信号机按用途分为：接车进路信号机、发车进路信号机和接发车进路信号机。

③ 进路信号机的显示。接车进路信号机和接发车进路信号机的显示方式与方法，和进站信号机一样，发车进路信号机的显示方式与方法与出站信号机相同。

④ 进路信号机的设置。接车进路信号机与进站信号机的设置方法相同；发车进路和接发车进路信号机与出站信号机的设置方法一样。

转场进路始于进路信号机，止于出站信号机。只有在进路上的道岔位置正确、进路内无车和没有建立敌对进路，并且把进路锁好的条件下，才能使防护转场进路的进路信号机开放，以保证转场作业的安全。进路信号机一般都采用色灯信号机。

（4）通过信号机。车站与车站之间的线路称为区间。一个区间内在同一时间内只能有一趟列车。如果区间的距离较长，就会影响线路的通过能力。 因此，在双线铁路上，使用非自动闭塞的区段，可以在较长区间内设置一个线路所，线路所与两相邻车站构成两个所间区间。在线路所处，设置两架信号机，该信号机就为通过信号机，如图 7-12 所示。

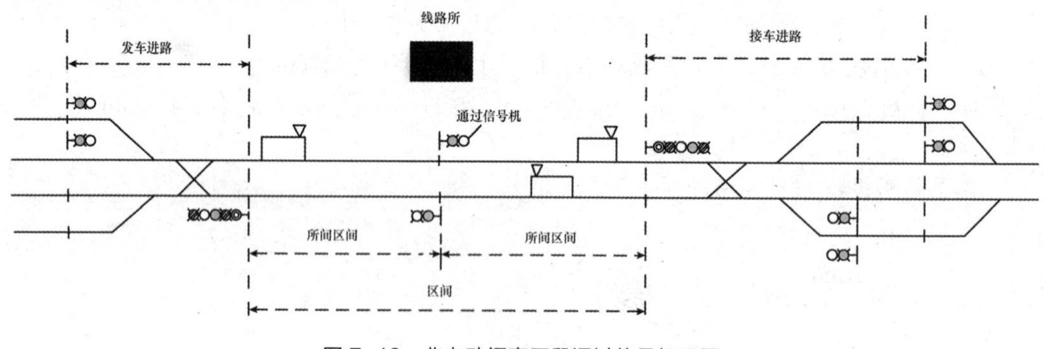

图 7-12　非自动闭塞区段通过信号机配置

◎—白灯　○—绿灯　⊗—红灯亮　⊘—黄灯　●—红灯　⊗—绿灯亮　⊘—黄灯亮

当半自动闭塞的通过能力仍无法满足运输需求时，就需要采用自动闭塞，再扩大列车密度。

将区间划分成若干个闭塞分区，在每个闭塞分区的入口处，设置通过信号机防护，如图 7-13 所示。闭塞分区划分得越短，即分区数越多，线路的通过能力也就会越大。但闭塞分区的长度，是受列车速度、牵引重量和制动性能等因素限制的。为了保证行车安全，我国的铁路《技规》要求闭塞分区的长度，不得小于 1200m。

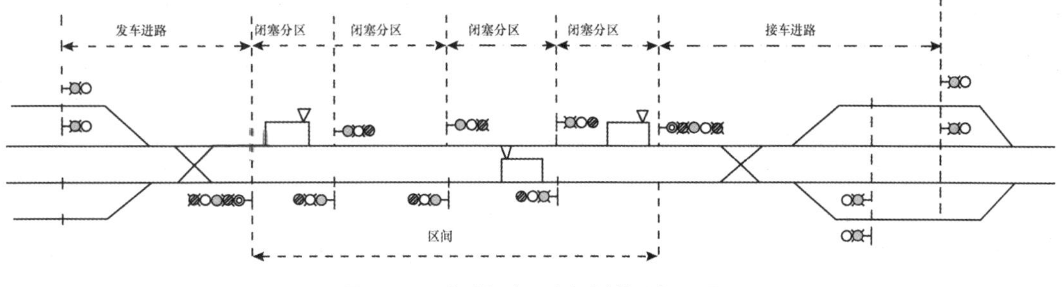

图 7-13 自动闭塞区段通过信号机配置

—白灯 —绿灯 —红灯亮 —黄灯 —红灯 —绿灯亮 —黄灯亮

① 设置位置。通过信号机设在自动闭塞区段的闭塞分区分界处，以及非自动闭塞区段的所间区间的分界处。在确定通过信号机的具体设置位置时，应综合考虑以下几点。

- 避免设在列车停车后、起动时容易发生车钩断裂的地点。
- 应尽量避免设在停车后起动困难的上坡道上。
- 不准许设在隧道内及大型桥梁上。

② 作用及显示距离。通过信号机的作用是指示列车能否进入该信号机所防护的闭塞分区或所间区间。通过信号机的显示距离不少于 1000m，在最恶劣条件下不得少于 200m。

③ 显示含义。通过信号机的显示含义，非自动闭塞区段与自动闭塞区段存在一定区别，见表 7-1。

（5）遮断信号机。

① 遮断信号机的作用。为防护平交道口（铁路与公路的平面交叉点）、桥梁、隧道以及塌方落石等危险地点而设置的信号机，叫作遮断信号机。

在繁忙的平交道口上，若汽车或拖拉机等机动车因故障停留在道口，或道口上散落有货物，一时又移不开时，为了能指示列车在道口外方停车，需要设立遮断信号机。

在较大的桥隧建筑物和可能危及行车安全的塌方落石地点，一般均设有固定值班的看守人员，昼夜巡视。为在发生危及行车安全的情况时，及时向列车发出停车信号，要求列车在障碍地点前方停车，也需要设置遮断信号机。

② 设置位置与显示距离。遮断信号机的设置位置，距其防护地点不得少于 50m。

在自动闭塞区段，遮断信号机还应与通过信号机有联系。当遮断信号机与前方相邻的通过信号机之间小于 800m 时，通过信号机应恢复信号机红色灯光显示；当遮断信号机与前方相邻的通过信号机之间大于 800m 时，则通过信号机应为该遮断信号机的预告信号。自动闭塞区段，遮断信号机不应设在停车后起动困难的地点。遮断信号机显示距离不少于 1000m，恶劣条件下不少于 200m。

③ 显示含义。遮断信号机为单显示信号机，其含义见表 7-1。

表示不准列车越过该信号；遮断信号机不着灯时，不起信号作用。

为与一般信号机相区别，遮断信号机采用方形背板，并在机柱上涂有黑白相间的斜线。

（6）预告信号机。

① 预告信号机作用。信号显示直接关系到行车的安全和效率，也有利于改善乘务人员的劳动条件，而地面信号又常常受到现地条件和气象条件的影响，以至信号显示距离有时难以满足运营要求。因此，对进站、通过、遮断等绝对信号机，应根据实际需要，装设预告信号机，预

先告知司机主体信号机的状态，以防止冒进绝对信号。

显示的含义：预告信号机为二显示信号机，有黄、绿两种色灯。

黄色灯亮表示主体信号机在关闭状态。

绿色灯亮表示主体信号机在开放状态。

② 显示距离与设置位置。预告信号机的显示距离不少于400m，在困难条件下不少于200m。

预告信号机距其主体信号机的距离规定不得少于800m，以满足列车制动距离的要求。当预告或其主体信号机的显示距离不足400m时，为了让司机预先有足够的时间确认信号，预告信号机距其主体信号机不得少于1000m。

自动闭塞区段的进站信号机，其前方的通过信号机即起预告信号机的作用；在非自动闭塞区段，装有机车信号时，由于机车信号能复示进站信号机的显示，所以在以上条件下，可免装预告信号机。

③ 补充说明。预告信号机仅反映其主体信号机的开放或关闭两种状态，而不能反映主体信号机的显示内容。

预告信号机的信号显示颜色虽与其主体信号机相同（绿、黄），但显示意义不完全一样。所以预告信号机均有特殊的标志，以示区别（如在柱上涂有黑白相间的标志）。

（7）调车信号机。

在车站内，为保证列车在站内的行车安全，凡影响列车作业的调车进路，均应设置调车信号机。

① 调车信号机的作用。调车信号机（见图7-14）用于指示调车机车能否越过该信号机进行调车作业。

图7-14　调车信号机

② 显示及其含义。

蓝灯表示不准越过该信号机。

白灯表示准许越过该信号机调车。

③ 显示距离与设置位置。调车信号机一般为矮柱色灯信号机，其显示距离不小于200m。

调车信号机设在调车作业繁忙的到发线、咽喉道岔区，以及非联锁（车站控制设备）区域到联锁区域的入口处。

（8）驼峰信号机。

① 驰峰信号机的作用。在驼峰调车场的峰顶上，用来指示调车机车能否向峰顶推送车列，以及用多大速度推送车列。

② 驰峰信号机的显示含义。驼峰信号机为四显示高柱信号机，从上至下有黄、绿、红、白四个色灯，其含义见表 7-1。

③ 显示距离与设置位置。驼峰信号机的显示距离不能小于 400m。

在整个推峰解体过程中，调车机车位于车列尾部，为让机车司机看清信号显示，在到发线适当位置，可以设置驼峰辅助信号机，如图 7-15 所示。若驼峰辅助信号机仍然不能满足要求时，可装设驼峰复示信号机。

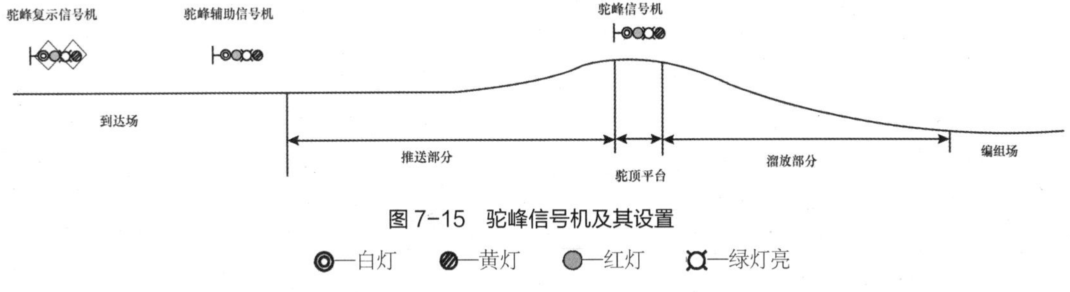

图 7-15 驼峰信号机及其设置

◎—白灯 ⊘—黄灯 ●—红灯 ¤—绿灯亮

7.2.3 信号表示器及信号标志

1．信号表示器

信号表示器和信号机不同，它没有防护的意义，而是用来表示与行车有关设备的位置和状态，或表示信号显示的某种附加含义。例如，出站信号机给绿色灯光，而前方可以有 3 个发车方向，这是需要附加说明是向哪个方向发车的，该任务就依靠信号表示器来完成。

我国铁路上采用的信号表示器有：进路表示器、线路表示器、调车表示器、道岔表示器（见图 7-16）、发车表示器等。我们在此介绍常见的道岔表示器和发车线路表示器。

（1）道岔表示器。

① 道岔表示器的作用。道岔表示器用来反映道岔所处的状态，便于扳道员确认进路和调车人员办理调车作业。

② 道岔表示器的设置位置。道岔表示器通常设在接发车进路上的手动道岔处，以及由非联锁区向联锁区的过渡区入口处的电动道岔处。联锁区域内的电动道岔，采用了调车信号机，所以不设置道岔表示器。

③ 道岔表示器的显示含义。

● 道岔处于定位（道岔开通直股）：表示器的鱼尾形黄色标板顺着线路方向显示，白天沿着线路方向看不到该标板，夜间显示一个紫色灯光。

● 道岔处于反位（道岔开通弯股）：鱼形标板横着线路方向显示，白天沿着线路方向可见该标板，夜间显示一个黄色灯光。

图 7-16 道岔表示器

（2）发车线路表示器。

调车作业虽然要求在站内进行，但是在实际工作中，常因调车工作的实际需求而进行站外调车。

站外调车对车站信号有了新的要求。可以根据需要设置线群出站信号机，在每一发车线警冲标内方适当地点，设有线路表示器。当线群出站信号机在开放条件下，哪一个线路表示器亮一个月白色灯光，即表示在该线路停留的列车可以发车。这些并排的线路表示器，同时只准一个点亮月白灯，而且只有在线群出站信号机开放后，它才能亮灯，如图 7-17 所示。

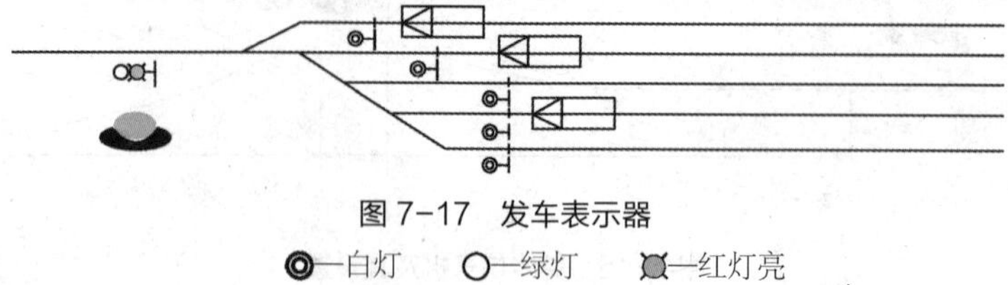

图 7-17　发车表示器

◎—白灯　○—绿灯　⊗—红灯亮

2. 信号标志

信号标志是设在铁路沿线，用来表明该地点线路的状况，以便司机和其他有关行车人员能够及时、正确地进行作业。

铁路系统常见的信号标志主要有以下几个。

（1）警冲标。警冲标（见图 7-18）是用来指示机车车辆停车时，不准向道岔方向或线路交叉点方向越过，以防止停留在该线上的机车车辆与邻线上的机车车辆发生侧面冲突的标志。另外，在出站道岔上警冲标用来确定站界标位置。警冲标设在两会合线路间距离为 4m 的中间。线间距离不足 4m 时，设在两线路中心线最大间距的起点处。警冲标用来指示机车车辆的停留位置，防止机车车辆侧面冲突。

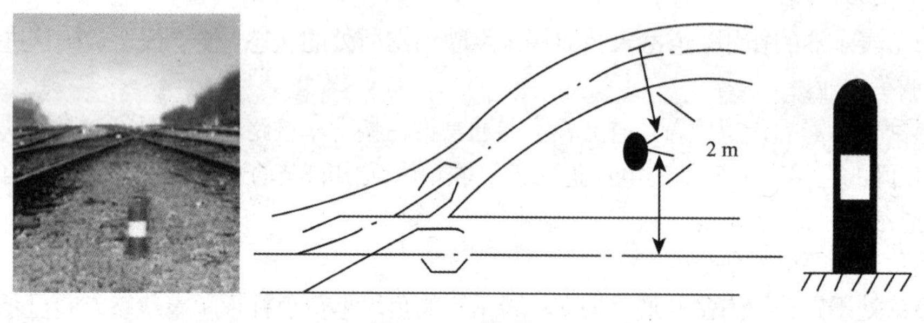

图 7-18　警冲标

（2）司机鸣笛标。司机鸣笛标（见图 7-19）设在道口、大桥、隧道或视线不良的前方 500～1000m 处。司机看到该标志时，应鸣笛示警。

图 7-19　司机鸣笛标

（3）作业标。在营运线路进行施工维护时，为保障维护人员安全和行车安全，需要设置作业标。

作业标（见图 7-20）设在施工线路及其邻线距施工地点两端 500～1000m 处，司机见到此标记时须提高警惕并长声鸣笛。

（4）站界标。站界标（见图 7-21）设在双线区间列车运行方向左侧最外方顺向道岔（对向出站道岔的警冲标）外不少于 50m 处，或邻线进站信号机相对处。

图 7-20 作业标

图 7-21 站界标

（5）预告标。预告标（见图 7-22）设在进站信号机外方 900m、1000m 及 1100m 处，但在设有预告信号机及自动闭塞的区段，均不设预告标。在双线区间，退行的列车看不见邻线的预告标时，在距站界外 1100m 处特设一个预告标。

（6）引导员接车地点标。列车在距站界 200m 以外，不能看见引导人员在进站信号机或站界标处显示的手信号时，须在列车距站界 200m 外能清晰地看见引导人员手信号的地点设置引导员接车地点标（见图 7-23）。

图 7-22 预告标

图 7-23 引导员接车地点标

（7）接触网终点标。接触网终点标（见图 7-24）设在站内接触网边界。电力机车通过接触网获得电动力，一旦脱离接触网将寸步难行。接触网终点标就是提醒电力机车司机不要超越接触网有效区间。

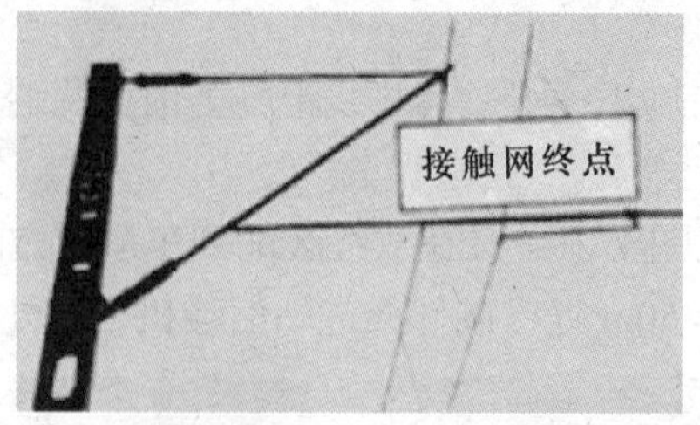

图 7-24　接触网终点标

（8）减速地点标。减速地点标（见图 7-25）设在需要减速地点的两端各 20m 处。正面表示列车应按规定限速通过地段的始点，背面表示列车应按规定限速通过地段的终点。

（9）桥梁减速信号牌。桥梁减速信号牌（见图 7-26）设在需要限速通过的桥梁两端，上部表示客车限制速度，下部表示货车限制速度。

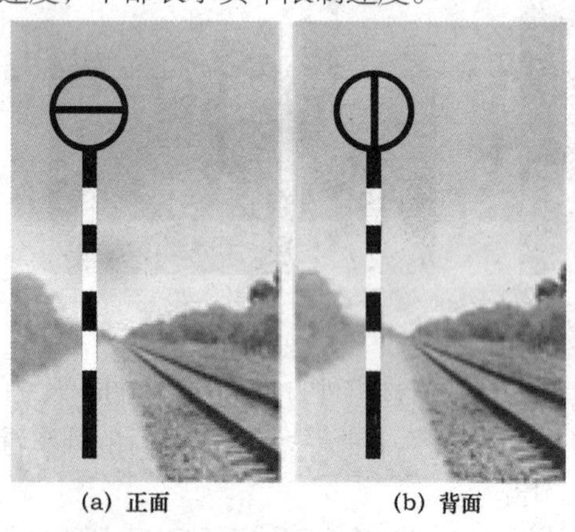

(a) 正面　(b) 背面

图 7-25　减速地点标

图 7-26　桥梁减速信号牌

7.2.4　铁路信号专用器材

1. 信号机

作为器材，信号机有臂板信号机和色灯信号机两大类。

（1）臂板信号机。臂板信号机（见图 7-27）大多采用人力操纵、导线传动。白天用臂板的不同位置，夜间用不同颜色的灯光显示信号。

臂板信号机的主要优点是可以用在无可靠交流电源的中间站上。但其缺点较多，如昼夜显示方式不同，增加了辨认的困难；传动用的导线随气温变化需要经常调整；不易实现自动化等。现在我国铁路已逐步淘汰臂板信号机，推广色灯信号机。

（2）色灯信号机。色灯信号机白天和夜间都采用不同颜色的灯光显示信号。根据色灯信号机构造的不同，可分为透镜式（又称多灯式）与探照式（又称单灯式）两大类型。

① 镜式色灯信号机。透镜式色灯信号机（见图 7-28）由色灯信号机构、机柱等组成。

色灯信号机构是色灯信号机的主要部件，它包括凸透镜、电灯座及灯泡、遮据、背板等。它的每一组透镜只能发出一种颜色的灯光。如要显示 3 种颜色信号光必须有 3 组透镜和 3 个灯泡。

图 7-27 臂板信号机

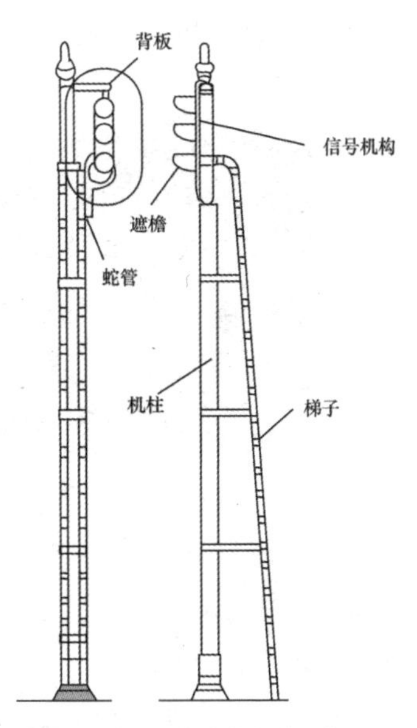

图 7-28 透镜式色灯信号机

② 探照式色灯信号机。探照式色灯信号机（见图 7-29）也由色灯信号机构、机柱等组成。所不同的是在它的色灯信号机构中有一个可以随电流方向变化而转动的色玻璃框，因而它的一组透镜可以显示 3 种颜色灯光（如红、黄、绿）。当某一种颜色玻璃对准灯光时，就显示出那一种颜色的灯光。与透镜式色灯信号机相比，探照式色灯信号机有构造复杂、维修困难等缺点。

与臂板信号机相比，色灯信号机的优点是，昼夜显示相同，易于辨认，易于实现自动化以及显示距离较远等。

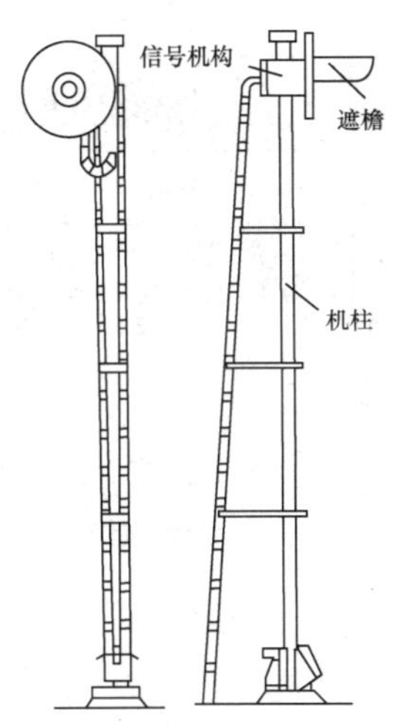

图 7-29 探照式色灯信号机

2．道岔转换设备

道岔是线路的连接与交叉设备，通过其尖轨的位置变换开通直向或侧向线路。尖轨的动作，由道岔转换设备实现。道岔转换设备分以下两类。

① 手动类：如道岔握柄、转换锁闭器等。

② 电动类：如电动转辙机（见图 7-30）、电空转辙机、电液转辙机等。

图 7-30　电动转辙机

3．继电器

继电器是自动控制系统中使用的一类电磁开关，是铁路信号设备中使用最多的一种电器设备。继电器相当于电路中的开关，可以接通和断开电路。通过继电器可以控制道岔的转换，锁闭和解锁进路，控制信号机的开放和关闭等。继电器的基本结构如图 7-31 所示。

最简单的一种是直流无极继电器。其工作原理为：合闸，对电磁铁供电，吸动衔铁，带动中簧片，使中接点断开后接点而与前接点闭合，电源切断后，铁心失磁，衔铁因此自行释放，使中接点断开前接点并和后接点闭合。继电器的前、后接点及中接点都接有引线片。当引线片用导线连接在一个外部电路时，由于继电器的衔铁被吸动或复原，就可以达到控制这个外部电路的目的。

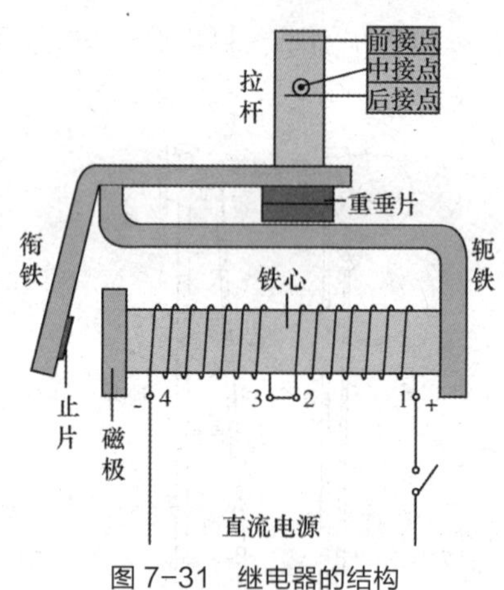

图 7-31　继电器的结构

4．信号电源屏

信号电源屏将为信号供电的部件集中起来，做成带有盘面的金属柜，将外部电源引入屏内，经稳压、调压、整流后，再输出不同电压的交、直流电，供车站内各类信号、通信设备使用。信号电源屏的实质，就向车站内信号、通信设备稳定供电。

5．控制台

控制台为联锁系统的重要设备，其外观结构如图 7-32 所示。

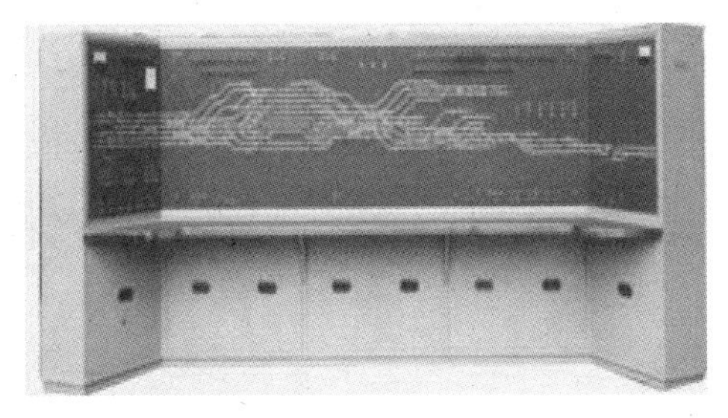

图 7-32 控制台

6. 轨道电路

轨道电路也是车站内内基本设备之一，它是利用铁路的两条钢轨作为导线，两端以钢轨绝缘分界，与轨道继电器等设备组成的电气回路。

轨道电路可以反映线路和道岔区段是否有车占用、传递列车占用信息、向列车传递信息、检查钢轨是否完整等。

采用直流电源的轨道电路称为直流轨道电路，是最简单的一类轨道电路。它主要由绝缘节、轨道电源、限流电阻、轨道继电器等组成。其工作原理为：

当轨道电路区段空闲时，电流从轨道电源正极经过钢轨进入轨道继电器，再经另一股钢轨回到电源负极。这时因轨道继电器衔铁吸起，接通绿灯回路，信号机显示绿灯，如图 7-33（a）所示。

当轨道电路区段有车占用时，由于机车车辆轮对的电阻很低，轨道电路被短路，轨道继电器衔铁落下，接通红灯回路，信号机显示红灯，如图 7-33（b）所示。

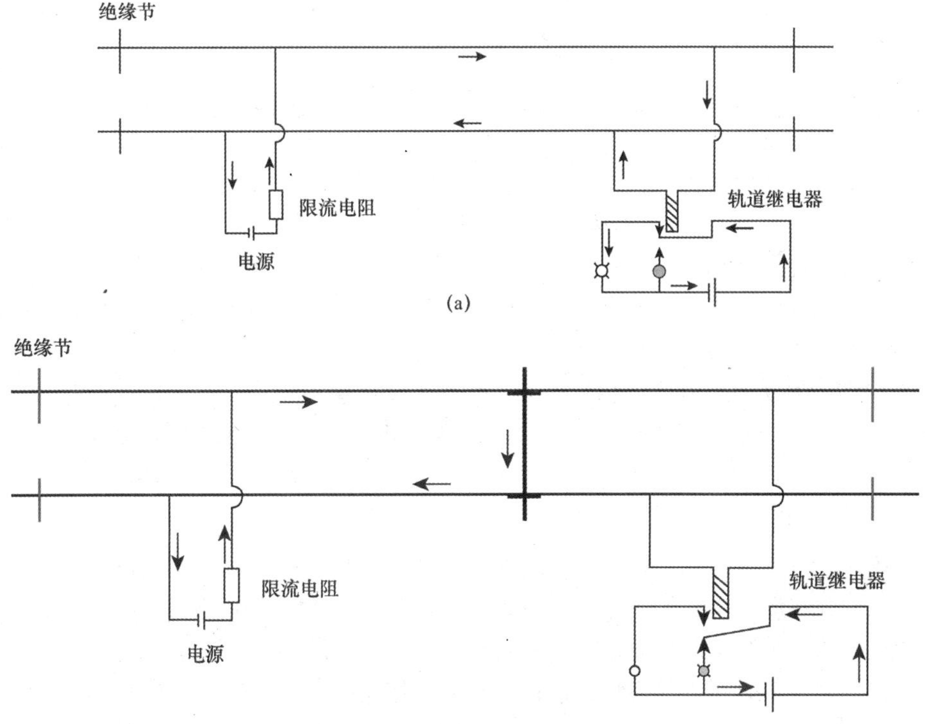

图 7-33 轨道电路示意图

○—绿灯 ⊗—红灯亮 ●—红灯 ☼—绿灯亮

学习任务 7-2

查阅相关资料，对比说明人工闭塞、半自动闭塞、自动闭塞的优缺点，对机车信号与自动停车装置、列车运行监控记录装置及列车运行控制系统的关系进行简单分析，将以上内容制作成 PPT 或 Word 文档进行汇报。

7.2.5 车站信号控制

1．概述

车站内各列车进路由道岔位置决定，为防护进路，在进路入口处设有信号机。在车站信号控制中，我们除了实现对信号机、道岔和进路的控制外，还需要考虑 3 者的关系。因此，为保证行车安全，必须使相关信号机、道岔和进路之间保持相互制约的关系，该关系就称为联锁关系（联锁）。而联锁设备（联锁机构）就是确保车站内列车和调车作业安全、提高车站通过能力的一种信号设备。

（1）车站联锁关系的确定。

① 敌对进路。敌对进路是一种进路与进路之间的联锁关系。如果同时开放两条进路会使机车车辆相撞，那么这两条相矛盾的进路就叫做敌对进路。为了保证安全，敌对进路是不允许同时开通的。

② 联锁条件。联锁条件是对信号机、道岔与进路之间相互联锁的基本规律概括。它集中地表现为开放

信号机所必需具备的条件如下所述。

① 道岔位置正确——开放信号时，进路上有关的道岔应处于开通该进路的位置。

② 线路空闲——开放信号时要求该进路上没有车占用。

③ 敌对进路未建立——开放信号时，要求该进路有关的敌对信号没有开放。

④ 锁闭道岔和敌对信号机——开放信号后，还要求该进路上的相关道岔不能扳动，其敌对信号机不能开放。

（2）实现联锁的基本方法

目前实现联锁的基本方法包括：机械锁闭法、电锁器锁闭法、电气锁闭法和电子锁闭法 4 种。

根据实现联锁的集中化程度划分，联锁的方式分为：非集中联锁和集中联锁。

① 非集中联锁方式，一般由人力在道岔附近，操纵道岔转换设备，分散地利用机械方法和电锁器方法实现。

② 集中联锁方式是在车站信号楼中，集中地操纵道岔和信号机的方式。

目前，我国已完全采用继电器实现联锁，属于电气锁闭法、集中联锁方式，因此称为电气集中联锁。

2．电气集中联锁

在采用电气集中联锁的车站上，采用色灯信号机和电动道岔，车站值班员可以在控制台上对整个车站或车场内的道岔、信号机进行集中操纵；在联锁区域范围内，股道和道岔区段上都设有轨道电路，车站值班员通过控制台直接指挥列车运行和调车工作，并监视现场设备的动作情况。电气集中联锁可以可靠地保证行车和调车作业的安全，提高车站工作效率和改善劳动条件。

（1）电气集中联锁的主要设备与基本原理。电气集中联锁的主要设备，我们在本章第一节

都已经介绍过，它们是：继电器、电动转辙机、轨道电路和控制台。

电气集中联锁是利用继电器、轨道电路和电动转辙机实现道岔、进路和信号机之间的联锁关系。

（2）电气集中联锁的操纵方法。车站值班员主要工作，是办理进路和解锁进路。使用电气集中联锁办理进路和解锁进路迅速简便。

① 办理进路。办理接发车进路或调车进路时，只需要顺序按压该进路的始端按钮和终端按钮，就能将与该进路相关的道岔转换到符合进路要求的位置，防护该进路的信号机也自动开放，排好进路。

② 进路解锁。进路解锁分正常解锁和取消进路。

正常解锁是当列车或调车通过进路中的道岔区域后，进路中的道岔和经由该道岔的敌对进路就自动解锁。

取消进路是指在进路未排好之前，例如值班员错误按压始端按钮后，可以按压进路取消按钮，停止排列进路。

（3）电气集中联锁的主要优缺点。

① 由于采用了轨道电路，严格实现进路控制过程的要求，具有较完善的安全功能，基本上能防止因违章或操作失误而造成危及行车安全的后果。

② 采用色灯信号机和电动转辙机，操作人员仅需在控制台上按压按钮就能办理或取消进路，而且采用了逐段解锁方式时，还可大大缩短进路的建立和解锁时间，提高了车站咽喉的通过能力。

③ 进路的排列和解锁都是自动进行的，从而改善了和行车有关人员的劳动条件。电气联锁虽然有上述优点，但是电气集中联锁的设备费用比较高，并要求车站上有可靠的交流电源。

3. 计算机联锁（微机联锁）

微机联锁是一种运用微型计算机对车站值班员的操作命令及现场表示信息进行逻辑运算，从而实现对信号机及道岔等进行集中控制的车站联锁设备。实现了从有接点（使用继电器）到无接点的变革，使联锁设备更加小巧和可靠。

微机联锁的硬件设备包括控制盘、智能显示器、打印机、主机（见图 7-34）、现场信号设备、传输通道及电源等，如图 7-35 所示。

图 7-34 微机联锁主机

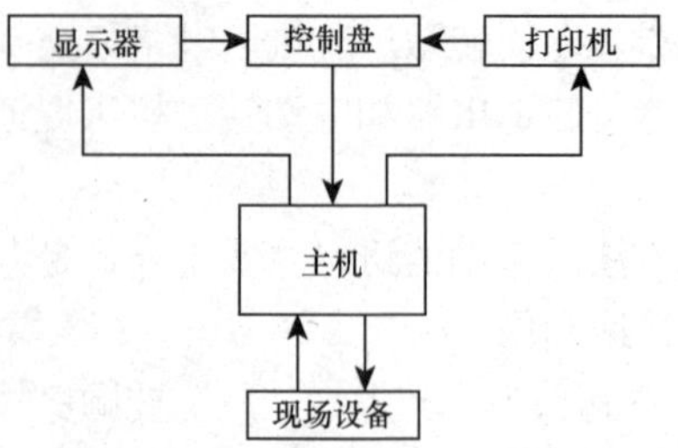

图 7-35　微机联锁硬件系统框图

微机联锁软件设备一般应包括操作输入、状态输出、联锁处理、控制（命令）输出、表示输出、诊断与其他系统联系等模块。

操作输入模块将操作人员的操作信息输入到计算机中。

状态输入模块将室外监控对象的状态信息输入到微机中。

联锁处理模块是实现联锁的部分，它是整个软件的核心。

控制输出同状态输入、联锁处理 3 个模块构成了联锁程序。它们不仅应具有高度的可靠性，而且应具有高度的安全性。特别要有通用性，以适应各种结构和不同规模的车站。

表示（信息）输出模块将各种表示信息转送给控制台或显示器。

诊断模块是检测微机内部故障的。

其他系统联系模块是用来与调度集中系统、微机检测及车站管理系统取得联系的。

微机联锁操作方法与电气集中联锁相仿，车站值班员办理进路时，只需顺序按压进路的始端按钮和终端按钮即可完成。此时微机就执行操作输入程序和联锁处理程序。根据输入的按钮代码，从进路矩阵中查找出相应的进路，然后检查是否符合选路条件，只有完全满足选路条件后，程序才能转入选路部分。程序进入选路部分后，先检查对应道岔是否在规定位置，然后将需变位的道岔转换位置，接着锁闭进路，并建立对应的运行表区。

在执行信号开放程序中，根据运行表区内容，连续不断检查各项联锁条件，每检查一遍，条件满足时输入一个脉冲，信号开放期间，由这些连续的脉冲信息，经处理后，使信号电路动作。当列车进入信号机后方，信号机关闭后，随着列车的运行，进路可顺序逐段解锁。

微机联锁的特点如下所述。

（1）采用计算机软硬件实现联锁逻辑关系，联锁设备动作速度快，信息量大，容易实现信号系统的自动控制和远程控制；可以扩大控制范围和增强控制功能。

（2）设备体积小，机件重量轻，可节省信号楼的建筑面积，降低材料消耗和工程造价，同时也便于安装调试和维修。

（3）采用了积木式的软件和硬件，通用性强，能适应站场的改建与扩建，在站场改扩建后无需变动联锁设备，必要时只需修改软件。

（4）操作简便，提高了办理进路自动化程度。减少有关行车人员之间的联络，防止误操作，提高了作业的安全和效率。

（5）容易实现车站管理和联锁系统的自动化。微机可以向旅客服务系统和列车运行监护系统等提供信息，并对设备工作情况及时做出记录显示并打印。

（6）由于采用了软件和硬件的冗余技术，便于实现故障导向安全的要求。微机联锁是车站信号设备的发展方向，今后还有待于使执行器件电子化，使系统各组成部分标准化，并最大限度地发挥所用资源的潜力，使行车和调车，操作和维修进一步自动化，使系统的可靠性和安全性进一步提高。

7.2.6 区间信号控制

区间信号控制的目的是为了保证行车安全，提高区间通过能力与行车速度。为达到该目的，我们采用行车闭塞法，依靠闭塞设备来具体实现。

行车闭塞法从时空上可分为：空间间隔法和时间间隔法。时间间隔法为每隔一段时间往区间放行一趟列车，由于安全性较低，该方法已不再使用。空间间隔法是把铁路区段划分为若干个区间，用区间把列车分隔开、规定在一区间内同时只容许一趟列车运行，即我国铁路广泛采用的闭塞方法。

行车闭塞法从设备上可分为（我国采用的闭塞设备）：电气路签（牌）闭塞、电报电话闭塞、半自动闭塞、自动闭塞及移动闭塞。

1．半自动闭塞

半自动闭塞是我国铁路广泛采用的一种闭塞方式。采用半自动闭塞时，列车占用区间的行车凭证是出站信号机（线路所为通过信号机）的显示。

（1）半自动闭塞设备。

① 闭塞机。采用半自动闭塞的区间两端车站上各设一台闭塞机，一段专用轨道电路和出站信号机，它们之间用通信线路相连接，用来控制出站信号机并实现相邻车站之间办理闭塞，如图 7-36 所示。闭塞机包括电源、继电器、操纵按钮、表示灯和电铃等。

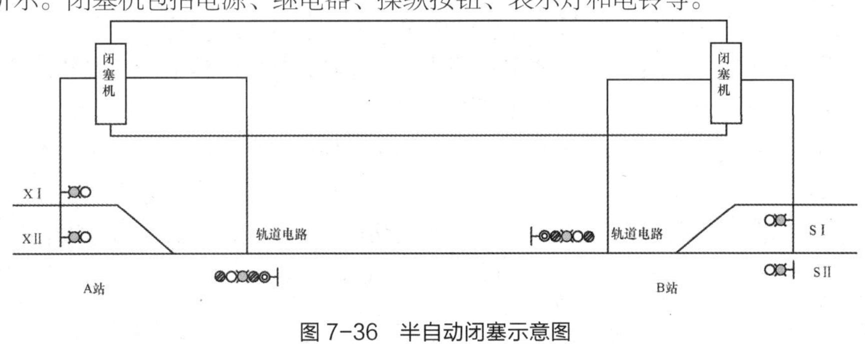

图 7-36 半自动闭塞示意图

◎—白灯 ○—绿灯 ⊗—红灯亮 ⊘—黄灯

② 出站信号机。出站信号机是指示列车能否由车站开往区间的信号机。

出站信号机不能任意开放，它受半自动闭塞机的控制。只有当区间空闲，经过办理手续后，出站信号机才能开放。还应注意，出站信号机既要防护列车区间运行的安全，又要防护出发列车在站内运行的安全。所以它既要受闭塞机的控制，又要受到车站联锁设备的控制，即受到双重设备控制。

③ 专用轨道电路。专用轨道电路应设在车站进站信号机内方适当地点，用以监督列车的出发和到达，并使双方闭塞机的接发车表示灯有相应的表示。专用轨道电路的长度一般不少于 25m。

半自动闭塞工作过程如下所述。

现 AB 区间空闲，由 A 向 B 站发车。A 站值班员用接在通信线路中的专用电话向 B 站联系请求发车，B 站值班员接受请求后，A 站值班员可按下闭塞按钮，此时 A 站发车表示灯亮黄灯，B 站的接车表示灯也亮黄灯。B 站值班员按压闭塞按钮，此时 B 站接车表示灯由黄灯变为绿灯，A 站发车表示灯也由黄灯变为绿灯。A 站即可办理发车进路，开放出站信号机，列车从 A 站出发。当列车驶入轨道电路区段后，A 站发车表示灯由绿灯变为红灯，出站信号机自动关闭。B

站接车表示灯也由绿灯变为红灯。此时 A 站出站信号机不能再次开放，当然 A 站就不能再向 B 站发车了，由于区间处于闭塞，B 站也不能向 A 站发车，这也就保证了该区间只准许有一列列车运行。

B 站为接车站，接到 A 站已发车电话后，可将接车进路办妥并开放进站信号机。当列车接近 B 站驶入轨道电路区段时，B 站发车表示灯与接车表示灯均亮红灯，表示列车到达。B 站值班员确认列车完整到达并停妥后，将列车手柄恢复定位（进站信号机恢复定位），拔出闭塞按钮，表示灯即熄灭，B 站闭塞设备复原。甲站铃响，闭塞设备复原。就可以重新再办理发车了。

（2）半自动闭塞的主要优缺点。采用半自动闭塞时，由于出站信号机受到对方站闭塞机的控制，因而在保证行车安全方面有一定的优越性。

但是，当铁路的运量不断增大，要求进一步提高区间通过能力时，半自动闭塞也有它自身的局限性；而且，当区间线路发生故障，钢轨折断时，半自动闭塞设备也不能做出反应并由故障导向安全。

因此，在一定条件下,必须采用自动闭塞来代替半自动闭塞。

2. 自动闭塞

自动闭塞是由运行中的列车自动完成闭塞任务的一种设备。

我们将两个相邻车站之间的区间正线划分成若干个小段——闭塞分区（其长度一般为 1200～1300m），每个闭塞分区的起点设置一架通过色灯信号机进行防护。闭塞分区内钢轨上装设轨道电路，能够反映列车的运行情况和钢轨是否完整，并及时传给通过信号机显示出来，向接近它的列车指示运行条件，进一步保证行车安全。

因为通过色灯信号机的显示是随着列车的运行通过列车自动控制的，不需要人工操纵，所以叫自动闭塞。

目前，我国铁路上采用的自动闭塞主要有单线双向自动闭塞（在线路两侧均设有通过色灯信号机，如图 7-37 所示），和复线单向自动闭塞（每条线仅一侧设信号机，如图 7-38 所示）两种。

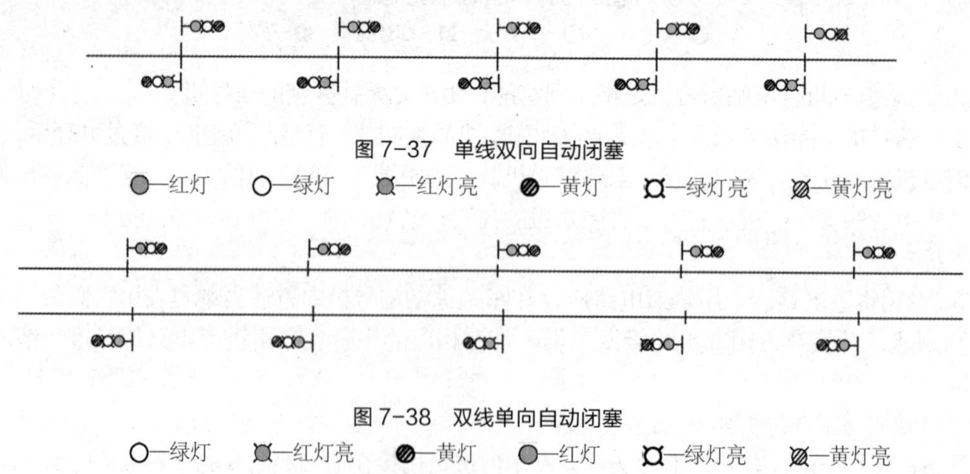

图 7-37 单线双向自动闭塞

图 7-38 双线单向自动闭塞

（1）三显示自动闭塞。目前，我国铁路上广泛采用的是三显示自动闭塞（见图 7-39），它用红、黄、绿 3 种颜色的灯光来指示列车运行的不同条件，其具体含义见表 7-1。

当线路上的钢轨折断时，轨道电路断电，使信号机显示红灯，保证行车安全。

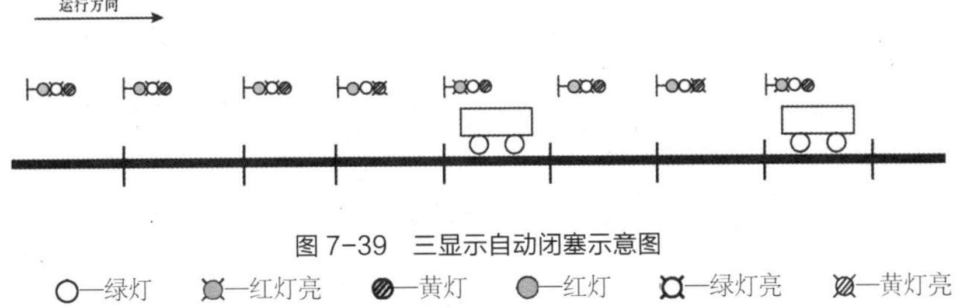

图 7-39 三显示自动闭塞示意图

○—绿灯 ◎—红灯亮 ●—黄灯 ◉—红灯 ¤—绿灯亮 ⊗—黄灯亮

（2）四显示自动闭塞。随着列车重量、速度和密度的不断增加，三显示自动闭塞也已不能适应需要，在我国运输繁忙的铁路线上，逐步采用四显示自动闭塞（见图 7-40）。

四显示在三显示闭塞（红、黄、绿）的基础上，增加了黄绿色灯光。

红色灯表示前方闭塞分区有车占用。

黄色灯表示前方一个闭塞分区空闲。

一个黄色灯和一个绿色灯表示前方两个闭塞分区空闲。

绿色灯表示前方至少 3 个闭塞分区空闲。

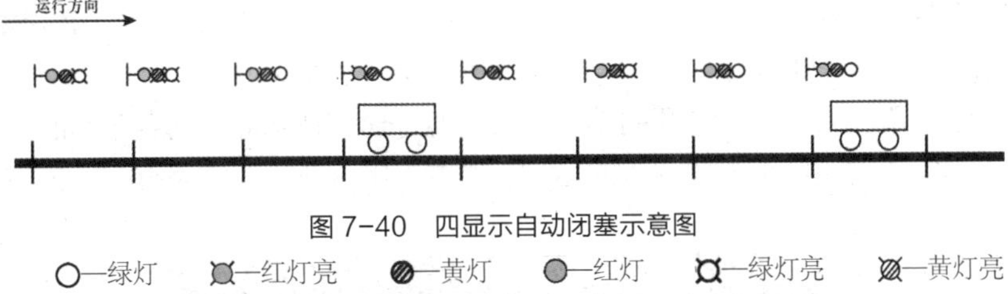

图 7-40 四显示自动闭塞示意图

○—绿灯 ◎—红灯亮 ●—黄灯 ◉—红灯 ¤—绿灯亮 ⊗—黄灯亮

3．自动闭塞与半自动闭塞的比较

在自动闭塞区段中，相邻两个车站之间的正线划分成许多闭塞分区，可以同时有两个以上的同向列车占用，比其他闭塞制度提高了区间通过能力。同时，由于轨道上全部装设了轨道电路，当区间有列车占用或钢轨折断时，都可以自动地使信号机显示停车信号，能够更好地保证列车在区间内运行的安全。

自动闭塞设备虽然比较先进，但比其他闭塞设备的初期投资大得多，因此，应当根据具体情况选用。在我国铁路上，复线区段多采用自动闭塞，单线区段多采用半自动闭塞。

7.2.7 区段行车控制

1．区段行车控制系统

（1）行车调度控制系统。行车调度控制系统是行车调度员（或车站值班员）对其管辖范围内区段和车站联锁道岔和信号状态进行控制监督，并指挥列车运行的设备。

（2）列车运行控制系统。列车运行控制系统是一种利用地面发送设备向运行中的列车传送各种信息，用以保证行车安全，并可提高行车效率的设备。它主要包括列车自动停车装置、机车报警、机车信号、列车速度自动控制等系统。

（3）铁路通信系统。为有效地指挥列车运行，发布有关命令，确保路内各业务部门、单位职工密切配合与协同作业，需要设置一整套完善、先进的铁路通信设备，将铁路各级机构联系成一个整体，从而保证行车安全，提高运输能力和工作效率。

图 7-41 所示为机车信号和列车无线调度电话，分别为列车运行控制系统和铁路通信系统的组成部分。

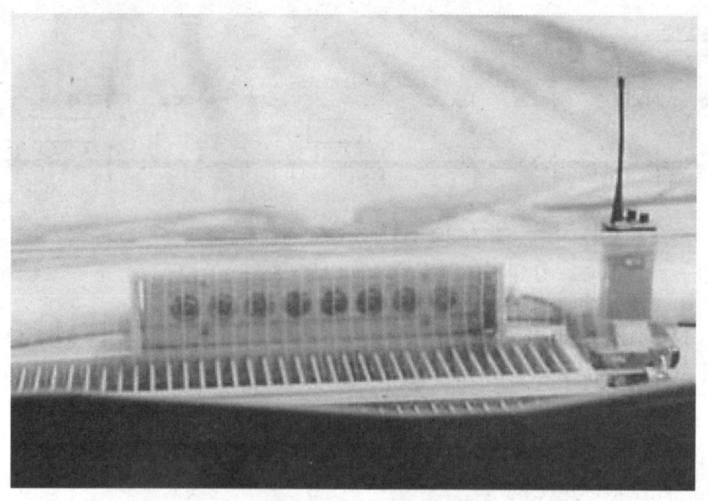

图 7-41　机车信号与列车无线调度电话

2. 调度集中

调度集中系统（见图 7-42）是将调度区段内各车站的联锁设备与区间的闭塞设备结合起来，建立一个由列车调度员直接操纵的信号遥信与遥控的综合系统。

调度集中系统不仅具有调度监督的功能，而且通过遥控技术对管内各车站的列车进路进行控制，使调度员能机动灵活地调整列车的运行。调度集中是我国为铁路行车指挥自动化的基础设备。

图 7-42　调度集中

（1）调度集中系统的优点。

① 缩短中间站办理列车到达、出发及通过作业时间，提高了区段的通过能力。

② 可以防止命令传达上的错误，进一步提高行车的安全性。

③ 有利于改善劳动条件和提高劳动生产率。

（2）调度集中系统组成。调度集中的突出特点是：分机向总机传输现场信息，总机向分机传输电路操作命令，实现对列车进路的控制。图 7-43 所示为调度集中组或结构框图，调度集中系统的组成设备如下所述。

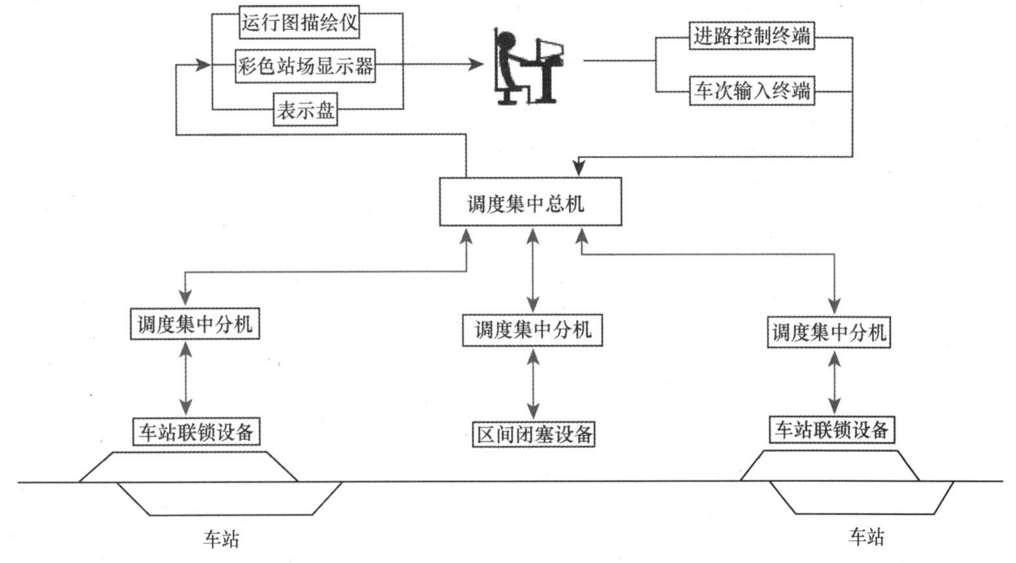

图 7-43 调度集中组成结构框图

① 调度集中总机。安装在调度中心机房，是整个系统的核心部分。与调度中心各设备相连，通过外线通道与设在各站的调度分机通信，它把调度员在进路控制终端上的操作变成控制命令的电码，向通信道输出，传送给分机，同时接收分机传送的表示信息，变成表示盘上的各种表示。

② 进路控制终端。安装在调度指挥室的调度台上，与总机相连，调度员通过进路控制终端键盘向系统内输入各种控制命令，总机向进路控制终端屏幕回送各种控制的有关显示信息。在进路控制终端键盘上设有站名、方向、股道、预控、程控、执行等按键。

③ 彩色站场显示器。具有同表示盘基本相同的功能，但它可以根据需要显示任何一个站场的画面。

④ 表示盘。它是全区段内各车站信号、股道、道岔的状态及列车运行位置的表示设备，与车站进路式继电集中的表示方式基本相同。股道、道岔区段及区间平时光带不亮，亮红光带表示有列车占用，股道及道岔区段亮黄光带表示锁闭。在表示盘上还设有车次窗口，用来表示车次号码，帮助调度员更好地了解列车实际运行情况。表示盘上还设有站控“遥控”按钮，当需要调度员将操纵权下放，改为车站控制时，可按下站控按钮。站控灯光亮红灯时表示站控状态，一切控制由车站值班员进行，作业完毕，车站值班员交回现地操纵权，站控灯灭，准备恢复原状。遥控时，站控灯灭。

⑤ 车次输入终端。调度员通过车次输入终端键盘可以向系统内输入列车车次，总机向车次输入终端屏幕回送有关信息。

⑥ 行车信息打印机。与进路控制终端接口相连，记录调度员，操作内容及时间，打印列车正晚点统计表等。

⑦ 列车运行图描绘仪。能根据总机送来的信息，按列车运行情况自动描绘运行图，即能把每趟列车的车次，在各站的到、开、通过的时刻自动记录成列车实绩运行图，使调度员可以集中精力指挥行车。

⑧ 调度集中分机。安装在调度指挥管辖范围内的各车站，从通信道接收主机传送的控制命令电码，并把电码变成车站电气囊中设备上道岔和信号机的操纵动作；同时将车站电气集中设

备的状态又转变成各种表示电码，通过通信道向主机传送。

⑨ 车站电气集中设备。

（3）调度集中系统的功能

① 控制功能：调度人员或计算机预先存储的运行命令，可以控制系统管辖范围内各车站的信号机、道岔以及排列进路，取消进路等。

② 表示功能：利用发光二极管组成的表示盘或彩色站场显示器，直观地显示出各车站信号机开放、关闭、进路排列，股道、道岔区段、闭塞分区的占用以及列车运行方向的情况等。

③ 车次追踪：通过操纵车次终端键盘输入列车车次，并可以将预排的车次输入系统内存储，列车车次便可以根据列车运行的实际位置，跟踪显示在表示盘和彩色站场显示器屏幕的相应位置上。

3. 调度监督系统

调度监督是铁路行车调度工作中的一种辅助设备，在自动闭塞区段安装使用。

它和调度集中系统的区别在于，这种设备在调度室内只设反映区间和车站线路情况的表示盘，调度员利用它可以及时了解区段内列车运行和车站到发线使用情况，为调度工作提供方便，但它只监督现场设备的状况而不能进行直接控制。

4. 列车运行自动控制系统

列车运行控制系统，是一种利用地面发送设备，向运动中的列车传送各种信息，使司机了解地面线路状态并控制列车速度的设备。该设备用以保证行车安全，同时也提高行车效率。

列车运行控制系统包括列车自动停车装置、机车信号以及列车速度监督和控制等。依据不同的要求，安装不同的设备。列车自动停车和机车信号都可单独使用，也可以同时安装；列车速度监督和速度控制是机车信号和自动停车装置的进一步完善，是列车运行控制系统的高级阶段。

（1）机车信号。机车信号也是一种固定信号，固定安装在司机室中，如图 7-44 所示。

图 7-44 机车信号

机车信号与地面信号的关系为：地面信号显示→地面发送设备→信息通道→机车接受设备→机车信号。

按照从地面向机车传递信息方式的不同，机车信号分为 3 种类型：点式、连续式和接近连续式，其信号的显示含义详见表 7-2。

表 7-2　　机车信号的显示方式

连续式（三显示）		连续式（四显示）		接近连续式	
机车信号	地面信号机	机车信号	地面信号机	机车信号	地面信号机
或 注 1	或			或 注 2	或
	已越过红灯信号机				已越过红灯信号机
	不复式地面信号机的显示		已越过红灯信号机		不复式地面信号机的显示
			不复式地面信号机的显示		

注：1. 在交流计数制的自动闭塞区段为一个黄灯；

2. 用交流计数制式的轨道电路时为一个黄灯。

图例：

绿色灯光

黄色灯光

双半黄色灯光

一个半黄色半红色灯光

红色灯光

白色灯光

一个半绿色半黄色灯光

① 点式机车信号，主要应用在非自动闭塞区段。只在线路上某些地点（一般在进站信号机外方制动距离附近）设置发送设备，将地面信号机的显示变成信息向机车上发送。它只在这个固定地点复示进站信号机的显示。

② 连续式机车信号，主要用在自动闭塞区段，利用自动闭塞分区的轨道电路向机车上传送信息。因此，在整个区间正线上，机车信号能连续地反映前方地面信号机的显示。

③ 接近连续式机车信号，用于非自动闭塞区段，它是点式和连续式的综合。在进站信号机外方制动距离附近的固定地点设置发送设备，并从固定地点到进站信号机之间又加装一段轨道电路。因此它从固定地点开始一直到进站信号机处为止，都连续不断地向机车上传送地面信号的信息，使机车信号机连续复示进站信号机的显示。

（2）自动停车装置。通常，在装设机车信号的同时也装设自动停车装置，将机车自动停车装置可与机车信号结合使用。

① 自动停车装置组成。列车自动停车装置的主要部件有信息接收设备、电空阀、动力切除装置、音响报警设备、警惕手柄和控制电路等。

自动停车装置的关键部件是由电磁控制的紧急制动放风阀，统称电空网，电空阀的输入端接收来自机车信号设备停车信息的电信号；输出端控制列车风管的放风阀门。

② 自动停车装置的工作原理。当机车信号机的显示由一个绿色、一个黄色、一个双半黄色灯光变为一个半黄半红色灯光，或由一个半黄半红色灯光变为一个红色灯光，以及机车进入无

码区段时，该装置发出音响警报。司机听到音响警报后，如果在 7s 内不按压警惕手柄，自动停车装置上的电空阀就会自行开启，使列车制动主管迅速排风减压而施行强迫停车。列车自动停车后，机车司机必须办理解锁，机车才能继续运行。机车信号与自动停车装置信号接收示意图如图 7-45 所示。

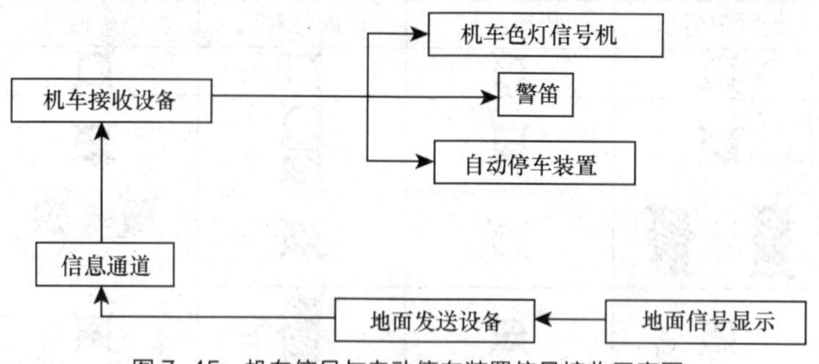

图 7-45　机车信号与自动停车装置信号接收示意图

（3）列车速度监督与控制系统。机车信号和自动停车装置只能在列车一般速度运行条件下保证行车安全的基本设备，是列车速度控制系统的初级阶段，因为它们还不能完全防止超速行车和冒进信号的现象。随着科学技术的发展和列车速度的提高，发展列车超速防护系统和其他列车速度控制系统，可以进一步提高运输效率，保证行车安全。

列车速度控制系统可分为：列车超速防护系统、列车自动减速系统和列车自动运行系统。

① 列车超速防护系统一般以人机共用、人控为主，也就是司机在驾驶过程中起主导作用，在列车正常运行时，系统不干预司机的操作，但对列车的运行速度进行分级的或连续的监督，一旦列车实际速度超过允许值时，则以音响提醒司机注意，若在规定时间内司机未采取制动操作，系统以常用制动或紧急制动方式强制列车减速，使列车不再超速或者使列车停在显示红灯的信号机或停车标前方。

② 列车自动减速系统是当列车实际运行速度超过限制速度时，设备自动实施常用制动使列车运行速度自动降低，当列车运行速度降低到低于限制速度一定值后，制动机自动缓解，列车继续运行。

③ 列车自动运行系统是当列车不能按列车运行图正点到达时，在自动减速系统允许速度的前提下，对列车运行速度进行自动调整，或加速或减速，使列车在保证安全的前提下，按最佳运行状态行驶。

列车超速防护系统在安全保障上是以人为主，设备起监督作用，又称速度监督；列车自动减速系统在安全保障上则是以设备为主，人起监督作用；自动运行系统则是一种在列车运行上都是以设备为主的控制系统。

上述 3 种速度控制系统的技术要求由低到高，在我国铁路系统逐步推广。

7.3　铁路通信系统

铁路通信将铁路各级机构联系成一个整体，按传输方式可分为有线通信和无线通信两大类；按服务区域可分为长途通信、地区通信、区段通信和站内通信等；按业务性质不同可分为公用通信、专用通信及数据传输等。

铁路专用通信系统由专用于组织、指挥铁路运输及生产的专用设备构成。这些设备专用于某一目的，接通一些指定用户，一般不与社会公用通信网连接。

铁路专用通信设备主要包括以下几个。

1．列车调度电话

列车调度电话供列车调度员与其管辖区段内所有车站值班员通话，属于有线电话。

在列车调度回线上，只允许接入与列车运行直接有关的车站值班员、车站调度员、机车调度员等的电话。列车调度电话的显著特点是调度员可以对个别车站呼叫（单呼）；可以对成组车站呼叫（组呼）；或者对全部车站集中呼叫（全呼）。列车调度员可以与车站互相通话，任何车站也可以方便地对列车调度员呼叫并通话。

2．列车无线调度电话

列车有线调度电话仅供列车调度员和车站值班员之间进行通信联系，而列车无线调度电话则可供列车调度员、机车调度员、车站值班员等调度指挥人员和列车司机相互通话。这对于提高运输效率，缩短运行时间，及时掌握和调整列车运行都有重大作用。同时列车在运行过程中，发生临时故障，司机可以及时报告调度员或临近的车站值班员，也可直接通知邻近区段的司机，以便及时采取措施。

3．站内无线调度电话

站内无线通信是为车站调度员、驼峰值班员等站内编组和解体作业的指挥人员和车站调车机车司机相互通话而设置的。

通过站内无线通信，车站调度员可以直接和调车机车司机取得联系，及时了解现场作业情况及存在问题，并向有关人员提出解决问题的措施。特别是在天气不良，辨认信号比较困难的条件下，依靠无线通信可以更好地防止事故的发生，确保调车安全。

4．其他铁路专用通信设备

（1）专用电话系统：铁路专用电话系统是为铁路沿线各基层单位如车站、工区、领工区等相互间以及与基层系统的上级机构相互间联系使用。

（2）地区电话：为同一城市中各铁路单位相互之间公务联系用的电话，即铁路部门的市内电话。

（3）局线和干线长途电话、电报：局线长途电话、电报是为铁路局范围内各单位相互之间公务联系用的通信设备。干线长途电话、电报是为铁道部和铁路局及铁路局相互之间进行公务联系用的通信设备。

（4）列车确报电报、电话：列车确报电报电话是供相邻编组站及编组站与区段站之间及时传递有关列车编组顺序的资料使用，以便对方站能正确、及时地掌握车流的情况。

（5）铁路站场通信系统：铁路站场通信也是铁路专用通信的一部分，它主要是解决站场工作人员相互联系通信的设备。它包括站场电话系统、站场扩音对讲系统、站场无线电话系统和客运广播系统。

【巩固练习】

一、填空题

1. 铁路信号分为________信号和________信号。

2. 视觉信号包括信号机、信号牌、信号灯、信号旗、火炬等设备显示的信号，它分为________信号、________信号、手信号3大类。

3. 进站信号机设置在车站的________处，起防护车站及接车进路的作用。

4. 出站信号机设在________起点，防护发车进路和区间。

5. 色灯信号机一般采用灯光的________、数目表达显示意义。

6. 信号机灯光的主要颜色有：________、________、________3 种基本颜色和月白、蓝色两种辅助颜色。

7. 信号机灯光为红色，表示________运行；黄色，表示________运行；绿色，表示________运行。

8. 信号标志包括________、站界标、预告标、司机鸣笛标。

9. 通过信号机防护________的闭塞分区和________的所间区间。一般设于区间闭塞的入口处或线路所所在地。

10. ________是指示列车运行及调车工作的命令，有关行车人员必须严格执行。

11. 信号机有关闭和开放两种状态，信号机经常保持显示状态作为________。

12. 地面固定信号一般设于线路________侧。

13. 列车________电话可以使列车调度员、机车调度员、车站值班员等指挥人员直接和运行中的列车机车司机通话。

二、判断题

1. 进站信号机设置在车站入口，指示列车能否进入车站，起防护车站及接车进路的作用。(　　)

2. 出站信号机设在发车进路起点，防护发车进路和区间，指示列车能否向区间发车；出站信号机可兼作调车信号机。(　　)

3. 调车信号机指示调车机车进行调车作业，防护调车进路。(　　)

4. 调车信号机一般分为尽头式调车信号机、咽喉区调车信号机两大类。(　　)

5. 轨道电路能够防止列车追尾和冲突事故，确保行车安全。(　　)

6. 通过信号机防护自动闭塞区段的闭塞分区和非自动闭塞区段的所间区间。(　　)

7. 通过信号机一般设于区间闭塞的入口处或线路所所在地。(　　)

8. 遮断信号机设于需要防护的道口、桥梁、隧道的前方，指示列车在危急情况时停车。(　　)

9. 预告信号机设于主体信号前方，对于进站信号、非自动闭塞的通过信号进行预告。(　　)

10. 我国铁路规定，臂板信号机的臂板呈水平为关闭，与水平位置向下夹角 45° 为开放。(　　)

11. 轨道电路由钢轨线路、钢轨绝缘、钢轨接续线、引接线、送电设备、受电设备等组成。(　　)

12. 信号标志主要包括警冲标、站界标、预告标、司机鸣笛标、道岔表示器、线路表示器等。(　　)

13. 我国铁路规定，信号表示器具有防护意义。(　　)

14. 地面固定信号可以侵入建筑限界。(　　)

15. 铁路专用通信是由路外通信、站场通信及会议电话 3 部分组成。(　　)

16. 铁路电话通信按用途不同分为长途通信、地区通信和专用通信 3 类。(　　)

17. 干线列车调度电话是属于区段通信。(　　)

三、操作练习

1. 对照模型或实物，指出铁路常用信号机机构类型。

2. 对照进站信号机的模型或实物，说出其采用的灯光序列。
3. 针对现场信号机开放的灯光，说出其对应的含义。
4. 说出联锁系统的主要组成部分（包括 6502 大站电气集中和计算机联锁系统）。
5. 说出半自动闭塞与自动闭塞在操作上的区别。
6. 说出机车上机车信号的灯光序列及其灯光的含义。

PART 8 项目八 铁路运输组织工作

【项目引入】

为了让学生零距离体验工作岗位，实现校企合作共同培养铁路行业高素质技能型人才的目标，湖南铁道职业技术学院安排部分学生参加了铁路局的春运顶岗实习活动。铁道运营与管理学院的大一新生李小其就是其中之一。从学生到实习员工这一身份的转换让李小其对专业知识的探索愿望欲加强烈，想到即将为众多的旅客提供服务，并要为他们解答各种问题，李小其心情既激动又紧张，对于铁路运输工作组织她还有许多疑问没有解开：

- 现在的铁路车票票面上各种信息代表什么意思？车票是如何分类的？
- 铁路上奔驰的列车是依照什么来停车、会让、通过的？
- 在实习实践过程中如何来保障自己的人身安全，又如何来保障旅客、货物运输安全的？
- 铁路的货物运输有哪些流程？货物的运到期限是根据什么来计算的？

【项目分析】

铁路运输系统的基本任务是合理地运用铁路各种技术设备，科学的组织管理方式，完成旅客、货物的位移，同时高质量的满足市场对铁路运输的各种需求。

铁路运输生产过程每一个环节的工作以及整个生产过程的计划、组织与指挥都属于铁路运输工作范围。它包括客运组织工作、货运组织工作和行车组织工作三个方面。一般地说，凡是旅客出行乘车、行李包裹运输等均属于客运组织工作；凡是有关货物运送和铁路与托运人、收货人关系等方面的工作均属于货运组织工作；而凡是跟调车工作和列车运行相关则属于行车组织工作范围。

本项目主要学习铁路运输组织工作基本知识，包括客运站旅客组织过程、行李包裹运输、车票认知、货物运输按一批的条件、货物运到期限、列车的编组、列车运行图、接发列车与调车工作等内容。在本项目学习过程中，需要完成如下任务：

【学习导航】

本项目主要学习铁路运输组织的基本知识，具体如图 8-1 所示。

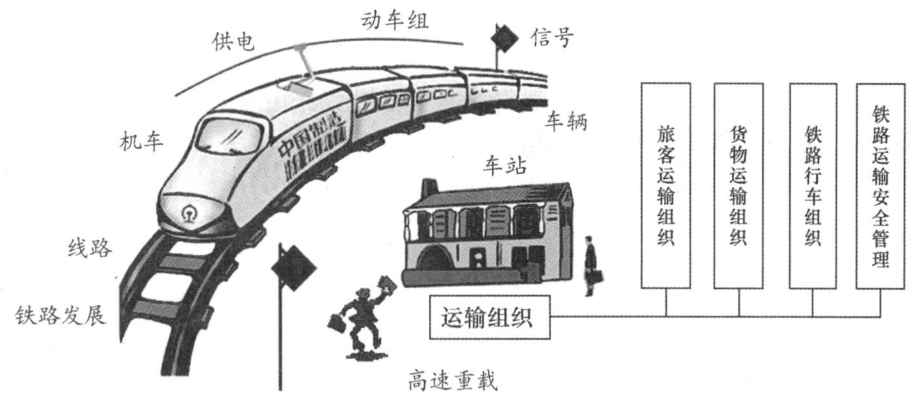

图 8-1　学习导航

学习任务 8-1

制作 PPT，描述如图 8-2 所示的车票中各种票面信息的含义，对车票的定义与分类进行简单介绍。

图 8-2　火车票样票

【相关知识 1】

8.1　旅客运输组织

旅客运输是铁路运输的一个重要组成部分。随着我国社会主义建设的迅速发展，人民物质文化生活水平的不断提高，经由铁路运送的旅客人数大幅度增长。因此，做好铁路旅客运输工作，对于国家的经济建设、文化交流以及满足人民群众的生活需要，有十分重要的意义。

旅客运输的基本任务是：最大限度地满足广大人民群众在旅行上的需要，安全、迅速、准确、便利地运送旅客、行李、包裹和邮件，保证旅客在旅行途中舒适愉快并得到文化生活上的优质服务。

8.1.1　铁路旅客运输概述

做好铁路旅客运输组织工作，必须对客运市场、客流进行客观、准确的调查分析，科学地预测运量，根据预测结果精心编制旅客运输计划，确定旅客列车的开行方案，实现高质量地运送旅客。

1．客流

客流是指铁路某一方向上，一定时间内旅客的流量和流向。客流可以按不同的属性进行分类，如按旅行距离可分为长途、中途和短途客流。我国铁路采用的是按旅行距离结合铁路局管辖范围的分类方法将客流分为直通、管内两种客流。

（1）直通客流：旅客旅行距离跨及两个及以上铁路局（集团公司）的客流为直通客流。一般来说此种客流旅行距离较长，要求列车服务质量标准高，旅客看重旅行的舒适度。

（2）管内客流：旅客乘车距离在一个铁路局管辖范围内的客流。

客流调查分为综合调查、节假日调查和日常调查 3 种。根据客流调查资料，可以掌握客运量的变化和发展情况，为编制旅客运输计划提供依据。

2．旅客列车的种类及车次

（1）旅客列车的种类。对不同的客流和不同的线路设备条件需开不同等级的列车。目前，我国现行铁路旅客运行图将旅客列车分为动车组列车、特快旅客列车（含直达特快旅客列车）、快速旅客列车、普通旅客列车（含普通旅客快车和普通旅客慢车）。

（2）旅客列车的车次。为方便旅客区分列车种类及考虑铁路人员的工作需要，需对每一列车编定一个识别码，即车次。在编车次时为区别列车运行方向，原则上规定以开往北京方向为上行方向，车次编为双数；背离北京为下行方向，车次编为单数。一趟旅客列车在运行途中变换上下行方向时，其车次也随之变换。主要旅客列车种类及车次编号见表 8-1。

表 8-1　旅客列车种类及车次范围

列车种类	车次范围	列车种类	车次范围
1.高速动车组旅客列车	G1-G9998	（1）普通旅客快车	1001-5998
跨局	G1-G5998	跨三局及以上	1001-1998
管内	G6001-G9998	跨两局	2001-3998
2.城际动车组旅客列车	C1-C9998	管内	4001-5998
跨局	C1-C1998	（2）普通旅客慢车	6001-7598
管内	C2001-C9998	跨局	6001-6198
3.动车组旅客列车	D1-D9998	管内	6201-7598
跨局	D1-D3998	8.通勤列车	7601-8998
管内	D4001-D9998	9.临时旅客列车	L1-L9998
4.直达特快旅客列车	Z1-Z9998	跨局	L1-L6998
5.特快旅客列车	T1-T9998	管内	L7001-L9998
跨局	T1-T4998	10.旅游列车	Y1-Y998
管内	T5001-T9998	跨局	Y1-Y498
6.快速旅客列车	K1-K9998	管内	Y501-Y998
跨局	K1-K6998	11.回送出入厂客车底列车	001-00298
管内	K7001-D9998	12.回送图定客车底列车	在车次前冠以“0”
7.普通旅客列车	1001-7598	13.因故折返旅客列车	原车次前冠以“F”

3．旅客列车编组

旅客列车的编组一般是固定的，在每次运行图实行期间，都是按照原铁道部和铁路局颁布的“旅客列车编组表”（见图 8-3）执行。编组固定是指每对列车的编组辆数、编组结构及车辆编挂次序是固定的（即固定旅客列车车底）。车底的组成根据客流密度、列车种类、机车牵引力、线路情况、站线和站台长度等因素加以确定，每一对列车都不尽相同。

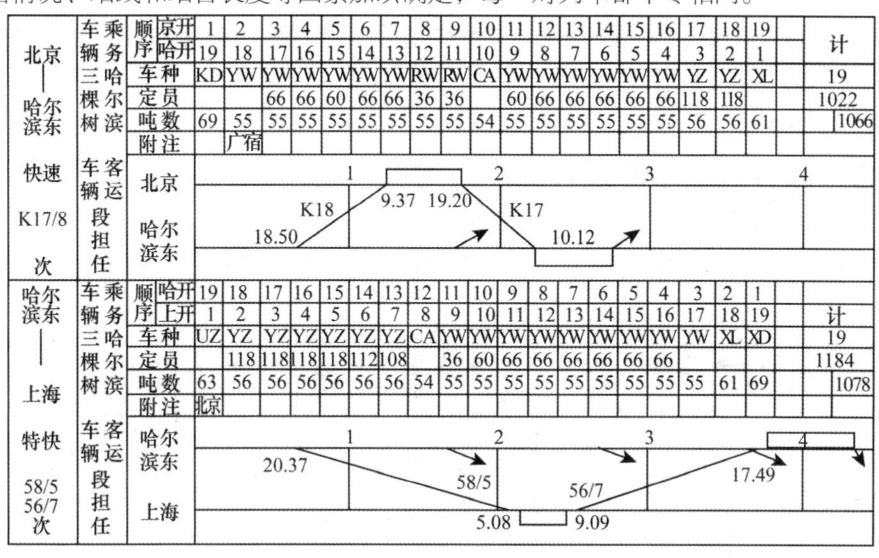

北京—哈尔滨东 快速 K17/8次	车辆三棵树 乘务哈尔滨		1	2	3	4	5	6	7	8	9	10	11	12	13	14	15	16	17	18	19		计
	顺序	京开	1	2	3	4	5	6	7	8	9	10	11	12	13	14	15	16	17	18	19		
	顺序	哈开	19	18	17	16	15	14	13	12	11	10	9	8	7	6	5	4	3	2	1		
	车种		KD	YW	YW	YW	YW	YW	YW	RW	RW	CA	YW	YW	YW	YW	YW	YW	YZ	YZ	XL		19
	定员				66	66	60	66	66	36	36		60	66	66	66	66	66	118	118			1022
	吨数		69	55	55	55	55	55	55	55	55	54	55	55	55	55	55	55	56	56	61		1066
	附注			广宿																			

哈尔滨东—上海 特快 58/5 56/7次	车辆三棵树 乘务哈尔滨		1	2	3	4	5	6	7	8	9	10	11	12	13	14	15	16	17	18	19		计
	顺序	哈开	19	18	17	16	15	14	13	12	11	10	9	8	7	6	5	4	3	2	1		
	顺序	上开	1	2	3	4	5	6	7	8	9	10	11	12	13	14	15	16	17	18	19		
	车种		UZ	YZ	YZ	YZ	YZ	YZ	YZ	CA	YW	YW	YW	YW	YW	YW	YW	YW	YW	XL	XD		19
	定员			118	118	118	118	112	108		36	60	66	66	66	66	66	66					1184
	吨数		63	56	56	56	56	56	56	54	55	55	55	55	55	55	55	55	55	61	69		1078
	附注		北京																				

图 8-3　旅客列车编组表

4．旅客运输计划

编制旅客运输计划的目的是为了充分挖掘运输潜力，组织旅客均衡运输，提高客运服务质量，保证旅客安全、迅速、准确、便利地旅行。

旅客运输计划根据执行期的不同，可以分为以下 3 种。

（1）长远计划。长远计划一般为 5 年、10 年或更长时期的规划，是铁路旅客运输的发展计划，通常根据国民经济计划的期间进行编制，主要是规定旅客运输的发展方向、技术政策、速度、重量及有关的指标。

（2）年度计划。年度计划是旅客运输的任务计划，根据长远计划结合年度具体情况编制，是确定旅客列车行车量及客运运营支出计划的依据。

（3）日常计划。日常计划是日常旅客运输的工作计划，根据年度计划任务，结合日常和节假日客流波动而编制，是实现年度计划的保证计划。

旅客运输计划主要依据客流调查资料和旅客运输统计资料而编制，其主要组成部分是客流计划。根据客流计划，可确定旅客列车的开行区段和对数，同时，参照过去客流规律，对每次列车的票额进行分配，从而使得运输能力得到充分利用，保证旅客均衡运输。由于影响客流变化的因素很多，每天的情况也不可能一样，客流往往会有波动，因此还须编制日常计划来进行调整，通过日常客运工作来完成旅客运输计划。

5．旅客运输合同

（1）铁路旅客运输合同的含义、履行期及凭证。铁路旅客运输在法律上体现为铁路旅客运输合同关系。铁路旅客运输合同是明确承运人与旅客之间权利义务关系的协议。起运地承运人与旅客订立的旅客运输合同，对所涉及的承运人都有连带关系，具有同等约束力。铁路旅客运输合同从售出车票时成立，自旅客进站检验车票为合同履行开始，至按票面规定运输结束旅客出站时止，为合同履行完毕。

铁路旅客运输合同的基本凭证是车票。

（2）承运人、旅客的权利义务。承运人应为旅客提供良好的旅行环境和服务设施，文明礼貌地为旅客服务，确保旅客运输安全、正点；对运送期间发生的旅客身体损害以及因承运人过错造成的旅客随身携带物品损失，应予以赔偿。

旅客应购票乘车，旅行中遵守国家法律和铁路运输规章制度，爱护铁路设备、设施，维护公共秩序和运输安全，听从铁路车站、列车工作人员的引导，按照车站的引导标志进、出站。对运送期间发生的身体损害以及因承运人过错造成的随身携带物品损失，有权要求承运人赔偿。

8.1.2　旅客运输生产过程

铁路运输旅客主要的几个过程，如图 8-4 所示。

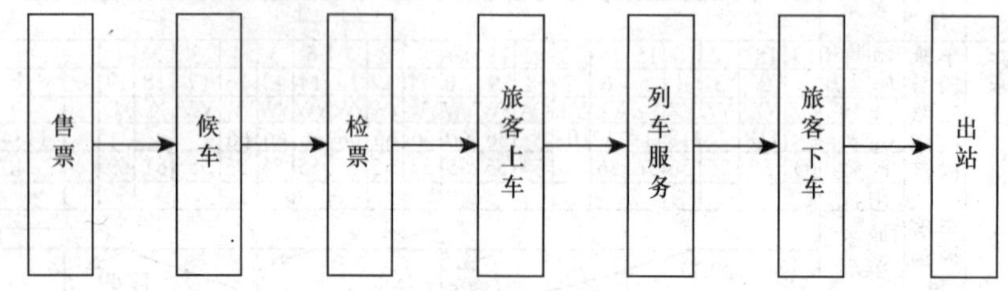

图 8-4　旅客运输生产过程图

1．售票

为了满足旅客运输的需求，不断提高服务质量与管理水平，铁路正在建设中的铁路客票发售和预定系统将目标定位在建立一个覆盖全国铁路的计算机售票网络，实现客票管理与发售工作的现代化。计算机联网售票以机器代替人工作业，以软票替代常备客票在任一售票窗口均可发售任意方向和任意车次的客票；并可预订、预售各种客票，同时，具有发售返程、联程票等异地售票功能；实现票额、坐席、计费、制票、结算、统计等工作的计算机管理功能。

车票是旅客乘车的凭证。车票包括客票和附加票两部分。客票部分包括软座、硬座客票。附加票部分包括加快票、卧铺票、空调票。附加票是客票的补充部分，可以与客票合并发售，但除儿童外，不能单独使用。

除车票外，有关人员还可以持铁路乘车证和特种乘车证乘车。

车票具有一定的时效，即有效期。车票的有效期按下列规定计算：客票根据乘车里程计算，1000km 以内为 2 天，超过 1000km 时，每增加 1000km 增加 1 天，不足 1000km 的尾数也按 1 天计算；自指定乘车日起至有效期最后一日的 24 时止。

卧铺票（见图 8-5）按指定的乘车日期和车次使用有效，其他附加票随同客票使用有效。

图 8-5　火车卧铺车票

2．候车

候车室是旅客休息和等候乘车的场所。车站昼夜都有大量的旅客，而且流动性很大，必须为旅客创造一个良好舒适的候车环境。候车室一般实行凭票候车。候车室工作人员要主动、热情、诚恳、周到地为旅客服务，搞好清洁卫生，及时通告列车到、开和检票进站时间，加强安全和旅行常识的宣传，做好饮水、购物、娱乐等延伸服务。

为了维护站车的良好秩序，确保运输安全，方便旅客进出站、上下车，一般在旅客进入候车室之前需对旅客的随身携带品进行检查。旅客不得携带国家禁止或限制运输的物品、危险品、动物等物品进站上车。此外，每一个成人旅客只可免费携带物品 20kg，儿童（包括免费儿童）10kg，外交人员（持外交护照者）35kg；旅客携带品的外部尺寸，每件长、宽、高之和不得超过 160cm（动车组列车 130cm）；对杆状物品不得超过 200cm，重量不超过 20kg。残疾人旅行时代步的折叠式轮椅可免费携带，不计入上述范围。

3．检票

为维护站车秩序，保证旅客安全，防止旅客乘错车，车站对进站的旅客和人员持有的车票、站台票要检验和加剪。检票时先重点（老、弱、病、残、孕等旅客）、后团体、再一般。在确认车票有效后，一般要在车票边沿上加剪一个小口，表明铁路旅客运输合同开始履行，铁路旅客意外伤害强制保险开始生效。

4．旅客上、下车

上、下车极易发生事故，为确保旅客安全，客运人员应有秩序地组织旅客上、下车，做好进出站引导工作，派人坚守检票口、天桥口、地道口及进站或出站通路交叉地点，严禁旅客钻车和横跨股道。对老、弱、病、残、孕等行动不便的旅客应提供帮助，督促购物旅客及时上车，保证旅客安全。

5．列车服务

旅客旅行大部分时间是在列车上度过的，列车服务工作的好坏直接影响到铁路的声誉、形象。列车乘务人员应主动、热情、文明、礼貌地为旅客服务，妥善照顾旅客乘降，及时安排旅客席位，保持车厢内清洁卫生，维护车内秩序，做好广播宣传、餐饮和开水供应工作，保障旅客人身财产安全，保证列车运行安全。

列车服务工作由列车乘务组担当。列车乘务组包括客运人员（列车长、列车员、广播员、行李员、餐车服务员等）、公安乘警（乘警长、乘警等）和车辆乘务员（检车长、检车员、车电员等）3 部分人员。列车乘务组在列车长的统一领导下，相互密切配合，共同做好列车服务工作。

6．出站

旅客到达车站出站时，车站应收回车票。旅客需报销时，应事先声明，车站工作人员将车票撕角后交旅客作为报销凭证，学生票不给报销凭证。中途下车及换乘的车票，出站时不收回，如误撕车票，则换发代用票。

8.1.3　行李、包裹运输

1．行李、包裹的范围

（1）行李范围。行李是指旅客自用的被褥、衣物、个人阅读的书籍、残疾人车和其他旅行必需品。另外，凭地、市级以上文化行政部门证明和“营业演出许可证”要求托运的文艺团体演出器材也可按行李运输。

为保证安全，贯彻国家有关运输政策，行李中不得夹带货币、证券、珍贵文物、金银珠宝、档案材料等贵重物品和国家禁止、限制运输物品、危险品。

行李每件最大重量为 50kg，体积以适于装入行李车为限，但最小不小于 $0.01m^3$。

（2）包裹范围。包裹是指适合在旅客列车行李车内运输的小件货物。为保证安全，有些物品是不能按包裹运输的，如危险品。包裹每件的体积、重量的规定与行李相同。包裹分为四类：

① 一类包裹：自发刊日起 5 天以内的报纸；中央、省级政府宣传用非卖品；新闻图片和中、小学生课本。

② 二类包裹：抢险救灾物资、书刊、鲜或冻鱼介类、肉、蛋、奶类、果蔬类。

③ 三类包裹：不属于一、二、四类包裹的物品。

④ 四类包裹：一级运输包装的放射性同位素、油样箱、摩托车；泡沫塑料及其制品；国务院铁路主管部门指定的其他需要特殊运输条件的物品。

（3）快运包裹。快运包裹是铁路运输的一种方式，业务全称为“小件货物特快专递运输服务”，是以铁路为主要运输工具，配合航空、公路、海运开展的综合运输，辅以汽车运输实行门到门服务，同时根据国家主管部门批准的国际货物运输代理经营权开展国际运输，以满足顾客不同的需求。

快运包裹外部尺寸长宽高之和不得大于 0.6m，货物的外部最大尺寸应不超过长 3m、宽 1.5 m、高 1.8m，超过时应先与中转机构或到达机构协商，同意后方能办理，并根据快运包裹的外部尺寸及重量选择合适的运输工具。每件最大重量一般不得超过 50kg，超过时按超重快运包裹办理。

2．行李、包裹的运送

（1）托运。旅客或托运人向车站要求运输行李或包裹称为托运。

旅客托运行李时，必须提出有效的客票（市郊定期客票除外）和行李托运单。旅客凭客票、在乘车区段内，可从任何营业站托运至另一营业站，但每张客票仅限托运一次（残疾人用车除外）。

旅客托运包裹时，应提供包裹托运单。托运某些特殊物品时，还应提供规定部门签发的运输证明，如托运金银珠宝、货币、证券应提供中国人民银行的正式文件或当地铁路公安局（处）或公安分局（分处）的免检证明。

行李、包裹运输方式分为保价运输和不保价运输，旅客或托运人可选择其中一种运输方式，并在托运单上注明。参加保价运输的行李、包裹，需交纳保价费。车站对保价运输的行李、包裹可以检查其声明价格与实际价格是否相符，如旅客或托运人拒绝检查，则不能按保价运输办理。

（2）承运。车站行李员应对要求托运的行李、包裹进行必要的检查。检查完后，认为符合运输条件，即可办理承运手续，填制行李或包裹票（行李、包裹票一式 5 页，其中丙页为领货凭证），收运杂费。

（3）运送。运送行李、包裹时，应先行李、后包裹，做到行李随人走、人到行李到。所以，行李应随旅客所乘列车装运或提前装运，包裹应按其类别的顺序及性质统筹安排运输，保证行李、包裹在一定期限（即行李、包裹运到期限）内运至到站。

行李、包裹运到期限以运价里程计算，从承运日起，行李 600km 以内为 3 天，超过 600km，每增加 600km 增加 1 天，不足 600km 也按 1 天计算。包裹 400km 以内为 3 天，超过 400km，每增加 400km 增加 1 天，不足 400km 也按 1 天计算。快运包裹的运到期限另有规定。

由于不可抗力等非承运人原因发生的停留时间加算在运到期限内。

逾期运到的行李、包裹，承运人应按逾期日数及所收运费的百分比向收货人支付违约金，违约金最高不超过运费的30%。

（4）到达、保管、交付。行李随旅客所乘坐的列车运至到站，旅客即可领取。包裹由托运人在发站办理托运手续后，告知收货人按时领取，同时承运人在包裹到达后也应及时通知收货人领取。铁路对到达的行李、包裹免费保管3天（行李从运到日起，包裹从发出通知日起）；逾期到达的行李、包裹免费保管10天。超过免费保管期限时，按超过日数核收保管费。

旅客或收货人领取行李、包裹时，凭行李、包裹领取凭证领取。如将领取凭证丢失或未到，必须提供本人身份证、物品清单和担保人的担保书，承运人对上述单、证和担保人的担保资格认可后，由旅客或收货人签收办理交付。

8.1.4 旅客运输安全

1．旅客安全运输的意义

旅客运输安全是关系到人民生命财产以及国家和铁路企业声誉的大事。因此，保证旅客安全运输是我国铁路运输组织的基本原则之一，是衡量旅客运输工作质量好坏的重要标志，是客运职工的首要职责。客运职工要树立"安全生产人人有责"的思想，贯彻安全生产的方针，确保旅客运输安全。

2．铁路客运事故

铁路客运事故分为旅客人身伤害事故和行李、包裹运输事故。

（1）旅客人身伤害事故。凡持有效车票的旅客，经检票口进站加剪开始，至到达终点站缴销车票出站时止（中转和中途下车的旅客自出站至再次进站期间除外），在旅行途中遭到外来、剧烈及明显的意外伤害（包括战争所致者在内），致使旅客人身受到伤害以至死亡、残废或丧失身体机能者，均属于旅客人身伤害事故。

旅客人身伤害事故分为特别重大伤亡事故、特大伤亡事故、重大伤亡事故、一般伤亡事故、重伤事故和轻伤事故六类。

发生旅客人身伤害事故时，应根据《铁路旅客人身伤害及自带行李损失事故处理办法》的有关规定进行处理。车站、列车人员均应本着对人民生命健康高度负责的精神，采取有利于抢救的措施，尽力予以救助。事故发生单位和事故处理单位应依照实事求是、依法办事的原则，积极负责地处理事故。

（2）行李、包裹运输事故。行李、包裹在运输过程中（自承运时起至交付完毕时止）发生灭失、短少、变质、污染、损坏以及严重的办理差错，均属于行李、包裹运输事故。

行李、包裹运输事故种类分为：火灾；被盗（有被盗痕迹）；丢失（全批未到或部分短少，没有被盗痕迹的）；损坏（破损、湿损、变形等）；误交付；票货分离、票货不符、误装卸或顶件运输；其他（污染、腐坏等）。

行李、包裹运输事故同样分为重大事故、大事故和一般事故3个等级。

发生行李、包裹运输事故时，应认真分析调查，及时正确处理，明确责任，制定改进措施，并根据《行李包裹事故处理规则》的有关规定进行处理。

学习任务8-2

对照图8-7描述铁路货物运输的基本作业流程，计算铁路货物运到期限。

【相关知识 2】

8.2 货物运输组织

铁路货运组织工作是铁路运输组织工作的一个重要组成部分。由于货运工作涉及面广、政策性强、有严格的办理程序，做好货物运输组织工作，对于国家经济建设、国防建设和人民生活都具有重要的意义。随着经济结构的调整，人民生活水平的提高，运输市场的需求发生了很大变化，快捷化将是货物运输的发展方向。

8.2.1 货物运输概述

1．铁路货物运输合同

（1）铁路货物运输合同概述。铁路货物运输是利用铁路运输工具将货物从发站运往到站的运输生产过程，在法律上体现为铁路运输合同关系。根据《中华人民共和国铁路法》和《铁路货物运输合同实施细则》，承运人和托运人（代表收货人）就铁路货物运输须签订铁路货物运输合同。铁路货物运输合同是承运人与托运人、收货人之间为明确铁路货物运输中的权利、责任、义务而签订的协议，即承运人根据托运人的要求，按约定将托运人的货物运至目的地，完好无损地交与收货人的合同。

铁路货物运输合同的特点如下所述。

① 铁路货物运输合同具有标准合同的性质。货物运输合同的基本条款和主要内容是依据铁路法规、规章确定的，承托双方不能协商或商定。

② 铁路货物运输合同的履行具有整体性。一批货物的运输过程，通常不是由一个承运人完成，而是由多个承运人共同完成的。多个承运人的行为构成了一个完整的运输行为。

③ 铁路货物运输合同的履行具有阶段性。货物运输合同的履行都要经历承运、运送和交付 3 个阶段。承运阶段，托运人向承运人交运货物，双方就铁路货物运输而签订铁路货物运输合同；运送阶段，承运人运送货物，将货物运至到站；交付阶段，承运人将货物交付给合同规定的收货人，双方完成运输合同。

（2）铁路货物运输合同的签订与履行。托运人利用铁路运输货物，应与承运人签订货物运输合同。整车大宗货物可按季度、半年、年度或更长期限签订运输合同并提出月度要车计划表，其他整车货物应提出月度要车计划表。整车货物交运时还需向承运人递交货物运单，作为铁路货物运输合同的组成部分；零担货物和集装箱货物运输使用货物运单作为运输合同。

货物运单（见图 8-6）是承运人与托运人之间，为运输货物而签订的一种货物运输合同或合同的组成。

履行铁路货物运输合同要遵循“实际履行、全面履行、诚实信用”的原则，双方当事人要按照合同的约定或者法律、法规的规定，认真履行各自的义务。

托运人应完整、准确填写货物运单，缴纳运输费用，遵守国家有关法令及铁路规章制度，维护铁路运输安全。因自身过错给承运人或其他托运人、收货人造成损失时应负赔偿责任。

承运人应为托运人提供方便、快捷的运输条件，将货物安全、及时、准确运送到目的地。货物自承运时起至交付后止，发生灭失、损坏、变质、污染等，承运人应承担赔偿责任。

货物运单

货物指定于 月 日搬入
贪位:
计划号码或运输号码:
动到期限 日

××铁路局

货物运单

托运人→发站→到站→收货人

承运人/托运人装车
承运人/托运人施封

贪票第 号

托运人填写					承运人填写				
发站			到站（省）		车种车号			货车标重	
到站所属省（市）地区					联系号码				
托运人	名称					铁路或签名号码			
	住址		电话						
收款人	名称				运输管理				
	住址		电话						
货物名称	作款			托运人确定重量（kg）	承运人确定重量（kg）		运输号	运价率	运费
合计									
托运人记款事项					承运人记款事项				

注：本章不作为收款凭证。托运人签约须如见背面。
规格：350×185mm

托运人盖章或签字
年 月 日

到战交付 日期

发站承运 日期

领货凭证

车种及车号
贪票第 号
运到期限 号

发站		
到站		
托运人		
收货人		
货物名称	件数	重置
托运人盖章或签字		
发站承运日期限		

注：收货人领贪须如见背面

图 8-6 货物运单

2．货物按一批托运的条件

铁路货物运输中的“一批”是指使用一张货物运单和一份货票，按照同一运输条件运输的货物。它是铁路承运货物和计算运输费用的一个基本单位。按一批托运的货物，必须托运人、收货人、发站、到站和装卸地点相同（整车分卸货物除外）。

（1）整车货物以每车为一批，跨装、爬装及使用游车的货物，每一车组为一批。

（2）零担货物或使用集装箱的货物，以每张货物运单为一批。使用集装箱运输的货物每批必须同一箱型至少一箱，最多不得超过铁路一辆货车所能装运的箱数。

为保证货物运输安全，规定下列运输条件不同或根据货物性质不能在一起混装的货物不得按一批托运。

① 易腐货物与非易腐货物。

② 危险货物与非危险货物。

③ 根据货物的性质不能混装运输的货物。

④ 按保价货物运输的货物与不按保价货物运输的货物。

⑤ 投保运输险的货物与未投保运输险的货物。

⑥ 运输条件不同的货物（如罐装货物与散堆货物，海关监管货物与非海关监管货物，不同热状态的易腐货物等）。

3．货物运输的种类

根据托运人托运货物的数量、性质、形状和运输条件等，结合我国铁路技术设备条件，铁路货物分为整车、零担和集装箱运输 3 类。

（1）整车运输。一批货物的重量、体积或形状需要以一辆及以上货车运输的，应按整车托运。整车货物运输运输费用较低，运送速度较快，安全性能好，承担的运量也较大，是铁路的主要运输方式。

但是，由于性质特殊，或需要特殊照料，或受铁路现有设备条件的限制，遇下列情况之一时尽管不够整车运输条件，也必须按整车托运。

① 需要冷藏、保温或加温运输的货物。

② 规定限按整车办理的危险货物。

③ 易于污染其他货物的污秽品。

④ 蜜蜂。

⑤ 不易计算件数的货物。

⑥ 未装容器的活动物。

⑦ 意见货物重量超过 5t，体积超过 $3m^3$ 或长度超过 9m 的货物。

（2）零担运输。凡不够整车运输条件的，即一批货物的重量、体积或形状都不需要单独使用一辆货车来运输的应按零担货物托运。按零担托运的货物，一件货物体积最小不得小于 $0.02m^3$（一件重量在 10kg 以上的除外），每批不得超过 300 件。

铁路零担运输业务将逐步由集装箱取代，按照集中化运输和规模发展的要求，走集约化经营的道路，由集装箱办理站逐步将零担货物纳箱运输，积极开展各种箱型的拼箱业务，办理门到门运输服务。

（3）集装箱运输。符合集装箱运输条件的适箱货物，可装入集装箱，按集装箱进行托运。贵重、怕湿、易碎货物都适合采用集装箱运输。

集装箱所装的货物不得腐蚀、损坏箱体，性质互相抵触的货物不得混装于同一箱内。易于污染和腐蚀箱体的货物和易于损坏箱体的货物等不得使用铁路通用集装箱装运。

集装箱运输只能在铁路开办集装箱业务的车站间办理，专用铁路、铁路专用线要求办理集装箱运输时，由产权单位向接轨站提出申请，经铁路总公司审核后方可运输。

4．货物运到期限

铁路货物运到期限是指铁路在现有技术设备条件和运输工作组织水平的基础上，根据货物运输种类和运输条件将货物运送一定距离而规定的最大运送限定天数。

货物运到期限起码天数为 3 天。从承运人承运货物的次日起算，由货物的发送期间、运输期间和特殊作业时间 3 部分组成。

（1）发送期间：规定为 1 天。即由承运人承运货物的次日（指定装车日期的，为指定装车日的次日）起算。

（2）运输期间：每 250 运价千米或未满为 1 天；按快运办理办理的整车货物每 500 运价千米或其未满为 1 天。

（3）特殊作业时间。

① 需要中途加冰的货物，每加冰一次，另加 1 天。

② 整车分卸货物（数量不够一车，按托运人要求将同一径路的两个或者 3 个到站在站内卸车的货物，装在同一货车内作为一批整车货物运输，在途中不同到站分卸的运输方式称作整车分卸），每增加一个分卸站，另加 1 天。

③ 准、米轨间直通运输的整车货物，另加 1 天。

货物运输的终止时间，到站由承运人组织卸车的货物，到卸车完了时止；由收货人组织卸车的货物，到货车调到卸车地点或货车交接地点时止。

承运人应在规定的运到期限内将货物运至到站交付给收货人，逾期到达就要承担违约责任，支付违约金。货物运到期限既是对承运人的要求和约束，也是对托运人或收货人合法权益的保护，它有利于托运人和收货人据以安排经济活动。

8.2.2 货物运输生产过程

货物运输生产过程无论是整车运输、零担运输、集装箱运输还是其他特种运输，其运输的生产过程的开始和终了都是在车站上办理，可分为发送作业、途中作业和到达作业 3 部分，如图 8-7 所示。

1. 发送作业

货物的发送作业一般包括货物的托运、受理、进货与验货、制票、承运和装车作业等。

（1）托运。托运人向车站按批提出货物运单和运输要求，称为货物的托运。托运人托运的货物，分为保价运输与不保价运输两种，按哪种方式运输，由托运人确定，并在货物运单托运人记载事项栏内注明。

保价运输是铁路对事故货物实行限额赔偿后，为保证承运人、托运人权益对等而采取的一种措施。该措施对加强内部管理、保障货物运输安全、提高运输质量也具有重要意义。

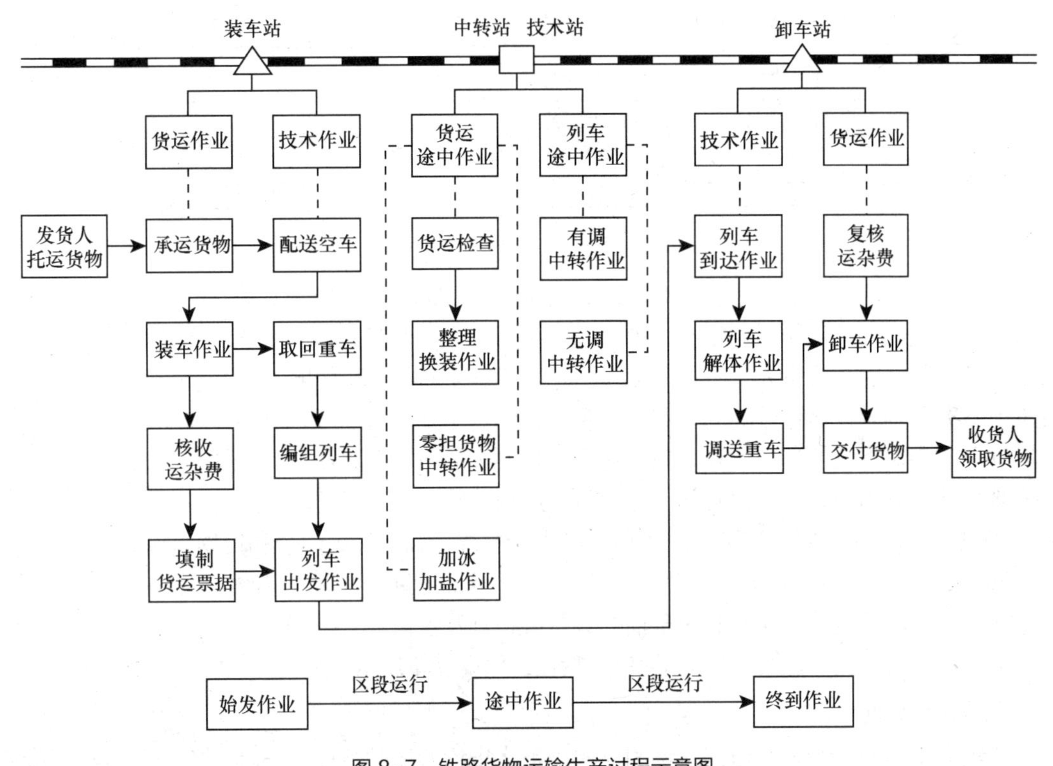

图 8-7 铁路货物运输生产过程示意图

（2）受理。托运人提出的货物运单经车站审查，符合运输要求后，车站在货物运单上签证，指定进货日期或装车日期，即为受理。

（3）进货与验货。托运人凭车站签证后的货物运单，按运单上指定的日期将货物搬入货场指定的货位，即为进货。

对搬入货场的货物，为了保证货物运输安全、完整，划清承运人与托运人之间的责任，货运员应按照货物运单记载认真检查现货。货物验收完毕后，货运员应在货物运单上签证，注明货物堆放货位和验收完毕日期。

（4）制票。整车货物装车后（零担货物过秤完了，集装箱货物装箱后或接收重箱后），货运员将签收的运单移交货运室填制货票，向托运人核收运杂费。

货票（见图 8-8）是铁路运输货物的凭证，也是一种财务性质的票据。货票一式四联，分别是发站存查联、报告联、报销联和运输凭证。

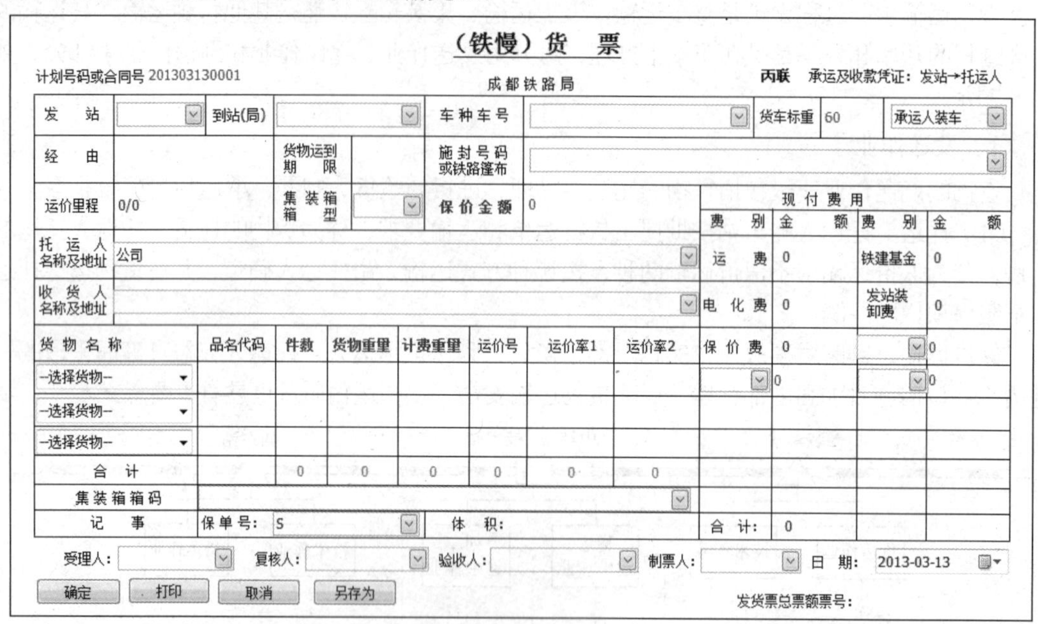

（铁慢）货　票

计划号码或合同号 201303130001　　成都铁路局　　丙联　承运及收款凭证：发站→托运人

发　站		到站(局)		车种车号		货车标重	60	承运人装车
经　由		货物运到期限		施封号码或铁路篷布				
运价里程	0/0	集装箱箱型		保价金额	0			

现付费用			
费别	金额	费别	金额
运费	0	铁建基金	0
电化费	0	发站装卸费	0
保价费	0		0
	0		0
合计：	0		

托运人名称及地址：公司

收货人名称及地址：

货物名称	品名代码	件数	货物重量	计费重量	运价号	运价率1	运价率2
--选择货物--							
--选择货物--							
--选择货物--							
合　计		0	0	0	0	0	0

集装箱箱码

记　事　保单号：S　体　积：

受理人：　复核人：　验收人：　制票人：　日　期：2013-03-13

确定　打印　取消　另存为　　发货票总票额票号：

图 8-8　铁路货票

（5）承运。填制货票，核收运杂费后，发站在货物运单和货票上加盖车站日期戳（另须在领货凭证及货物运单与领货凭证接缝处加盖车站日期戳）时起，即为承运。承运后，托运人应及时将领货凭证寄交收货人，便于收货人及时领取货物。自承运时起，货物运输合同成立，承、托双方就要分别履行运输合同的权利、义务和责任。

（6）装车。货物的装车作业，应在保证货物安全的条件下，积极组织快装、快卸，昼夜不间断地作业，以缩短货车停留时间，加速货物运输。装车有以下要求：

① 装车前，必须对货车进行技术检查和货运检查，确保行车安全和货物运输安全。

② 装车时，必须核对运单、货票、实际货物，保证运单、货票、货物“三统一”，努力提高装车质量，巧装满载，充分利用车辆的载重量和有效容积。

③ 装车后，要认真检查重车、运单、货位，保证装车质量。

2．途中作业

货物在途中的作业主要包括货物的交接检查、货物的换装整理、货物运输合同的变更和解除及运输阻碍的处理等。

（1）货物的交接、检查。为了保证行车安全和货物的安全、完整，明确各自的责任，列车和车站（车务段）各工种之间对运输中的货物（车）和运输票据，应进行交接检查，并按规定处理。

（2）货物的换装整理。货物的换装整理是指装载货物的车辆在运送过程中，发生可能危及行车安全和货物完整时，所进行的更换货车或货物的整理作业。

在运输途中发现货车偏载、超载、货物撒漏以及因车辆技术状态不良，经车辆部门扣留，不能继续运行，或根据交接货物（车）时交接、检查处理事项中规定需换装整理的货物，由发现站（或分局指定站）及时换装或整理，确保行车安全和货物完整。

（3）货物运输合同的变更和合同解除。托运人或收货人由于特殊原因，对已经装车挂运的货物，可按批向货物所在的中途站或到站提出变更到站、变更收货人，即为货物运输合同的变更。

托运人对承运后装车前（整车货物和大型集装箱在承运后挂运前）的货物可向发站提出取消托运，经承运人同意，货物运输合同即告解除。

（4）运输阻碍的处理。因不可抗力的原因致使行车中断、货物运输发生阻碍时，铁路局对已承运的货物，可指示绕路运输；或者在必要时先将货物卸下，妥善保管，待恢复运输时再行装车继续运输。因货物性质特殊，绕路运输或卸下再装可能造成货物损失时，车站应联系托运人或收货人提出处理办法。

3．到达作业

（1）重车和票据的接受。重车到达到站后，车站应按规定接收重车及票据。车站有关人员检查核对无误后，将到达票据送交货运室。

（2）卸车作业。卸车作业是铁路运输的又一个重要环节，其工作质量直接影响装车质量、车辆的周转速度以及排空任务的完成。因此，卸车作业各环节都应及时、认真完成。做好卸车工作有以下要求：

① 卸车前，要认真检查货位、运输票据和现车，做好卸车的准备工作。

② 卸车时，必须核对运单、货票、实际货物，保证运单、货票、货物“三统一”，认真进行监卸工作。

③ 卸车后，进行车辆、线路的清扫，卸后货物的登记、货物安全距离检查等工作，并将卸完时间通知货运室，并报告货调，以便取车。

（3）货物的催领和保管。承运人组织卸车的货物，到站应在不迟于卸车完了的次日内，用电话、电报、登广告或书信等通知方式，向收货人发出催领通知。当然，收货人也可与到站商定其他通知方式。

货物运至到站，收货人应及时领取，及时领取货物是收货人应尽的义务。承运人组织卸车的货物，收货人应于承运人发出催领通知的次日（不能实现催领通知或会同收货人卸车的货物从卸车的次日）起 2 天内将货物搬出货场，否则要核收保管费。

（4）交付。收货人在到站领取货物时，须提出领货凭证，如领货凭证未到或丢失，须提出相关证明。承运人在收货人办完货物领取手续和支付完费用后，应将货物连同运单一并交给收货人。

承运人组织卸车的货物和发站由承运人组织装车、到站由收货人组织卸车的货物，在向收货人点交货物或办理交接手续后，即为交付完毕；发站由托运人组织装车，到站由收货人组织卸车的货物，在货车交接地点交接完毕，即为交付完毕。交付完毕，运输合同的权利义务终止。

8.2.3 铁路货运事故

1．货物安全运输的意义

货物安全运输是铁路货物运输工作的组成部分。搞好货物安全运输，有十分重要的意义。

（1）安全运输是承运人应当履行的义务。铁路对所承运的货物，在运输过程中，负完整、无损和按期运到的责任。

（2）安全运输是货物运输服务质量的重要体现。安全运输是铁路运输的生命，是货物运输产品质量的重要体现。托运人将货物交给铁路运输，最关心的是货物的安全，安全的货物运输才具有市场吸引力，才能吸引更多的客户。

（3）安全运输是国民经济发展和国防建设的需要。铁路承担大量国家重点物资、国防物资的运输任务，其中有些物资属于国家重点建设项目的核心设备，安全运输将直接影响整个项目的成败。铁路应充分发挥技术经济优势，确保运输的安全，满足国民经济发展和国防建设的需要。

2. 货物事故的种类和等级

（1）货运事故的概念。货物在铁路运输中（含交付完毕后点回保管）发生灭失、短少、变质、污染、损坏以及严重的办理差错，在铁路内部均属于货运事故。

（2）货运事故的分类。货运事故分为：火灾；被盗（有被盗痕迹）；丢失（全批未到或部分短少，没有被盗痕迹的）；损坏（破裂、变形、磨伤、摔损、部件破损、湿损、漏失）；变质（腐烂、植物枯死、活动物非中毒死亡）；污染（污损、染毒、活动物中毒死亡）；其他（整车、整零车、集装箱车的票货分离和误运送、误交付、误编、违编记录以及其他造成影响而不属于以上各类的事故）7 类。

（3）货运事故的等级。

① 重大事故。由于货物染毒或危险货物发生事故，造成人员死亡 3 人或死亡重伤合计 5 人以上的；货物损失及其他直接损失（以下同）款额 30 万元以上的。

② 大事故。由于货物染毒或危险货物发生事故，造成人员死亡不足 3 人或重伤 2 人以上的；损失款额 10 万元以上未满 30 万元的。

③ 一般事故。未构成重大、大事故的人员重伤事故；损失款额在 2000 元以上未满 10 万元的。

3. 货运事故的调查与处理

（1）记录编制。为了正确及时地处理事故，分析原因，判定责任，总结吸取事故教训，必须根据不同的情况，分别编制必要的记录。

记录分为货运记录和普通记录两种。货运记录和普通记录均分为带号码和不带号码两种。货运记录和普通记录的号码，均由铁路局或铁路分局编印掌握。不带号码的货运记录和普通记录只限作抄件或货运员发现事故时报告用。

（2）事故调查。车站发现货运事故，除编制记录外，应对事故现场进行检查，找出原因，避免扩大损失。发生火灾、被盗须及时向铁路公安部门报案并会同处理。涉及车辆技术状态的事故，应会同车辆段检查并做检查记录。

（3）责任划分与赔偿。事故责任划分的原则是“以事实为依据，以法律为准绳”。在查明情况和原因的基础上，首先应按《中华人民共和国铁路法》、《铁路货物运输合同实施细则》和《铁路货物运输管理规则》有关规定划清承运人与托运人、收货人之间的责任，然后再划分铁路内部各单位之间的责任。

从货物承运时起至货物交付收货人或依照有关规定处理完毕时止，货物发生灭失、短少、污染、损坏，铁路应负赔偿责任，但由于不可抗力、货物本身的原因及托运人、收货人责任造成的货物损失，承运人不承担责任。

学习任务 8-3

读懂如图 8-9 所示的列车运行图并描述列车运行图的各要素。

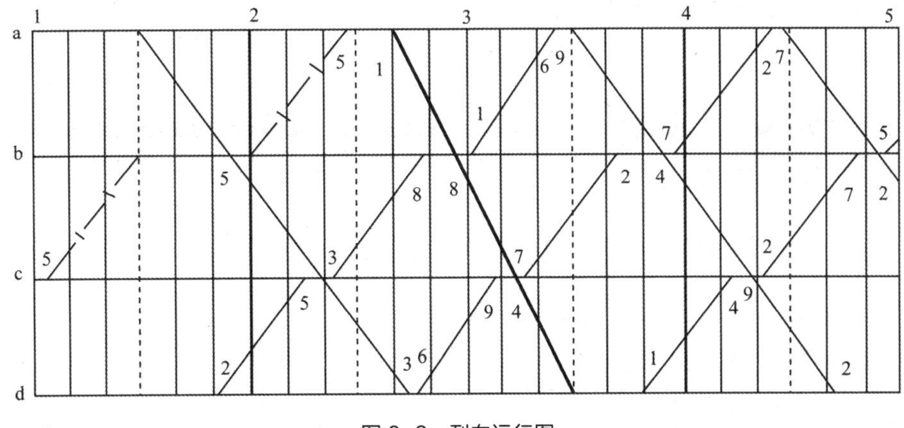

图 8-9 列车运行图

【相关知识 3】

8.3 铁路行车组织

铁路行车组织是铁路运输工作组织的重要组成部分。铁路运输企业必须贯彻安全生产的方针，坚持高度集中、统一领导的原则，发扬协作精神，综合运用铁路各种技术设备，高质量、高效率地完成客货运输任务。铁路行车组织工作的主要内容有：车流组织、列车编组计划、列车运行图和铁路通过能力，车站行车组织工作，铁路运输生产计划、调度组织指挥等。

8.3.1 列车的编组

铁路运输是以列车方式输送旅客和货物的。旅客列车采用固定车底和运行区段运行组织比较有规律。而货物列车编组工作则比较复杂。

铁路车辆按规定重量、长度及编挂条件编成车列，并挂有机车及规定的列车标志并指定有列车车次时称为列车。发往区间的单机、动车及重型轨道车也按列车办理。

为适应旅客和货物运输的不同需要，列车按运输性质和用途分为旅客列车、货物列车、行包快运专列以及单机和路用列车（如救援列车、试运转列车、动检列车等）。

1．货物列车分类

货物列车是为运输货物而编组的列车，分为以下几类。

（1）“五定”班列：定点、定线、定车次、定时、定价的货物快运直达列车。

（2）快运货物列车：快速运送鲜活易腐及其他急运货物的列车。

（3）直达列车：经过一个及以上编组站不进行改编作业的列车。

① 始发直达列车：在一个车站或相邻几个车站装车后编组的直达列车。

② 技术直达列车：在技术站编组的直达列车。

（4）直通列车：经过一个及以上区段站不进行改编作业的列车。

（5）区段列车：在技术站编组，到达相邻技术站，在区段内不进行摘挂作业的列车。

（6）摘挂列车：在技术站编组，到达相邻技术站，在区段内进行摘挂作业的列车。

（7）小运转列车：在技术站与中间站之间开行的列车。

（8）重载货物列车：牵引总重达到 5000t 及以上的列车。

货物列车分类示意图，如图 8-10 所示。

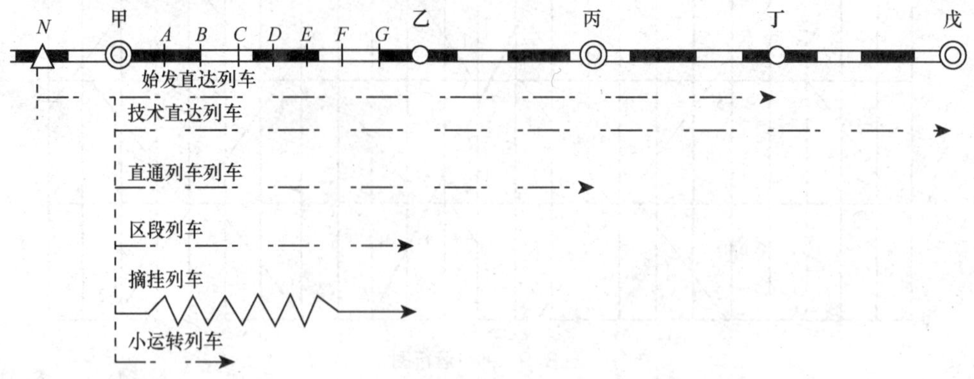

图 8－10　货物列车分类示意图

为判明列车的性质和等级，便于列车运行组织和管理，每类列车都有一定的编号，称为车次。原则上规定开往北京或由支线开往干线的列车为上行列车，编为双号车次，反之为下行列车，编为单号车次。

2．货物列车牵引定数与换算长度

一定的机车类型和数量，在某一区段所能牵引的最大列车重量，叫作列车牵引定数或牵引重量。列车牵引定数是按机车牵引车列在牵引区段内的限制坡道上以计算速度作等速运行（机车牵引力等于列车阻力）的条件，用下式计算（重力加速度克的近似值取 10m/s），并通过牵引试验确定的：

$$G=\frac{\lambda_y F_j-P(\omega_0'+i_x)}{(\omega_0''+i_x)}\ (\mathrm{t})$$

式中：G 为机车牵引质量（t）；F_j 为机车的计算牵引力（kN）；P 为每台机车计算质量（t）；i_x 为限制坡度（‰）；ω'_0 为机车单位基本阻力（N/kN）；ω''_0 为车辆单位基本阻力（N/kN）；λ_y 为机车牵引力使用系数，取 0.9。

举例：某区段限制坡度 i_x=7‰，机车牵引力为 302 kN，该机车的计算质量 P=138t，若 ω'_0=1.6 N/kN，ω''_0=1.2 N/kN，则该区段货物列车的牵引质量应为：

$$G=\frac{0.9\times302-138\times(1.6+7)}{(1.2+7)}=3170\approx3150\ (\mathrm{t})$$

根据计算结果，初步定为 3150t（以 50t 为倍数，不足 50t 时舍去），最后经过起动等多方面的检验才能确定。若货车的平均总重 $q_{总}$为 70t 时，并可求得该区段的货物列车编成数：

$$m_{均}=\frac{G}{q_{总}}=\frac{3150}{70}=45\ (辆)$$

列车的长度一般以换算长度表示。除牵引动力外，列车所编挂的机车车辆换算长度的总和，称为列车换算长度。上面的例子中，若车辆的平均换长为 1.3，则列车的换算长度为 45×1.3=58.5（辆）。

3．货物列车编组顺序表

（1）列车编组顺序表（运统1）的作用。列车编组顺序表（运统1）（见图8-11）是记载列车组成情况，作为车站与运转车长（或司机）间、铁路局（分局）间交接车辆的依据，也是编制车站作业计划、统计运输工作的主要原始资料。因此，凡由车站始发的一切列车（包括挂有车辆的单机、轨道车附挂路用车）均应根据《铁路货车统计规则》的规定，由车站按照列车实际组成情况，正确、及时地编制列车编组顺序表。

（2）列车编组顺序表（运统1）的编制方法。列车编组顺序表（运统1）由车号员根据编组调车作业计划、现车（票据）排列顺序，按照《货车统计规则》的规定，自首（尾）按顺序填记。车种、油种、车号按现车（票据）实际填记，自重、换长按《技规》填记，载重、到站、货物名称、篷布按货运票据填记。

列车自编组站始发时，填记始发站名，在途中摘挂作业站或分界站更换运统一时，填记更换站名。列车总重填记全部车辆自重、载重加总的吨数（吨以下四舍五入）。列车换长填记全部车辆换长相加的总数。

4．货物列车编组

铁路行车组织的一个重要问题，就是如何正确地组织重空车流及合理地将规定车辆编入相应列车向目的地运送。

在流向有同有异、流量有大有小、流程有远有近、各站设备条件不尽相同、作业性质与能力互有差异的复杂条件下，如何将发、到站各不相同的重车流及不同车种的空车流合理地组织起来，在适当的地点编组成各种不同去向和种类的列车，这就是车流组织所要解决的问题。为此，铁路要制定货物列车编组计划，使全路编组的列车互相配合、互相衔接，成为统一的整体，保证各站产生的车流都能迅速而经济地运送到目的地。

货物列车编组计划是全路车流组织计划，包括装车地直达列车方案和技术站列车编组方案两大组成部分。它根据全路车流结构、各站设备能力和作业条件，统一安排全路各站的解编作业任务，具体规定全路各货运站、编组站和区段站编组货物列车的种类、到站及车组编挂办法。

（1）装车地直达列车编组计划。在装车地利用自装车流编组，通过一个或以上的编组站（或规定有作业的区段站）不进行改编作业的列车，称为装车地直达列车。

装车地直达列车能最大限度地减少中间作业环节，降低运输成本，减轻运行途中有关技术站的改编作业负担，加速机车车辆周转和货物送达。因此，这是各国铁路运输系统将其作为首要的车流组织形式。

在制定装车地直达列车编组计划时，一般要考虑以下条件。

① 有一定数量的直达车流，能保证经常开行。

② 装卸站或企业专用线的货运设备（如装卸线、货位、仓库等）具备组织直达列车的能力。

③ 装卸站调车设备及其作业能力可满足编组直达列车的需要。

④ 有足够的空车配备。

（2）技术站列车编组计划。每个车站每天所装的车辆，不可能全部正好用来组织始发直达列车，没有被装车地直达列车吸收的车流，都应该用摘挂列车或者区段小运转列车等形式送到临近的技术站加以集中，以便和技术站自装车流汇合在一起分别编组不同种类和到站的列车。在普通情况下，每个区段都要开行摘挂列车和区段列车，因此，编制技术站列车编组计划的主要内容就是确定技术直达列车和直通列车的编组问题。

列车编组顺序表　　　　　　　（运统1）

乙站编组丙站终到　02年12月10日17时30分　41001　次列车

自首（不用字抹消）　　　　制表者　　　　检查者

顺序	车种	罐车油种	车号	自重	换长	载重	到站	货物名称	发站	篷布	收或货卸人线	记事
1	C_{62}		4235545	21	1.2		A	空				
2	P_{63}		3303495	24	1.5		B	空				
3	P_{64}		3419201	24	1.5	40	C	整零	甲			F
4	P_{60}		3067489	23	1.5	60	D	化肥	乙			F关
5	P_{61}		3067779	23	1.5	25	/	农药	甲			F△
6	G_{60}	Q	6224954	21	1.1	55	H	煤油	/			
7	P_{62}		3129478	24	1.5		丙	空				
8	/		3229498	24	1.5		/	/				
9	X_{68}		5256348	22.4	1.5	30	/	五重6	乙			
10	N_6		5002356	20	1.3	︵	/	汽车	甲			
11	N_6		5003479	20	1.3	55	/	/	甲			
12	N_{12}'		5005469	20	1.2	︶	/	/	/			
13	G_{60}	Q	6225741	21	1.1		/	租用				X厂租用
14	G_{50}	/	0000352	22	1.1		/	自备				B厂自备
15	G_{62A}		4556189	22	1.2	20	/	谷草	K	2		△

自编组站出发及在途中摘挂后列车编组

站名	客车					货车											
	合计	其中															
		原客编组车	担当局	加挂客车	担当局	重车	空车	乘运用车	其中代客	守车	其他	合计	自重	载重	总重	换长	铁路篷布合计
部						9	4	1				14					
企							1										
乙						9	5	5				15	331	285	616	20.0	2

到站时间　　月　日　时　分　　交接时间　　时　　分　　　车长签字

图 8-11　列车编组顺序表

现以某区段为例，说明甲站戊方向货物列车编组计划的内容。

甲站所处的位置及编组的列车种类如图 8-10 所示。

将图 8-10 中甲站戊方向货物列车编组计划的内容列表，见表 8-2。

货物列车应按照列车编组计划、列车运行图和《技规》等的有关规定进行编组。

表 8-2　　　　甲站列车编组计划（示例）

发站	到站	编组内容	列车种类	定期车次	附注
甲	戊	戊及其远	技术直达		
甲	丙	1. 丙及其远 2. 空敞车	直通		按组顺编组
甲	乙	乙及其远	区段		
甲	乙	1. A－G 间按站顺 2. 乙及其远	摘挂		

8.3.2 车站行车组织工作

车站是铁路运输的基层生产单位，是客货运输的起始、中转和终到地点，铁路运输生产过程中的绝大部分作业环节都是在车站上进行的。车站工作的质量直接影响着铁路区段方向乃至整个路网运输工作的安全性、准确性、连续性和节奏性，决定着全路运输工作任务完成的数量和质量。因此，正确组织车站工作，特别是车站的行车组织工作，对于保证实现安全、正点、畅通、优质、高效等运输生产管理的基本要求有着十分重要的意义。车站行车组织工作的主要内容包括接发列车工作和调车工作等。

1．接发列车工作

铁路行车与公路行车不同，列车的会让和越行往往必须在车站上进行，因此要办理接发列车作业。接发列车工作中的任何疏忽或者差错，都可能导致列车晚点或者行车事故，不仅影响其他列车，甚至影响全局运输。因此，保证不间断地接发列车、严格按列车运行图、作业标准行车是对车站接发列车工作的基本要求。

车站内的接发列车工作由车站值班员统一指挥。接发列车工作包括办理闭塞、布置进路（准备进路）、开闭信号（交接凭证）、接送列车等作业，这些作业原则上应由车站值班员亲自办理。如因设备条件和业务量关系难以做到时，除了布置进路必须由车站值班员亲自办理外，其他各项工作可指派助理值班员、信号员或扳道员等办理。接发列车作业程序见表 8-3。

表 8-3　　接发列车作业程序表

作业程序	发车站	接车站
办理闭塞	请求闭塞	承认闭塞
布置进路（准备进路）	准备发车进路	准备接车进路
开闭信号（交换凭证）	开放出站信号或交付行车凭证	开放进站信号
接送列车	指示发车及发车	迎接列车

（1）接车作业。

① 当接车站接到发车闭塞请求（双线为发车预告）时，车站值班员在确认区间空闲后，与邻站办理闭塞手续并填写“行车日志”（见图 8-12）。

② 确定接车线路及将接车计划通知有关人员和指示检查接车线路。列车由邻站出发后，车站值班员应复诵发车站开车通知和填写“行车日志”，并及时通知信号员或扳道员（长）停止影响接车进路的调车作业，而后发布准备接车进路的命令。

③ 经确认接车线路空闲、进路道岔位置正确、影响接车进路的调车作业已经停止后，方可开放进站信号。

④ 当接到关于列车接近的报告后，车站值班虽应通知有关人员迎接列车，在听取列车整列到达的报告后，随即关闭进站信号、解锁进路，办理闭塞复原手续，开通区间，最后将列车到达时刻通知发车站、填记“行车日志”和向列车调度员报点。

<table>
<tr><td colspan="9">到　达　列　车</td></tr>
<tr><td rowspan="3">列车车次</td><td rowspan="3">到达线</td><td colspan="5">时　刻</td><td rowspan="3">占用区间许可号码</td><td rowspan="3">记事
（故障、事故、调度命令及其他）</td></tr>
<tr><td rowspan="2">同意邻站发车</td><td rowspan="2">邻站出发</td><td colspan="2">本站到达</td><td rowspan="2">机车入库</td></tr>
<tr><td>规定</td><td>实际</td></tr>
<tr><td></td><td></td><td></td><td></td><td></td><td></td><td></td><td></td><td></td></tr>
<tr><td></td><td></td><td></td><td></td><td></td><td></td><td></td><td></td><td></td></tr>
<tr><td colspan="9">出　发　列　车</td></tr>
<tr><td rowspan="3">列车车次</td><td rowspan="3">出发线</td><td colspan="5">时　刻</td><td rowspan="3">占用区间许可号码</td><td rowspan="3">记事
（故障、事故、调度命令及其他）</td></tr>
<tr><td rowspan="2">邻站同意发车</td><td rowspan="2">机车出库</td><td colspan="2">本站出发</td><td rowspan="2">邻站到达</td></tr>
<tr><td>规定</td><td>实际</td></tr>
<tr><td></td><td></td><td></td><td></td><td></td><td></td><td></td><td></td><td></td></tr>
<tr><td></td><td></td><td></td><td></td><td></td><td></td><td></td><td></td><td></td></tr>
</table>

图 8-12　行车日志简表

（2）发车作业。

① 发车站值班员在确认区间空闲后，向接车站请求闭塞（双线为预告发车），办完闭塞手续后填记“行车日志”。

② 进行准备发车进路工作，首先通知信号员或扳道员（长）停止影响发车进路的调车作业，而后发布准备发车进路的命令。

③ 经确认进路准备妥当、影响发车进路的调车作业已经停止后，方可开放出站信号，指示助理值班员发车。

④ 助理值班员确认发车条件具备后. 方可显示发车指示信号. 列车起动后，车站值班虽及时将发车时刻通知接车站及填写“行车日志”，并于接到列车整列出站的报告后，及时解锁进路并向列车调度员报点。

在采用调度集中（CTC）设备的区段，在自律条件下，车站接发列车作业与列车运行监督调整作为一个整体，由列车调度员集中办理，此时，各车站的接发列车进路由列车调度员通过程序控制集中办理，行车闭塞、列车进路、信号开闭以及填写行车日志、报点等工作均通过列车运行计划自动完成，车站值班员仅按列车调度员指示负责迎送列车和指示发车工作。当自律条件转换为非常站控模式时，车站的接发列车工作才由车站值班员统一指挥。

2．调车工作

列车的形成离不开调车，除了列车在车站到、发、通过及在区间内的运行之外，凡是机车车辆在站线或其他线路上进行的一切有目的的移动，统称为调车。调车工作是列车解编、摘挂、车辆取送过程中不可缺少的重要环节，对编组站来说，调车工作更是它的主要生产活动。据统计，全路用于调车工作的机车约占运用机车总台数的 20%，用于调车工作的支出约占运营支出总额的 25%。

（1）调车工作分类。调车工作按其作业目的的不同可分为以下几类。

① 解体调车：将到达解体的车列或车组，按其车辆的去向或其他需要分解到调车场各固定线路上去的调车。

② 编组调车：按列车编组计划、列车运行图以及有关规章的规定和要求，将车辆选编成车列或车组的调车。

③ 摘挂调车：对部分改编中转列车进行补轴、减轴、车辆换挂以及摘挂列车在中间站进行

摘挂车辆的调车。

④ 取送调车：将待装、待卸、待修的车辆由调车场送至装卸作业、检修作业地点以及从上述地点将作业完了的车辆取回调车场的调车。

⑤ 其他调车：因工作需要对车列或车组进行转场、转线，对调车场内的停留车辆进行整理，以及机车出入段等调车作业。

车站由于作业性质的不同，完成各种调车工作的比重也不一样，如编组站有大量的解体和编组调车，而中间站一般只进行摘挂和取送调车。

（2）调车作业方法。调车作业方法按使用设备的不同可分为以下两种。

① 牵出线调车：是一种最基本的调车作业方式，通常有推送调车法和溜放调车法两种。

推送调车法是利用机车将车辆从一股道调送到另一股道的指定地点，停妥后再摘车的调车作业方法。这种调车作业方法安全可靠，但调车效率较低。

溜放调车法是利用机车推送车列达到一定速度，并在行进中将计划摘下的车组提钩，司机根据调车长的信号指示减速制动，被摘下的车组借所获得的动能溜向指定地点，由制动员用手制动机使之停车或与停留车安全连挂的调车作业方法。

② 驼峰调车：是利用车辆本身的重力，辅以机车的一定推力，使摘下的车辆由峰顶自行溜入峰下调车场指定线路，由制动员使用铁鞋或车辆减速器、减速顶、加减速小车等使之停车或与停留车安全连挂的调车作业方法。这是编组站解体车列采用的主要方法。

车列解体作业过程主要包括以下 4 种。

A 挂车（牵出）：调车机车由峰顶驶往到达场入口端连挂车列（牵出）。

B 推送：将车列推上峰顶。

C 溜放：经由峰顶分解车列。

D 整理：分解几个车列后，驼峰调车机车下峰整理场内存车（消灭天窗），送禁溜车。

车站的调车工作，由车站调度员（未设调度员时由车站值班员）统一领导，每个调车组由调车长单一指挥。调车工作必须遵守《技规》《车站行车工作细则》及其他有关规定，保证调车安全、提高调车效率。

8.3.3 铁路局（集团公司）行车组织工作

铁路是一个庞大复杂的多部门多工种组成的运输企业，在实现运输过程中要利用多种技术设备，各个环节各个部门必须相互配合、紧密联系、协同动作，才能保证行车安全、提高运输效率。列车运行图在这方面起着极其重要的作用。与运输有关的各部门都应根据列车运行图所规定的要求来安排工作。

1．列车运行图及通过能力

（1）列车运行图。列车运行图是列车运行的图解，是全路组织列车运行的基础。列车运行图规定了各次列车占用区间的次序，列车在每个车站的到、发或通过时刻，列车在区间内的运行时间和在车站上的停站时间及机车交路，列车的重量和长度标准等。

① 列车运行图的性质和作用

列车运行图实际上是利用坐标原理来表示列车运行的一种图解。它以垂直线等分横轴表示时间，将纵轴用横线划分代表各车站中心线的位置，如图 8-13 所示，图上的斜线称为列车运行线。

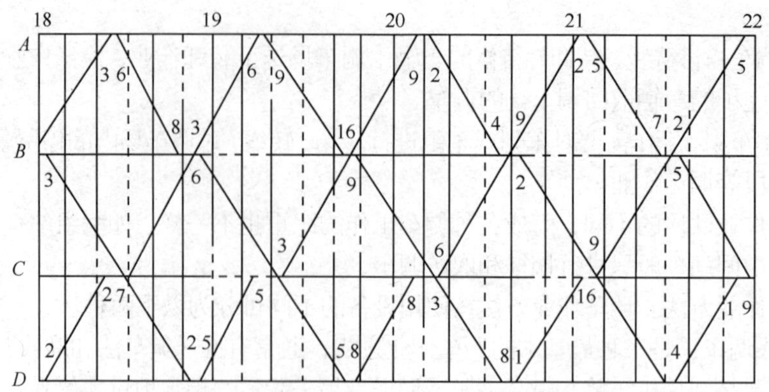

图 8－13　单线成对非追踪平行运行图

列车运行图不仅是日常指挥列车运行的重要依据，而且也是保证行车安全、改善铁路技术设备运用、加速机车车辆周转、提高铁路通过能力和运营工作水平的重要工具。

② 列车运行图的分类。根据铁路线路的技术设备（如单线、双线）、同方向列车运行速度、上下行列车数量和列车的运行方式等条件，列车运行图可以分为以下几种类型：

● 按区间正线数目的不同，列车运行图可以分为单线运行图、双线运行图和单双线运行图。

单线运行图是指在单线区段上，上下行列车都在同一条正线上运行，因此，列车的交会必须在车站上进行，区间是绝不会出现上下行列车运行线的交点，如图 8-13 所示。

双线运行图是指在双线区段上，上下行列车在各自的正线上运行，互不干扰，列车可以在区间内或车站上进行交会，但列车的越行必须在车站上进行，如图 8-14 所示。单双线运行图指的是在有部分双线的区段上铺画出的运行图，它分别具有单线运行图和双线运行图的特征。

● 按同方向列车运行速度的不同，运行图又分为平行运行图和非平行运行图。

平行运行图指的是在同一区间内，同方向列车运行速度相同，因而铺画出的列车运行线相互平行，且在区段内无列车的越行，如图 8-13 所示。非平行运行图指的是同方向列车运行的速度不相同，因而铺画出的列车运行线出现不平行，且在区段内有列车的越行，如图 8-14 所示。

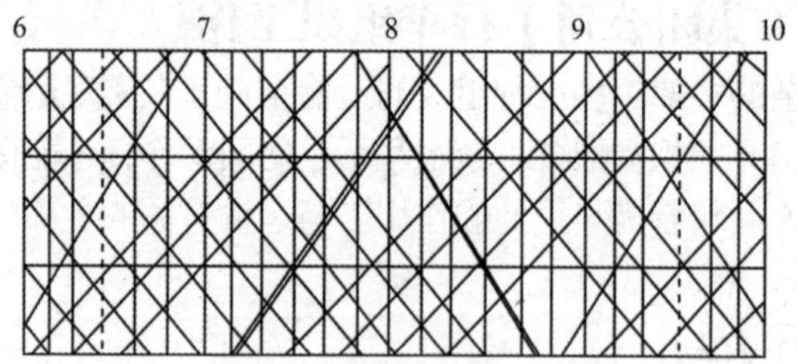

图 8－14　双线成对追踪非平行运行图

● 按上下行列车数目的不同，运行图又分为成对运行图和不成对运行图。在成对运行图上，上下行的列车数目相等，而不成对运行图中上下行的列车数目不相等。

● 按同方向列车运行方式的不同，运行图又分为追踪运行图和非追踪运行图。

追踪运行图指的是在自动闭塞的双线（或单线）区段上，同方向列车以闭塞分区为间隔，实行追踪运行，如图 8-14 所示。

非追踪运行图指的是在非自动闭塞的单线（或双线）区段上，同方向列车以站间或所间区间为间隔，实行非追踪运行，如图 8-13 所示。

以上的分类方法都是针对运行图的某一特征而加以区分的，实际上每张运行图都同时具有几个方面的特征。

（2）铁路区段通过能力。通过能力是指在一定的机车车辆类型和一定的行车组织方法的条件下，铁路区段内的各种固定设备，在单位时间内 （通常指一昼夜）所能通过或接发的最多列车对数或列数。

铁路区段通过能力是指铁路区段内各种固定设备，如区间、车站、机务段设备、给水设备、电气化铁路的供电设备，其中通过能力最薄弱的设备能力，也称为区段的最终通过能力。与铁路行车组织有关的是区间通过能力和车站通过能力。

① 铁路区间通过能力。铁路区间通过能力，主要取决于该区段的技术设备和所采用的行车组织方法，如区间正线数目、区间长度、线路纵断面、机车车辆类型及信号、联锁及闭塞方式以及列车运行图的类型等。列车运行图类型对区间通过能力影响很大，在同样的技术设备条件下，采取不同的列车运行图类型，通过能力就有很大不同。计算区间通过能力，一般是先计算平行运行图的区间通过能力，然后在此基础上再计算非平行运行图的区间通过能力。

② 铁路车站通过能力。铁路车站通过能力是指车站在现有设备条件下，采用合理的技术作业过程，于一昼夜内所能通过或接发的最多列车对数或列数。它包括咽喉通过能力和到发线通过能力两部分。车站通过能力最后是取咽喉通过能力和到发线通过能力中的最小值。

2．铁路运输调度指挥

铁路运输业具有点多、线长、部门分工细、各作业环节紧密联系等特点。运输生产过程是在长距离的连续空间带上进行的，涉及部门多、变化大、时间性强，常常是一点不通影响一线，一线不畅影响一片。为使铁路这一庞大而复杂的系统能够不间断地、均衡地、高效地运转，就必须对铁路的日常生产活动实行分级管理、集中统一指挥。为此，我国铁路的各级运输部门都建立了相应的调度机构，即铁道部设调度处，铁路局设调度所，车站（主要是编组站、区段站及大货运站）设调度室。

在各级调度机构中按照业务分工设有不同职名的调度员，如计划调度员、列车调度员、机车调度员、货运调度员、客运调度员等，分别代表各级领导掌管一定范围内的日常运输指挥工作。

（1）调度工作的基本任务。

① 认真执行国家运输政策，完成国家规定的旅客和货物运输任务。

② 正确地编制和执行运输工作日常计划。

③ 科学地组织客流、货流、车流，搞好均衡运输，经济合理地使用机车车辆和运输设备。

④ 坚持“一卸、二排、三装”的运输原则，按运行图行车。在确保安全的基础上，努力提高运输效率。

列车运行图是列车运行计划，列车应按图运行。但实际列车运行的条件随时都有可能发生变化，如每天的车流有可能增加或减少，列车运行图中所规定的车次有可能要停运，有时又需要增开列车，图定列车有可能发生晚点，有的列车需要调整作业时间等，因此在列车运行日常工作中，需要根据变化的情况采取相应的措施来进行运行调整，使列车尽可能按列车运行图行车，这就需要由列车调度员来进行调度指挥。

（2）行车调度指挥自动化。为进一步增加区段的通过能力，提高列车运行指挥的质量，改善行车调度指挥人员的劳动条件，必须实现行车指挥自动化。行车调度指挥自动化主要包含以下内容：

① 自动编制列车运行调整计划。

② 自动控制车站的接发列车进路。

③ 自动记录和绘制实绩列车运行图。

行车调度指挥自动化系统可以根据列车实际运行信息和列车运行图的要求，自动提前编制几个小时的列车运行调整计划方案；系统会不断地检查所有列车在区段内的运行情况，当发现列车位置与调整方案不符时，系统将根据列车在前方几个车站会让时的可能方案，优先选择最合理的列车放行方案，系统将其提供给列车调度员审核；根据列车运行调整计划和对列车的追踪运行情况，系统将自动实现对车站接发列车进路的控制，并完成实绩列和运行图的自动绘制。

目前，我国的铁路行车自动化主要是通过采用列车调度指挥系统（TDCS）和调度集中系统（CTC）来实现的。

学习任务 8-4

上网搜索 2~3 个铁路交通运输事故视频，简单分析事故发生的原因，结合你将来可能从事的岗位，说一说相关岗位的安全注意事项。

【拓展知识】

8.4 铁路运输安全管理

8.4.1 铁路运输安全的意义

铁路运输安全是运输生产系统运行秩序正常、旅客生命财产无险、货物和运输设备完好无损的综合表现。铁路运输生产的根本任务就是把旅客和货物安全、及时地运送到目的地，这就决定了铁路运输企业必须把安全生产摆在各项工作的首要位置。因此，铁路运输安全有着重要的意义。

1．铁路运输安全是现代化经济建设的必要保证

铁路是国家的基础运输设施，铁路运输安全对国家重点物资运输、重要工程建设、重大科研及军事运输极为重要，也为地方区域经济开发、招商引资和科技发展带来了生机和活力。如果铁路发生事故，将会给人民群众带来不幸，给国家造成损失。事实证明，铁路运输安全不仅直接关系到我国社会主义市场经济的健康发展和改革开放的进程，而且直接影响社会生产、社会生活和社会安定。

2．铁路运输安全是法律赋予铁路运输企业的义务和责任

旅客和货物托运人与铁路运输企业之间的关系是合同关系，合同形式是客票和运单。办完手续货物装车、旅客检票乘车后，彼此的权利和义务对等。铁路必须确保安全、准确、迅速、经济、便利和文明服务，保证将货物与旅客送至目的地。如果铁路运输企业因人为事故不能保证旅客和货物的运输安全，不仅违背了当事人的意愿，损害了他们的权益，而且也违反了相关法律法规（如《中华人民共和国铁路法》）的规定。

3．铁路运输安全是铁路运输产品质量和工作质量的重要体现

运输生产的全部意义就在于有计划、有目的、有成效地实现旅客和货物空间位置的移动。运输生产的产品为货物和旅客的“位移”，其计量单位为“吨/千米”“人·千米”“位移”这种产品既不能储存，也不能调剂，它在运输生产过程中就被消费掉了。而且，运输生产的全过程是由车、机、工、电、辆各部门协同完成的，如果在途中发生了货物的损坏、丢失、旅客的伤亡等安全事故，都直接反映出铁路运输产品的质量与合格特性。因此，只有把货物与旅客安全地送到目的地，运输产品的整个生产过程才算最终完成，运输产品“位移”的质量和社会价值才能够同时得到体现，才能增强铁路运输的市场竞争力。

8.4.2 铁路行车安全

行车安全是铁路运输的主要工作，也是最容易产生不安全因素的工作环节，铁路运输中出现的大部分不安全事故都在行车过程中。

1. 铁路交通事故的定义与分类

铁路机车车辆在运行过程中发生冲突、脱轨、火灾、爆炸等影响铁路正常行车的事故，包括影响铁路正常行车的相关作业过程中发生的事故；或者铁路机车车辆在运行过程中与行人、机动车、非机动车、牲畜及其他障碍物相撞的事故，均为铁路交通事故（以下简称事故）。依据《铁路交通事故调查处理规则》事故分为特别重大事故、重大事故、较大事故和一般事故 4 个等级。

（1）有下列情形之一的，为特别重大事故。

① 造成 30 人以上死亡。

② 造成 100 人以上重伤（包括急性工业中毒，下同）。

③ 造成 1 亿元以上直接经济损失。

④ 繁忙干线客运列车脱轨 18 辆以上并中断铁路行车 48h 以上。

⑤ 繁忙干线货运列车脱轨 60 辆以上并中断铁路行车 48h 以上。

（2）有下列情形之一的，为重大事故。

① 造成 10 人以上 30 人以下死亡。

② 造成 50 人以上 100 人以下重伤。

③ 造成 5000 万元以上 1 亿元以下直接经济损失。

④ 客运列车脱轨 18 辆以上。

⑤ 货运列车脱轨 60 辆以上。

⑥ 客运列车脱轨 2 辆以上 18 辆以下，并中断繁忙干线铁路行车 24h 以上或者中断其他线路铁路行车 48h 以上。

⑦ 货运列车脱轨 6 辆以上 60 辆以下，并中断繁忙干线铁路行车 24h 以上或者中断其他线路铁路行车 48h 以上。

（3）有下列情形之一的，为较大事故

① 造成 3 人以上 10 人以下死亡。

② 造成 10 人以上 50 人以下重伤。

③ 造成 1000 万元以上 5000 万元以下直接经济损失。

④ 客运列车脱轨 2 辆以上 18 辆以下。

⑤ 货运列车脱轨 6 辆以上 60 辆以下。

⑥ 中断繁忙干线铁路行车 6h 以上。

⑦中断其他线路铁路行车 10h 以上。

（4）一般事故。凡事故性质或损害后果不够特别重大、重大事故及较大事故的为一般事故，又可分为一般 A 类事故、一般 B 类事故、一般 C 类事故、一般 D 类事故 4 个等级。

2. 铁路交通事故的预防

预防铁路交通事故，确保行车安全，必须加强领导，坚持把安全工作摆到各级领导的重要议事日程；加强政治思想工作，教育广大职工牢固树立安全第一、质量第一的思想；严格遵守劳动纪律，认真执行规章制度；加强科学管理，坚持预防为主的方针，开展群众性的安全生产活动，及时消除隐患；加强职工的技术培训工作，发动广大职工努力钻研技术业务，不断提高技术水平；采用新技术、新设备，搞好设备养护维修，不断提高技术设备质量；对长期坚持安全生产和防止事故有功人员给予表扬和奖励；加强职工心理素质训练，提高安全心理的稳定性；建立安全检查机构、健全安全检查体制。

8.4.3 人身安全

在铁路运输生产过程中，确保人身安全是日常工作的重要内容之一。因此，除了不断地改善劳动条件和设备条件外，应经常组织宣传、学习、贯彻、落实人身安全的有关规定，以确保人身安全及生产任务的顺利完成。

1. 通用人身安全标准

（1）班前禁止饮酒。班中按规定着装，佩戴防护用品。

（2）顺线路行走时，应走两线路中间，并注意邻线的机车、车辆和货物装载状态，严禁在道心、枕木头上行走。不准脚踏钢轨面、道岔连接杆、尖轨等。

（3）横越线路时，应“一站、二看、三通过”，注意左右机车、车辆动态及脚下有无障物。

（4）横越停有机车、车辆的线路时，先确认机车、车辆暂不移动，然后在离该机车、车辆较远处通过。严禁在运行中的机车、车辆前面抢越。

（5）必须横越列车、车列时，应先确认列车、车列暂不移动，然后由通过台或两车车钩上越过，勿碰开钩销，要注意邻线有无机车、车辆运行，严禁钻车。

（6）不准在钢轨上、车底下、枕木头、道心里坐卧或站立。

（7）严禁爬乘运行中的机车、车辆，以车代步。

2. 人身伤亡的预防

行车事故的发生往往会导致人身伤亡，因此，预防人身伤亡除遵守预防行车事故的有关规定外，还应做到：

（1）加强铁路沿线的防护设施建设，特别是道口建设。

（2）强化铁路安全常识宣传，普及铁路安全知识。

（3）教育职工遵章守纪，按“人身安全的要求”来要求自己。

【巩固练习】

一、填空题

1. 旅客列车分为______、______、______、_______、_____、______、______、_____8种。

2. 各种旅客列车都是根据需要由固定数量和类型的车辆组成，每对列车的__________固定，车辆在列车中的__________固定，__________固定，即旅客列车的编组是固定的。

3. 旅客站台按站台高度可分为：______站台，其站台面高出相邻线路规面______mm；______站台，其站台面高出相邻线路规面______mm；______站台，其站台面高出相邻线路规面______mm。

4. 按一批货物办理的条件必须是_______、_______、________、________、________相同。

5. 铁路货物运到期限由___________、___________、__________组成。

6. 货物运输到限起码______________。

7. 集装箱按箱型分类有__________、__________、__________、_________。

8. 铁路五定班列指的是_________、_________、__________、__________、__________的快运及集装箱专列。

9. 货运事故分为_______、_______、_______、_______、_______、_______、_______。

10. 根据《技规》和列车编组计划的要求，将车辆选编成车列或车组称为__________。

11. __________是全路组织列车运行的基础。

12. 在列车运行图上，__________的交点即为列车到、发、通过车站的时刻。

13. 横越线路时，应“__________、__________、__________”，注意左右机车、车辆动态及脚下有无障碍物。

14. 顺线路行走时，应走__________，并注意邻线的机车、车辆和货物装载状态，严禁在__________、__________上行走。不准脚踏__________、__________、__________等。

二、简答题

1. 铁路旅客运输的基本任务是什么?
2. 铁路旅客运输合同的含义和凭证是什么?
3. 简述旅客运输生产过程。
4. 行李的范围和包裹的分类是如何规定的?
5. 货物运单的作用有哪些?
6. 货物运到期限是如何规定的?
7. 简述货物发送作业和到达作业的流程?
8. 在列车编组计划中，货物列车主要有哪几种?
9. 简述接发列车的主要程序。
10. 简述调车的概念和分类。
11. 什么是列车运行图?

PART 9 项目九 高速铁路、重载铁路、客运专线与磁悬浮铁路

【项目引入】

家住武汉的李想考上了湖南铁道职业技术学院，在铁路局工作的叔叔建议他乘坐京广客运专线上运行的高速列车来湖南株洲报到。李想很是疑惑：

- 什么是客运专线？客运专线是不是就是高速铁路？客运专线上运行的列车就称为高速列车吗？高速铁路一定是客运专线吗？
- 客运专线专门用来运送旅客，那么还有专门用来运送货物的货运专线吗？铁路旅客运输的发展趋势是安全高速，铁路货物运输的发展趋势又是怎样的呢？
- 如何保证高速运行下的旅客列车在线路上运行安全？高速铁路线路和普通铁路相比有哪些特点？
- 除了高速铁路外还有没有其他的快速轨道交通运输形式？
- 如果列车运行过程中发生自然灾害，人们该如何进行防灾预警呢？

【项目分析】

所谓“客运专线”是专供旅客列车行驶的路网铁路。客运专线的建设能够大幅度提高铁路运输能力，分流既有线的大部分客车，缓解既有线运能紧张的局面，同时还可以满足大经济区、大城市的增量运输的需求，腾出既有线用来发展货物重载运输，适应日益增长的运输需要。

高速铁路技术是当今世界铁路的一项重大技术成就，也是近年来铁路发展的一个趋势。高速铁路由于其自身的特点，在很多方面都和普通铁路存在差异，尤其在线路布置方面高速铁路对线路的要求更高。又因为高速铁路运行条件要求高，其防灾预警及应急处理系统也相对比较完善，并且高速列车在运行过程中，对周围环境的影响也是必须考虑的问题。

在中国，“客运专线”都是时速300km以上的铁路系统，因此客运专线属于高速铁路。但是在外国有些铁路是时速300km以上，但是客货混跑，那样的铁路是高速铁路但不是客运专线。

在现有的路网中即有专门用来运送旅客的“客运专线”，也有专门用来运送货物的“货运专线”，如大秦铁路、朔黄铁路、包神铁路等就是货运铁路，铁路货物运输的发展趋势是重载。建设重载铁路是提高线路运输能力、提高运输效率的重要措施。特别对于我国这样一个幅员辽阔的国家而言，显得尤为重要，也是我国加速提高铁路运输能力的一条重要途径。

快速轨道交通通常指以电能为动力，采取轮轨运行方式的快速大运量公共交通之总称。磁悬浮铁路就是其中一种。磁悬浮铁路和传统铁路有着截然不同的特点。在传统铁路上运行的列车是靠机车作为牵引动力，由线路承受压力，借助车轮沿钢轨滚动前进的。而磁悬浮铁路则是

利用电磁系统产生的吸引力和排斥力将车拖起，使整个列车悬浮在线路上，利用电磁力导向，直线电机将电能直接转化为电磁能推动列车前进的。磁悬浮为世界陆上运输开辟了一个新领域。

本项目主要对高度铁路、重载铁路、客运专线和磁悬浮铁路进行简单讲授。通过本项目的学习，学习者对高速铁路、重载铁路和磁悬浮列车等基本知识有一定的认知。在项目的学习过程中，安排了 4 个任务，学习者通过完成项目任务，实现对所学知识的巩固与掌握。

【学习导航】

本项目主要学习高速重载铁路的基本知识，如图 9-1 所示。

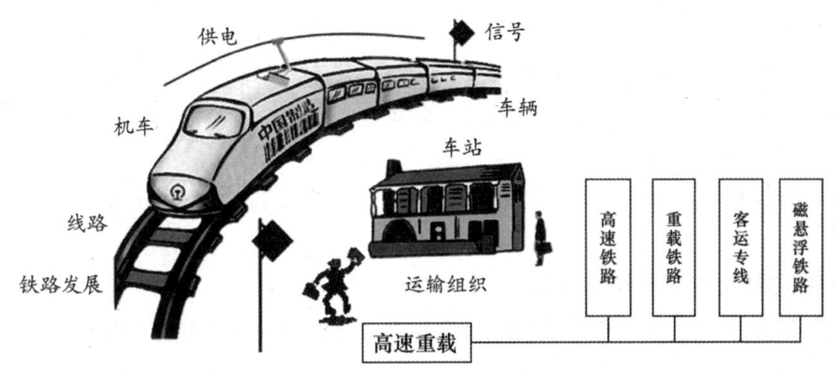

图 9-1　学习导航

学习任务 9-1

查阅资料并制作 PPT 或 Word 文档，对高速铁路的基本知识进行简单的介绍，内容包括：高速铁路线路的基本特点，防灾预警及应急处理系统及高速铁路的环境保护等。

【相关知识 1】

9.1　高速铁路

9.1.1　高速铁路线路的基本知识

1．高速铁路线路的基本特点

线路是列车运行的基础，高速运行的列车要求线路具有较高的平顺性、高稳定性、高精度、小残变和少维修性，并要有良好的环境保护性。只有这样，才能保证列车运行的高速、平稳和安全。

高速铁路线路主要具有以下基本特征。

（1）高平顺性。轮轨相互作用的理论指出，轨道不平顺所引起的轮轨动力响应，及其对行车安全性、平稳性和乘客舒适性的影响随着速度的提高而增大。因此，对于高速铁路要求具有高平顺性的轨道。

（2）高稳定性。稳定、沉降小且沉降均匀的平顺路基是高平顺轨道的基础。其稳定性好主要需要控制路基的“变形”并要求桥梁具有足够大的刚度。

（3）高精度、小残变、少维修性。轨道铺设的初始不平顺是运营不平顺发生、发展、恶化的根源，因此，要求轨道初始铺设时具有高精度。同时，由于高速动车组的频繁及强烈的冲击载荷作用，要保证运营后仍然具有高平顺性，则必须保证铺设时的小残余变形。只有这样，才能保证线路的少维修量。

（4）宽大、独行的线路空间。列车高速运行将带动周围的空气流动，形成一种特定的流场，威胁沿线工作人员和旅客的安全，对线路两侧的建筑物也有破坏作用。1988 年我国在京广铁路许昌—小商桥间进行高速实验时，试验列车与南宁—西安的旅客列车交会时将客车车窗玻璃吸下并击打在试验车的车体上。因此，需要在高速线路上增加大线间距和旅客的安全退避距离，并采用全封闭线路。

（5）高标准的环境保护。高速铁路需要强调高线路本身与环境的完美结合。当列车速度高过 250km/h 后，来自轮轨、弓网相互作用，以及与空气摩擦产生噪声是让人无法忍受的，因此，需要设置隔音墙等降噪措施。

此外，高速铁路还要求在开通时即以高速运行，并要有严密的轨道状态检测和防灾安全监控措施。

2. 高速铁路线路的主要技术参数

列车与线路是相互依存、相互适应的关系，列车是载体，线路是基础。高速对线路的要求较一般的线路更高，标准也更严格。

铁路线路平面是由直线和曲线组成的，曲线由圆曲线和缓和曲线组成，曲线线路能较好地适应地形的变化，减少工程量，但也有是列车运行速度较低，增加轮轨磨耗等特点。高速铁路列车运行速度高，对线路曲线有严格的要求。

（1）曲线超高度及次欠度。

列车在曲线上运行时，会产生离心力 J：

$$J=\frac{mv^2}{R}=\frac{Gv^2}{gR}$$

式中：m 为列车的质量（kg）；G 为列车的重量（kg）；v 为列车的运行速度（m/s）；g 为重力加速的（g=8.81m/s^2）；R 为曲线半径（m）。

为了平衡列车通过曲线时的离心力，必须把曲线外轨加高，称为曲线超高。计算曲线外轨的理论超高度，一般采用下列公式：

$$h=11.8\times\frac{v_{平}^2}{R}(\text{mm})$$

式中：$v_{平}$ 是通过曲线时各次列车的平均速度（km/h），设计新线时，可采用 $v_{平}=0.8v_{max}$ 最大超高度的选择应保证列车停在曲线上而有遇到大风是也不至于是列车颠覆。目前除日本北海道新干线规定最大超高度为 200mm外，日本其余各线及法国高速干线的最大超高度为 180mm，德国第一期，第二期高速线路最大超高度为 85mm，第三期为 17mm。我国《京沪高速铁路设计暂行规定》中规定实设最大超高度允许为 180mm。

曲线外轨超高度是一个定值。对于速度较高的车，会产生未被平衡的向心加速度统称为为平衡加速度，可以理解为外轨超高度不足或外轨超高度过大所产生的。欠超高和过超高统称为未被平衡的超高度。

为了保证行车安全、旅客舒适度和轨道的稳定性，必须对未平衡的超高度加以限制，各国规定欠高度的数值大致在 60~130mm。不同国家的技术要求不同，所允许的最大欠高度也有所区别。我国《京沪高速铁路设计暂行规定》规定了欠超高的允许值见表 9-1。

表 9-1　　欠超高允许值　　单位：mm

条件	舒适度良好	舒适度一般	舒适度较差
欠超高允许值	40	80	110

（2）最小曲线半径。最小曲线半径为线路平面设计时允许选用的曲线最小值。最小曲线半径的选定主要考虑列车的运行速度。对于高速客运专线，由于列车速度比较单一，最小曲线速度可以由下式确定：

$$R_{\min}=\frac{11.8\times v_{\max}^{2}}{h_{Q}+h_{m}}(\mathrm{m})$$

式中：$R_{\min}$ 为最小曲线半径（m）；$v_{\max}$ 为列车最大运行速度（m/s）；h_m 为线路实设超高度（m）；h_Q 为允许的欠超高度（m）。

由于高度铁路列车运行速度较高，要求最小曲线半径较一般线路更大，并随线路运行速度的提高而增大。除早期日本东海道新干线最小曲线半径为 2500m 之外，国外高速铁路的最小曲线半径一般为 4000m 以上，新建设推荐值为 6000~7000m。几个主要国家的高速铁路最小曲线半径见表 9-2。我国《京沪高速铁路设计暂行规定》中规定最小曲率半径一般为 7000m，困难条件下为 5000m。

表 9-2　　几个主要国家高速铁路最小曲率半径　　单位：m

法国		日本				德国	意大利
TGV 东南线	TGV 大西洋线	东海道	山阳	东北	上越	7000（5100）	3000
4000（3200）	6000（4000）	2500（3000）	4000（3000）	4000	4000		

注：（ ）内的数字为部分区间所采用的最小曲线半径。

（3）缓和曲线和夹直线长度。为减小轮轨相互作用，便于设置曲线外轨超高度，满足行车安全和旅客舒适度的要求，在直线和曲线之间设置缓和曲线。

普通铁路曲线型超高缓和曲线、高速铁路直线超高型缓和曲线一般采用三次抛物线线性，高速铁路曲线超高型缓和曲线一般采用正弦波型曲线。

缓和曲线的长度对行车安全和舒适度有直接的影响。太短，不利于行车安全或舒适平稳性，太长，又给设置和养护带来困难。缓和曲线长度应根据曲线超高度、列车运行速度和欠高度等综合考虑。

（4）线路间距。线路间距即为两条线中心线间的距离。在高速复线铁路上，两列车相遇时，将产生强大的空气压力波（风压）。为避免这种风压造成损害，高速铁路应选取适当的线路间距。

世界各国经过大量研究和试验，都确定了最小的线路间距，几个国家最小的线路间距分别为：

日本：区间线路为 4.2m，车站内为 4.6m；法国：4.2m；德国：4.5m；我国《京沪高速铁路设计暂行规定》中规定正线线间距为 5.0m。

（5）竖曲线半径。为保证列车通过变坡点时的运行安全和旅客的舒适，一般用竖曲线来链接两个相邻的坡段。竖曲线的半径与列车运行速度有关，列车运行速度越高，竖曲线半径越大。

世界主要国家高度铁路竖曲线半径如下：

法国 TGV 东南线的竖曲线半径采用 25000m，TGV 大西洋线采用 16000m，日本除东海道新干线采用 10000m 外，其余各线均采用 15000m。

我国线路根据不同设计速度，竖曲线半径按表 9-3 选用。

表 9-3　　我国竖曲线半径选用标准

v_{max}（km/h）	300 以上	250～300	160～250
竖曲线半径（m）	25000	20000	15000

（6）其他线路参数。

限界——需要考虑在高速机车车辆限界的基础上的各种安全余量，轨道维修的抬高量，接触网式以及施工误差等，按最不合理的组合确定。

坡度——线路的最大坡度在一定自然条件下对工程投资和运营费用、牵引重量及运输能力都有较大的影响。各国高速铁路根据不同的运输组织模式和地形条件的不同，采用的最大坡度也不一样。

路基——要求路基刚度大，平顺性好。因此一般采用大基床厚度或整体道床，并严格控制沉降。

桥梁——要求桥梁刚度大，耐久性好，并设置路桥过渡段。

钢轨——采用大重量钢轨。日本、法国、德国均采用 60kg/m 的钢轨。

道岔——采用单开可动心轨大号码岔道以提高通过速度，目前法国高速铁路采用的高速道岔的高侧向通过速度达到 230km/h。

线路不平顺——对于轨道不平顺分别设置不同的程序予以处理。

隧道——由于列车进入隧道时原来占据空间的空气被迅速排开，造成车内压力波动，会给旅客造成不适，并对铁路员工、建筑物和车辆造成伤害。因此要求高速铁路隧道具有洞口缓冲结构和大的隧道断面面积。

信号——高速铁路车速高、密度大，因此，高速铁路采用列车自动运行控制系统，如新干线 ATC 系统、法国高速铁路 TVM300 和 TVM430 系统等，目前我国秦沈客运专线已经引进了法国 TVM430 系统投入运行。

3．高速铁路线路的养护、维修及运用管理

良好的养护与维修是高速铁路系统运行的基础。目前世界各国在进行养护和维修时一般采用通过轨道检查车在一定周期内对线路进行检测，按照线路损坏的程度进行线路的养护。更换钢轨、道岔、道床则按照一定的时间周期或通过重量进行。进行维修时，一般采用大型养路机械施工。

各国高铁一般在相应区段配置检修基地，基地内设车库，给油给水设备，材料装卸设备和油脂处理设备。

各国高速铁路一般均预留施工作业时间，以法国高铁为例，其日常维修和线路封锁时间在白天为 1.5h，夜间为 5h。

9.1.2 高速铁路的防灾预警及应急处理系统

安全是高速铁路运行的先决条件，是铁路运输的生命线。

高速动车组运行速度高、密度大，一旦事故发生，后果将不堪设想。因此，除必须满足设备本身的安全性外，还要建立严密的自然灾害监测网络，满足运行需要。国外在预防地震、台风雪灾和火灾方面有着成功的经验。

1．高速铁路防灾监控系统概况

高速铁路的防灾预警应急处理系统也称为防灾安全监控系统，是综合调度中心的一个分系统，负责安全信息的综合处理。它监控全线的自然灾害，特殊环境的突发事故等危及行车安全的情况，提供预防预警信息，并通过综合调度中心下达行车、救援、维修管理等命令。

放在监控系统的检测对象树要包括自然灾害、固定设施、移动设备和行车事故等几个方面。控制对象主要为行车管理、救援系统和综合维修基地等。由于我国幅员辽阔，气候差异比较明显，因此对于不同线路的自然灾害监控重点不完全一样。对固定设施的检测主要包括线路（轨温、路基）状态监测、运行车辆状态监测、特大桥梁隧道监测、变电所、通信信号室、大型车站等检测。移动设备监测主要由车载的自诊断系统提供。

防灾系统的主要功能如下所述。

（1）对强风、暴雨、洪水、轨温和地震等信息进行分析后发出警报，提供包括灾害强度、线路状态、行车规定和巡检要求等各类信息。根据处理规程，警报可分为警戒、列车缓停和停车三级。

（2）对地震强度超过限度值、突发事故、侵入界限等突发灾害，及时发出警报，直接控制变电所停电或通过 ATCA 系统停车。

（3）汇总、储存灾害信息，提供信息参考。

2. 高速铁路防灾监控系统

（1）固定设施监控系统

① 路基灾害监测。在路基易发生灾害区段进行实时监测，如设置沉降仪、倾斜仪、空隙水压计及水位计等，依据雨量和线路旁河流涨水情况和路基状态监测等资料，对列车进行运营管制。

② 长大桥监测。为避免和地面交通系统的相互干扰和曲线半径的要求，高速铁路线路采用了大量的桥梁结构、除各种自然灾害外，还需要对长大桥在高速载荷作用下的稳定性以及对通航河段桥墩的防护，需要对桥梁结构设置加速度仪和桥墩防撞仪等设备。

③ 长大隧道监控。高速条件下的隧道灾害主要是火灾、水灾、地震、空气动力学问题和隧道内的通常病害、侵限及结构失稳等问题，尤其是火灾和水害的问题。为此需要在隧道内设置相应的火灾检测设备和灭火设施；排水及其检测设施；防止脱轨、撞击设施；多通道照明、通讯和供电设施；紧急避难、疏散处理等设施等。

（2）移动设备监测系统。如前所述，移动设备检测系统主要是车载故障和诊断系统，其主要功能为迅速识别和提示运行中车辆发生故障；储存故障的时间、参数等信息，可供地面系统进一步分析；影响行车安全的主要故障信息可发送到地面安全监控系统和综合调度中心，为列车运行控制和维修提供依据。

（3）自然灾害监测系统。我国是自然灾害最严重的国家之一，灾害种类多、发生频率高，分布区域广。高速铁路的防灾监控系统主要是 3 个方面，计雨量及洪水监测系统、强风监测系统和地震监测系统，这要求高速铁路的管理部门与我国相应的部门（如水利部门、地震局的部门）密切合作，共享有关数据，达到监测高速铁路路线的目标。

9.1.3 高速铁路的环境保护

环境保护是我国的一项基本国策，它关系到国家和民族的兴衰，关系到现代化建设的成败和国民经济的持续发展。而它是一项范围广阔、综合性很强的系统工程，在实际实施中涉及很多不确定因素。铁路环境保护是整个社会环境保护的重要组成部分，其特点是环境保护的范围广、线长、高度分散；污染源随列车而流动；对环境的影响持续时间长等。我国 1973 年第一次全国环境保护会议后即开始对铁路的环境保护问题进行了大量的工作，取得了不小成效。

由于列车运行的速度极高，列车运行所产生的振动和噪声也随之加强。同时，高速铁路强调与自然和谐统一，因此，高速铁路的环境保护工作至关重要。

1．高速铁路的环境保护

高速铁路的环境保护除具有一般铁路环境保护相同的特点以外,其重点内容有以下几个方面。

（1）治理噪声环境。高速动车组的运行速度在 200km/h 以上，其噪声强度随着速度的提高而大幅度地上升。根据国外高速铁路的经验，其噪声峰值声压级将大大超过我国目前铁路边界噪声限值标准。因此，控制噪声是高速铁路环境保护首要解决的问题。国外测试资料表明，高速动车组的轮轨噪声，空气动力噪声和集电系统噪声是其主要声源。

（2）控制振动污染。高速动车组运行将产生环境振动，这种振动的振级与其运行速度成正比。根据日本新干线高速动车组的经验，当速度达到 200km/h 时，距线路 20m 处受振点处的振级将超过我国《城市区域环境振动标准》的规定。因此控制振动对环境的污染也是一项重要任务。

（3）防电磁干扰。高速动车组采用电力牵引，可实现对大气的无污染指标。但是集电系统除了噪声外，还对沿线的有线通信产生电磁干扰。

（4）保护生态环境。高速铁路建设规模大、占用农村和城市用地较多，对自然生态环境和城市生态环境和水土流失、植被破坏等将造成较大的影响。

2．高速铁路的噪声及其控制

（1）高速铁路的噪声源。由于具有高速、高架和电气化等特点，其噪声主要是轮轨噪声、空气动力噪声、集电系统噪声和建筑物激励噪声等组成。

① 轮轨噪声。作为高速铁路的主要噪声源，其主要是车轮通过轮轨轨锋、岔道以及擦伤后的车轮在钢轨上滚动时产生的冲击声，车轮与钢轨粗糙的接触表面相互作用产生的振动声、曲线通过时轮缘积压外轨及内测车轮滑行时产生的摩擦声等。

② 空气动力噪声。高速动车组在运行中会使车体表面出现空气涡流，从而产生空气动力噪声。

③ 集电系统噪声。集电系统噪声主要来自受电弓沿接触网导线滑动而产生的机械滑动噪声，离线时产生的电弧放电声和受电弓运行中产生的风切声 3 个方面。

④ 建筑物噪声。这是一种二次噪声。主要由轨道周围的建筑物反射轮轨噪声等产生的辐射噪声和高速铁路中轨道桥梁的振动噪声。

（2）噪声环境评价标准。由于铁路噪声所受的影响很多，噪声产生和传播的不同阶段，线路结构、建筑物类型和布局、高速动车组本身等均对噪声和影响范围有较大的影响，因此确定噪声的评价标准是非常复杂的任务。世界各国在不同发展阶段的高速铁路在噪声水平和控制技术方面有较大的差异，其噪声标准也不尽相同。我国目前铁路噪声标准为 GB 12525—1980《铁路边界噪声限值标准及其测量方法》，同时参考 GB 3086《城市区域环境噪声标准》。对于高速铁路，铁道部在 2003 年发布的《京沪高速铁路设计暂行规定》中也做出了相应的规定，以及对噪声防护的声屏障的设置、声学设计做出一定的要求。

任务 9-2

查阅资料，找出重载铁路是如何定义的？重载铁路的运输方式有哪些？我国目前有哪些重载铁路，主要负责哪些方面的运输任务？将其整理为一篇调查报告。

【相关知识 2】

9.2 重载铁路

9.2.1 重载铁路的定义

重载铁路用于运载大宗散货的总重大、轴重大的列车、货车行驶或行车密度和运量特大的铁路。一般火车单列运输量为 2000～3000t，而重载火车单列运输量至少在 5000t 以上。总重大可达 1 万～2 万 t，轴重大可达 30t，行车密度大可达 1 万 t/km。图 9-2 所示为我国的大秦线重载铁路运输的大宗散货主要为煤炭、矿石、散粮等。重载铁路是一种效率非常高的运输方式，已引起铁路部门的重视。1984 年在美国华盛顿成立了非官方组织国际重载铁路会议，并由美国、中国、澳大利亚、加拿大和南非的铁路部门的技术专家组成国际重载铁路顾问委员会。重载列车需着重研究的问题是运行管理、轨道的适应性，以及大宗散货的装卸等。

图 9-2 大秦线重载铁路

9.2.2 重载铁路的运输方式

由于各国铁路运营条件和技术装备水平的不同，重载列车的运输方式大致可以分为 3 种类型。

1. 整列式重载列车

整列式重载列车是有单机或多机牵引，机车挂于列车头部，在站线上有效长度为 1050m 的铁路线上开行 5000t 及以上的货物列车。这种货物列车采用普通列车作业的组织方法，其到、解、编、发、取、送、装、卸和机车换挂作业与普通货物列车几乎完全一样，只不过牵引重量有显著的提高。

2．组合重载列车

组合重载列车是把两列符合运行图规定的重量和长度、开往同一方向的单列车收尾相接连成一个列车，机车分别挂在列车的前部和中部，在运行图上占用一条运行线，运行到前方某一技术站或到站在分解的货物列车。

组合重装列车除了要进行普通货物列车所要进行的作业之外，还要进行列车或车底的组合和分解，且接发车作业、机车换挂、途中运行及调度指挥等作业也有一些与普通货物列车的不同之处。

3．单元式重载列车

它是由装车地到卸车地固定机车车辆，固定站机车车辆，固定发站和到站，固定运行线，运输单一品种货物，在装卸站间往返循环运行，中途列车不拆散，不进行改编作业的货物列车。因此，在运行过程中利用铁路的正线和到发线外，不占用铁道的调车设备。在运输过程中，除列车的接发车作业外，不进行任何其他作业。单元列车不仅机车车辆固定编挂，固定回空，而且两端车站装卸设备必须配套，形成矿区至港口的装、运、卸一条龙重载运输组织形式。

9.2.3 重载铁路的机车车辆

各国重载列车均采用牵引动力，除美国和加拿大主要采用内燃牵引外，绝大多数国家采用电力牵引。

为了满足重载列车的牵引要求，主要是通过增加机车牵引功率和实现轮轨之间最佳粘着来提高机车的牵引力，以保证重载列车在长大坡度线路区段的安全运行。在运行中的牵引和制动过程应能自动调整和控制，并在机车上装设必要的故障检测和诊断系统。

目前，凡列车重量超过 10000~12000t 时都采用多机牵引，多台机车合理的分布在列车的前部和中部，并根据列车的实际重量确定列车所需的实际台数。由于列车编组很长，牵引动力又分别位于整个列车的不同地位，前后机车的联系、操作动作的失调，都会直接危及行车安全。为了解决这一问题，在重载列车上装设了遥控装置。遥控装置是一种完全取代受控机车司机实现机车全部无线电遥控装置。它分为主控设备和受控设备两部分，前者装在头部机车上，后者装在专用遥控车内。主控机车司机通过无线电传送编码指令，控制列车任何部位受控机车和牵引和制动。

（1）重载运输的车辆。车辆应采用载重量大、强度高、自重系数小的大型四轴货车。货车大型化的主要途径是提高轴重。但轴重又受到轨道和桥梁结构强度的限制，因此要求线路结构与轴重提高相协调。如国外已采用 70kg/m 的钢轨，货车载重量达到 80t，轴重 28t。我国也正在研制轴重为 25t 的大型货车，以适应重载运输的需要。

为提高车体的耐腐蚀性和降低自重，采用了耐候刚和铝合金材料等，为使车辆总体性能得到加强，装用新型空气制动装置、高强度车钩和大容量高性能缓冲器；为改善行走性能，研制低动力作用转向架等。

（2）良好的制动装置。重载列车与普通列车相比，速度并不高，但重量大、编组车辆数多，列车很长，列车需要制动或缓解时，前后部车辆制动与缓解的时间差较大，造成了纵向冲击的加大。此外，车辆数多，列车长，重载列车的副风缸数也多，列车制动管总容量加大，造成充气时间长、列车管减压速度和增压速度都比较低，且沿列车管长度方向有较重的“衰减”。这些，都会影响重载列车运行的安全。因此，各国都在研究改进制动的结构，以提高其性能。一般来讲，重载列车制动装置应具备以下几个方面的功能：①应具有较高的制动波速和缓解波速；②采用摩擦系数较大的闸瓦；③采用性能良好的空重车自动调整装置，保证空车不滑行，重车具有足够的制动力；④具有密封式制动缸和良好的“压力保持”性能。

9.2.4　重载轨道的结构

列车荷载与轨道抗力的相互作用关系决定了轨道的破损程度和使用寿命。按照目前国际上普遍采用的连续弹性基础梁轨道强度理论，影响轨道结构受力的因素主要有荷载、轨枕、道床和钢轨 4 个方面。

（1）荷载是造成轨道受力的根本原因，荷载与轨道的受力及变形成线形关系，荷载增加的百分数与轨道结构受力及变形增加的百分数基本相同。

（2）轨枕的影响主要是轨枕间距的影响和轨枕支撑面积的影响。轨枕间距对轨枕上的压力和道床上的应力影响较大，而对轨道弹性下沉和钢轨弯曲应力影响较小。每增减一个轨枕根数档次（按照我国 1600~1820 根/km 铺设标准，每增减 80 根/km 为一个轨枕根数档次），枕上压力和道床应力变化 3%～4%，而轨道弹性下沉和钢轨应力只变化 1.2%左右。轨枕支撑面对轨道弹性下沉和道床应力都有明显影响。

（3）道床刚性对道床应力和轨枕压力影响较大，枕上压力和道床应力与道床刚度成同向变化，且幅度较大。

（4）钢轨影响主要是断面尺寸和钢轨状态的影响。重载铁路的基本特征是运量大，轴重大。尤其是轴重，它是车辆每一轮对加于轨道上的重力，对轨道结构和线路状态产生着广泛而严重的影响。轨道破损与运量和轴重的有着密切的关系，可见重载列车的载荷对轨道的破坏性是相当严重的。

重载铁路线路应选用重型和特重型的轨道标准。钢轨应采用 60kg/m 及以上的新规。为了延长钢轨的使用寿命，减少养护维修的工作量，宜采用超常规条无缝线路和可动心轨道岔。此外，在曲线地段，长大下坡制动地段和长隧道内，应采用全厂淬火钢轨和轨头硬化钢轨、承载力大的钢轨，扣压力大的弹性构件等，以减少钢轨由于接触应力所引起的损伤。

9.2.5　我国目前的重载铁路

大秦铁路自山西省大同市至河北省秦皇岛市，纵贯山西、河北、北京、天津，全长 653km，是中国西煤东运的主要通道之一。大秦铁路是中国新建的第一条双线电气化重载运煤专线，1982 年底全线通车，2002 年运量达到一亿吨设计能力。为最大限度发挥大秦铁路作用，有效缓解煤炭运输紧张状况，自 2004 年起，铁道部对大秦铁路实施持续扩能技术改造，大量开行一万吨和两万吨重载组合列车，全线运量逐年大幅度提高，2008 年运量突破 3.4 亿 t，成为世界上年运量最大的铁路线。2010 年 12 月 26 日，大秦铁路提前完成年运量 4 亿 t 的目标，为原设计能力的 4 倍。

山西中南部铁路通道自山西省吕梁市从山西中南部兴县的瓦塘到日照港南区，横贯晋豫鲁三省，线路全长 1260km，穿越吕梁山、太岳山、太行山、沂河流域和蒙山山系（简称沂蒙山）、日照低山丘陵，途经山西、河南、山东 3 省 12 市，其中山西、河南、山东 3 省境内分别为 578km、255km 和 426km。主要设计技术标准为国铁 I 级、双线电气化、行车速度 120km/h（山东段-莱芜以东至日照段按 200km/h 设计）重载铁路。

学习任务 9-3

查阅资料，找出客运专线的特点以及开发客运专线的意义，并能找出我国规划的客运专线有哪些，并将其制作成 PPT。

【相关知识 3】

9.3 客运专线

在我国，铁路运输需求巨大，因此产生了“客运专线”这一名词，即客货分线运输。客运专线是专供旅客列车行驶的路网铁路。目前在我国，铁路等级除Ⅰ、Ⅱ、Ⅲ级外又增加了“客运专线”等级，专供旅客列车行驶的路网铁路称为客运专线，曲线半径一般在 2200 米以上。

9.3.1 客运专线的特点

1964 年日本建成世界上第一条时速 210km 的高速客运专线后，法、德、西、意、韩、等国家和中国台湾地区纷纷修建高速客运专线，设计速度从 210km/h 到 270km/h、300 km/h、350km/h。1985 年 5 月欧洲经济委员会（ECE）对铁路最高运行速度的观点是：高速客运专线为 300km/h，既有线提速改造为 160～200km/h。国际铁路联盟（UIC）高速部，在“速度 320～350km/h 的新线设计科技发展动态”资料中的观点：新建高速铁路的速度目标值是 320～350km/h。图 9-3 所示为胶济铁路专线。

图 9-3 胶济铁路客运专线

客运专线以高速和快速技术为支撑，列车运行速度实现了历史性的跨越。

客运专线运量大、效能高，社会经济效益显著。客运专线列车最小行车间隔可达 3min，列车密度可达每小时 20 列，列车定员可达 1600～1800 人/列，理论上每小时最大输运能力可达 2×32000～2×36000 人，能够实现大量、快速和高密度运输。从发达国家实践来看，客运专线取得了非常好的社会和经济效益。如法国 3 条客运专线每年输送旅客各 2 千多万人次，均取得盈利。日本四条客运专线自开业以来客运量增加 6 倍多，被日本人誉为“经济起飞的脊梁”。

客运专线安全可靠。安全是人们出行选择交通运输方式的首要因素。据中国经济景气检测中心日前对北京、上海、广州三座城市居民的随机抽样调查问卷显示，现在有 66.8%的居民外出首选火车，其中一条重要原因就是看中铁路运输安全。铁路客运专线是最安全的现代高速交通运输方式。它采用了先进的列车运行控制系统，能够保证前后两列车必要的安全距离，有效防止列车追尾及正面冲撞事故。信息化程度很高的行车设施诊断、监测、预警设备和科学的养护维修，构成了客运专线现代化的、完善的安全保障系统。

9.3.2 客运专线开发的意义

在繁忙干线建设客运专线，实现客货分线运输，能够大幅度提高铁路运输能力，分流既有线的大部分客车，缓解既有线运能紧张的局面，同时还可以满足大经济区、大城市的增量运输的需求，腾出既有线用来发展货物重载运输，适应日益增长的运输需要。

首先，繁忙干线建设客运专线，实现客货分运，能够大幅度提高铁路运输能力，满足全面建设小康社会的运力需要。初步预测到 2020 年，铁路旅客、货物运输需求分别达 40 亿人次、40 亿吨，年均增长速度为 7%和 4%。建设客运专线，不仅可以转移既有线上大部分客车，而且还可以满足增量运输的需求，特别是能够腾出既有线能力用于发展货物重载运输，迅速形成高速度、大能力、安全畅通的运输通道，适应日益增长的运输需要。

其次，繁忙干线建设客运专线，可以提升城市的集聚功能和辐射能力，使大城市更好地发挥中心城市的作用，同时推动沿线中间地带现有城市高速发展和功能升级，增强人、财、物吸纳能力，促进新的小城镇生成和发展，加快我国城市化的整体进程。

最后，繁忙干线建设客运专线将使铁路速度和服务实现质的飞跃，提升中国铁路发展水平。客运可实现大容量、高速度、高频率，大大缩短旅行时间，特别是在运输高峰时期，可以用几分钟间隔密集大量发车，为旅客提供更安全、快捷、方便、舒适的服务；货运可实现“大宗物资直达化，高值货物快速化”，降低铁路社会成本，满足旅客货主越来越高的多层次、多样化服务需求。在创造良好社会经济效益同时，铁路路网运输效率和投资效益将进一步提高，有利于实现铁路可持续发展。

9.3.3 我国客运专线规划

中国铁路总公司（原铁道部）分别于 2004 年和 2008 年出台了《中长期铁路网规划》《中长期铁路网调整规划》，提出在全国范围内建设“四纵四横”客运专线。经不断完善与发展，全国逐渐形成了“五纵，五横，十联”高铁交通大循环。其中：实线部分约为 3 万 km，大约需要 2～3 个五年建成；虚线部分为远景规划。实现在中国除了乌鲁木齐、拉萨等少数城市外，其他所有的省会城市都建成 8 小时内交通圈，我国全面进入高铁时代。

1．“五纵”客运专线

一纵：齐齐哈尔—哈尔滨—长春—沈阳—大连—青岛—连云港—南通—上海—宁波—温州—福州—厦门—深圳—珠海—湛江—海口—三亚。（2005 年规划四纵四横：北京—上海：全长约 1318km）

二纵：北京—天津—济南—徐州—蚌埠—合肥—安庆—九江—南昌—赣州—惠州—深圳—香港。（杭州—宁波—福州—深圳：全长约 1600km）

三纵：北京—石家庄—邯郸—郑州—信阳—武汉—长沙—广州—珠海—澳门（北京—武汉—广州—深圳：全长 2260km）

四纵：沈阳—唐山—北京—张家口—大同—呼和浩特—包头—延安—西安—安康—广安—重庆—泸州—宜宾—昆明---景洪---琅勃拉邦.万象.曼谷.新加坡。（北京—沈阳—哈尔滨：全长

约 1700km）

五纵：香港—深圳—广州—桂林—贵阳—遵义—重庆—南充—广元—天水。

2. “五横”客运专线

一横：青岛—济南—石家庄—太原—银川—兰州—西宁---格尔木---拉萨。（青岛—石家庄—太原：全长约 770km）

二横：连云港—徐州—郑州—西安—天水—兰州---酒泉---乌鲁木齐---伊宁。（徐州—郑州—兰州：全长约 1400km）

三横：上海—南京—合肥—武汉—宜昌—恩施—重庆—遂宁—成都---格尔木---库尔勒---喀什。［南京—武汉—重庆—成都（宁汉蓉）：全长约 1600km］

四横：上海—杭州—鹰潭—南昌—长沙—新化—怀化—贵阳—昆明---大理---密支那.印度。（杭州—南昌—长沙：全长约 880km）

五横：台北—福州—永安—长汀—赣州—桂林—南宁---至河内.琅勃拉邦.清迈.仰光。

3. 十联

一联：唐山—天津—保定。

二联：天津—潍坊—日照。

三联：蚌埠—南京—杭州—宁波。

四联：武汉—九江。

五联：福州—鹰潭。

六联：贵阳—南宁—湛江。

七联：广元—成都—乐山—宜宾—泸州—遵义。

八联：遂宁—南充—广安。

九联：酒泉---格尔木。

十联：乌鲁木齐---库尔勒。

4. 区域城际轨道交通

长江三角洲、珠江三角洲、环渤海地区城际轨道交通，覆盖区域内主要城镇。

（1）长三角：以上海、南京、杭州为中心，形成“Z”字型主骨架，连接沪宁杭周边重要城镇的城际铁路客运网络。

（2）珠三角：以广深 、广珠；两条客运专线为主轴，形成“A”字型线网，辐射广州、深圳、珠海等 8 个大中城市，构建包括港澳在内的城市 1 小时经济圈。广深客运专线长度约 105km；广珠城际轨道交通含江门支线约 143km。

（3）环渤海：以北京、天津为中心，北京—天津为主轴进行建设，形成对外辐射通路。京津城际轨道交通约 115km。

学习任务 9-4

查阅相关资料，找出我国目前已建成的磁悬浮铁路有哪些？规划中的有哪些？不同类型的磁悬浮列车的速度是多少？磁悬浮铁路的优缺点有哪些？将其制作成为一篇调查报告。

【相关知识 4】

9.4 磁悬浮铁路

9.4.1 磁悬浮铁路原理

磁悬浮铁路是一种新型的交通运输系统，它是利用电磁系统产生的排斥力将车辆托起，使整个列车悬浮在导轨上，利用电磁力进行导向，利用直线电机将电能直接转换成推动列车前进，如图 9-4 所示。它消除了轮轨之间的接触，无摩擦阻力，线路垂直负荷小，时速高，无污染，安全，可靠，舒适。 其应用具有广泛前景。

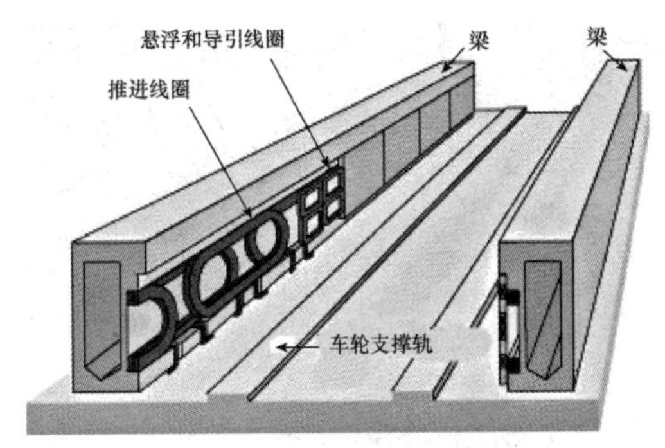

图 9-4　磁悬浮铁路原理

磁悬浮列车的原理并不深奥。它是运用磁铁“同性相斥，异性相吸”的性质，使磁铁具有抗拒地心引力的能力，即“磁性悬浮”。科学家将“磁性悬浮”这种原理运用在铁路运输系统上，使列车完全脱离轨道而悬浮行驶，成为“无轮”列车，时速可达几百千米以上。这就是所谓的“磁悬浮列车”。

由于磁铁有同性相斥和异性相吸两种形式，故磁悬浮列车也有两种相应的形式：一种是利用磁铁同性相斥原理而设计的电磁运行系统的磁悬浮列车，它利用车上超导体电磁铁形成的磁场与轨道上线圈形成的磁场之间所产生的相斥力，使车体悬浮运行的铁路；另一种则是利用磁铁异性相吸原理而设计的电动力运行系统的磁悬浮列车，它是在车体底部及两侧倒转向上的顶部安装磁铁，在 T 形导轨的上方和伸臂部分下方分别设反作用板和感应钢板，控制电磁铁的电流，使电磁铁和导轨间保持 10～15mm 的间隙，并使导轨钢板的排斥力与车辆的重力平衡，从而使车体悬浮于车道的导轨面上运行。

9.4.2 磁悬浮铁路优缺点

在磁悬浮铁路上，由于磁悬浮列车是轨道上行驶，导轨与机车之间不存在任何实际的接触，成为“无轮”状态，故其几乎没有轮、轨之间的摩擦，时速高达几百千米；磁悬浮列车可靠性大、维修简便、成本低，其能源消耗仅是汽车的一半、飞机的四分之一；由于它以电为动力，在轨道沿线不会排放废气，无污染，是一种名副其实的绿色交通工具。

磁悬浮有一大缺点，它的车厢不能变轨，不像轨道列车可以从一条铁轨借助道岔进入另一铁轨。这样一来，如果是两条轨道双向通行，一条轨道上的列车只能从一个起点驶向终点，到终点后，原路返回，而不像轨道列车可以换轨到另一轨道返回。因此，一条轨道只能容纳一列列车往返运行，造成浪费。磁悬浮轨道越长，使用效率越低。另外由于磁悬浮系统是凭借电磁力来进行悬浮，导向和驱动功能的，一旦断电，磁悬浮列车将发生严重的安全事故，因此断电后磁悬浮的安全保障措施仍然没有得到完全解决。强磁场对人的健康，生态环境的平衡与电子产品的运行都会产生不良影响。

9.4.3 磁悬浮列车

车辆是磁悬浮铁路的重要组成部分，是一种不与地面接触的运载工具，随着时代的发展和制式的不同要求，车辆也不断地更新。尤其是近十几年来，各国对磁悬浮车辆的结构和外形十分重视，发展很快。磁悬浮车辆的车体外形酷似一个甲壳虫，跨坐在轨道上，如图 9-5 所示。车辆主要由 3 部分构成，即：客室、操纵室和动力室。客室占的比重较大，内设若干排座椅。在动力室中，设有辅助动力装置、冷冻机空调器和冷却风扇等设备。此外，还设有车辆转向架，在车辆未浮起或减速停车着地时的辅助支持车轮，以及超导磁体、燃料电池等。

图 9-5 磁悬浮列车

磁悬浮列车主要由悬浮系统、推进系统和导向系统 3 大部分组成，尽管可以使用与磁力无关的推进系统，但在绝大部分设计中，这 3 部分的功能均由磁力来完成。下面分别对这 3 部分所采用的技术进行介绍。

1. 悬浮系统

悬浮系统的设计，可以分为两个方向，分别是德国所采用的常导型和日本所采用的超导型。从悬浮技术上讲就是电磁悬浮系统（EMS）和电力悬浮系统（EDS）。

（EMS）是一种吸力悬浮系统，是结合在机车上的电磁铁和导轨上的铁磁轨道相互排斥产生悬浮。常导磁悬浮列车工作时，首先调整车辆下部的悬浮和导向电磁铁的电磁排斥力，与地面轨道两侧的绕组发生磁铁反作用将列车浮起。在车辆下部的导向电磁铁与轨道磁铁的反作用下，使车轮与轨道保持一定的侧向距离，实现轮轨在水平方向和垂直方向的无接触支撑和无接触导向。车辆与行车轨道之间的悬浮间隙为 10mm，是通过一套高精度电子调整系统得以保证的。此外由于悬浮和导向实际上与列车运行速度无关，所以即使在停车状态下列车仍然可以进入悬浮状态。

（EDS）将磁铁使用在运动的机车上以在导轨上产生电流。由于机车和导轨的缝隙减少时电磁斥力会增大，从而产生的电磁斥力提供了稳定的机车的支撑和导向。然而机车必须安装类似车轮一样的装置对机车在“起飞”和“着陆”时进行有效支撑，这是因为 EDS 在机车速度低于大约 25 英里/小时（40.2km/h）无法保证悬浮。EDS 系统在低温超导技术下得到了更大的发展。

2. 推进系统

磁悬浮列车的驱动运用同步直线电动机的原理。车辆下部支撑电磁铁线圈的作用就像是同步直线电动机的励磁线圈，地面轨道内侧的三相移动磁场驱动绕组起到电枢的作用，它就像同步直线电动机的长定子绕组。从电动机的工作原理可以知道，当作为定子的电枢线圈有电时，由于电磁感应而推动电机的转子转动。同样，当沿线布置的变电所向轨道内侧的驱动绕组提供三相调频调幅电力时，由于电磁感应作用承载系统连同列车一起就像电机的"转子"一样被推动做直线运动。从而在悬浮状态下，列车可以完全实现非接触的牵引和制动。

3. 导向系统

导向系统是一种测向力来保证悬浮的机车能够沿着导轨的方向运动。必要的推力与悬浮力相类似，也可以分为引力和斥力。在机车底板上的同一块电磁铁可以同时为导向系统和悬浮系统提供动力，也可以采用独立的导向系统电磁铁。

9.4.4 磁悬浮列车的发展概况

1. 中国

中国乃至世界上第一条高速磁悬浮铁路商业运行线是2001年3月1日开工建设的上海磁悬浮列车示范线（见图9-6），采用了蒂森克虏伯-西门子的技术。2002年3月，这条磁悬浮列车示范线下部结构工程竣工。磁悬浮列车用电磁力将列车浮起而取消轮轨，采用长定子同步直流电机将电供至地面线圈，驱动列车高速行驶，从而取消了受电弓。磁悬浮列车主要依靠电磁力来实现传统铁路中的支承、导向、牵引和制动功能。列车在运行过程中，与轨道保持一厘米左右距离，处于一种"若即若离"的状态。由于避免了与轨道的直接接触，行驶速度也大大提高，其正常的运营速度可以达到500km/h。

图9-6 上海磁悬浮铁路

2001年，国防科大磁悬浮实验线路建成，西南交大的实验线路也正在建设。同济嘉定校区内的试验线长1.5~2km，于2007年底建成。这一试验线首先用于试验国产A型列车。作为二期建设内容，综合实验室计划于2008年下半年建成，它包括用于结构强度实验、制动系统实验、牵引传动实验等的设备。轨道交通试验车拟于2010年研制问世。磁悬浮在中国的市场运作进展也很顺利，德国柏林到汉堡之间的磁悬浮铁路建设计划搁浅以后，转而与中国达成协议，在上海修建了一条是世界上首条进行商业运行的磁悬浮铁路。北京、四川等地也正准备修建类似铁路。

2．日本

日本从 1962 年起，经过广泛深入的分析和论证，决定采用超导磁磁斥式磁悬浮系统。又经过 10 年研究，在试验线上采用 ML100 型试验车，实现了 60km/h 的悬浮运行。接着又研制了 LSM200、ML100A 试验车。1975 年着手修建宫崎试验线，1977 年对倒 T 形导轨和跨座式 ML500 型试验车进行了无人驾驶试验，工作进展得很顺利。1978 年 12 月实现 517km/h 的世界最高速度。

从 1980 年起，日本在已取得的研究成果的基础上，为使磁浮铁路向更实用化的阶段迈进，将线路的基本形状改进成 U 形断面，同时开发了箱形的试验车 MLU-001 号。该试验车由转向架、二系弹簧装置和车体等构成。车辆长 28.8m，宽 3m，高 3.3m。采用线性同步电机驱动，最高时速达 300~400m。

此外，日本航空公司正在研制市郊用的，HSDST 中高速磁浮列车，采用常导磁吸式，用感应线性电机驱动，1978 年在东扇岛长 16km 的试验线上速度达到了 307km/h。以后完成的 HSST-03 号车，长 13.8m，能载运 46 人，总重 15t，最高时速 30km。1985 年 3 月在筑波科学城举行的国际博览会上展出并载人运行。

HSST 系列磁浮列车按运营计划规定将编成列车运行。列车两端的车辆长 21.8m，载运 112 人，中间的车辆长 182m，载运 120 人，时速 300km。

3．欧洲

德国从 70 年代开始研制磁悬浮列车，采用常导磁吸式。1974 年采用的 TR04 型磁浮车，为异步短定子，车辆长 15m，宽 3.4m，重达 20t，最高时速为 250km。1983 年推出的 TR06 型磁浮列车采用同步长定子，由两辆车组成，长 54m，宽 3.7，共 120t，可载客 200 人，最高时速为 400km，如图 9-7 所示。

图 9-7　德国磁悬浮铁路及列车

1984 年 4 月，英国从伯明翰机场到国际火车站的低速磁悬浮列车，由于速度较低（全程运行时间 80min，平均速度 25km/h，最高速度 48km/h），故采用常导磁吸式和直线异步电机推进。线路为高架复线，离地面 5m。车辆长 6m，高 3m，宽 2.25m，可载客 4 人，总重约 8t。浮起高度恒定，为 15mm。

几年来的实践证明，车辆运行的可靠性很高，几乎不出故障，维修费用也很低，与超导磁悬浮车辆相比，结构相对简单，投资较少。

【巩固练习】

一、填空题

1. 高速运行的列车要求线路具有较高的________、________、________、________和________，并要有良好的________。

2. 高速铁路需要强调________与________的完美结合。

3. 列车与线路是________、________的关系，________是载体，________是基础。

4. 铁路环境保护是整个社会环境保护的重要组成部分，其特点是环境保护的________、________、________；污染源随列车而流动；对环境的影响持续时间长。

5. 重载铁路用于运载大宗散货的________、________、________或________和________的铁路。

6. 磁悬浮列车主要由________、________和________3 大部分组成。

7. 高速铁路的环境保护的内容主要有________、________、________、________ 几方面。

8. 高速铁路噪声主要是________、________、________和________等组成。

二、判断题

1. 最小曲线半径，随线路运行速度的提高而增大。（ ）

2. 重载铁路线路应选用重型和特重型的轨道标准。钢轨应采用 50 千克/米的新规。（ ）

3. 高速铁路有固定防灾系统和移动防灾系统两种。（ ）

4. 日本是世界上第一个开通客运专线的国家。（ ）

5. 客运专线属于Ⅲ级铁路。（ ）

6. 可靠是人们出行选择交通运输方式的首要因素。（ ）

7. 磁悬浮列车运用了磁铁“同性相斥，异性相吸”的原理。（ ）

8. 客运专线以高速和快速为支撑。（ ）

三、简答题

1. 高速铁路线路的基本特点。

2. 高速铁路线路的主要技术参数。

3. 高度铁路防灾监控系统有哪些组成？

4. 重载铁路的运输方式有哪些？

5. 影响轨道结构受力的因素主要有哪些？

6. 客运专线开发的意义是什么？

7. 磁悬浮铁路原理是什么？

8. 磁悬浮列车 3 大部分组成特点是什么？